KB042007

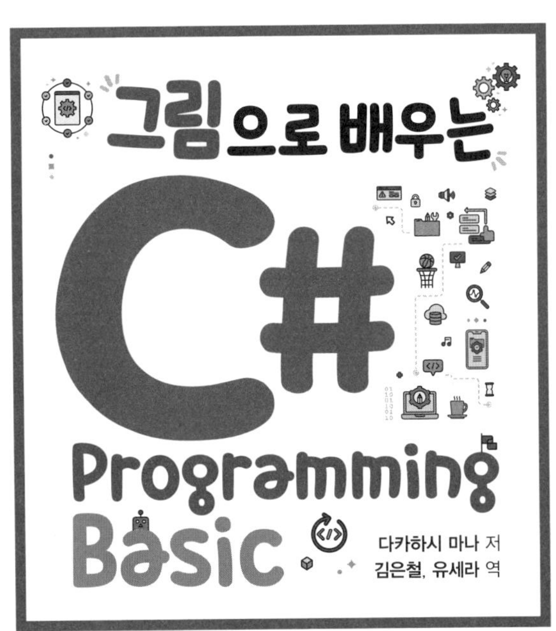

YoungJin.com Y.
영진닷컴

그림으로 배우는 C#

YASASHII C# DAI 3 HAN
Copyright © 2019 MANA TAKAHASHI
All rights reserved.
Original Japanese edition published in 2019 by SB Creative Corp.
Korean translation rights arranged with SB Creative Corp., Tokyo
through Eric Yang Agency Co., Seoul.
Korean translation rights ©2022 by Youngjin.com Inc.

이 책의 한국어판 저작권은 EYA(에릭양 에이전시)를 통한 'SB Creative Corp.'와의 독점계약으로 '주식회사 영진닷컴'에 있습니다.
저작권법에 의하여 한국 내에서 보호를 받는 저작물이므로 무단전재와 복제를 금합니다.

독자님의 의견을 받습니다

이 책을 구입한 독자님은 영진닷컴의 가장 중요한 비평가이자 조언가입니다. 저희 책의 장점과 문제점이 무엇인지, 어떤 책이 출판되기를 바라는지, 책을 더욱 알차게 꾸밀 수 있는 아이디어가 있으면 이메일, 또는 우편으로 연락주시기 바랍니다. 의견을 주실 때에는 책 제목 및 독자님의 성함과 연락처(전화번호나 이메일)를 꼭 남겨 주시기 바랍니다. 독자님의 의견에 대해 바로 답변을 드리고, 또 독자님의 의견을 다음 책에 충분히 반영하도록 늘 노력하겠습니다.

주 소 (우) 08507 서울특별시 금천구 가산디지털1로 128 STX-V 타워 4층 401호
대표팩스 (02) 867-2207
등록 2007. 4. 27. 제16-4189호
이메일 support@youngjin.com

저자 다카하시 마나 | **역자** 김은철, 유세라
책임 김태경 | **진행** 최윤정 | **표지디자인** 이주은 | **본문디자인** 이경숙 | **영업** 박준용, 임용수, 김도현
마케팅 이승희, 김근주, 조민영, 채승희, 김민지, 임해나 | **제작** 황장협 | **인쇄** 제이엠

머리말

현재 많은 기업과 가정에서 PC를 이용하고 있습니다. PC의 표준 OS로서 많이 보급된 것이 Windows입니다. C#은 Windows 상에서 동작하는 애플리케이션을 개발하기 쉬운 언어입니다.

또한, C#은 더욱 활약의 장을 넓히고 있습니다. C#은 태블릿, 스마트폰 등 다양한 단말기에서 동작하는 게임 애플리케이션을 개발할 때도 이용합니다.

C#으로 개발하는 데 있어서는 개발의 목적이나 수준에 맞춘 환경이 제공되고 있으며, 각종 애플리케이션을 개발하기 위한 풍부한 자원을 이용할 수 있습니다. C#을 습득해서 베리에이션이 풍부한 애플리케이션을 만들어 낼 수 있습니다. Windows 애플리케이션을 비롯하여 각종 단말용의 게임까지도 만들 수 있습니다.

이 책은 C#을 알기 쉽게 설명하도록 유의했습니다. 프로그래밍 초보자도 무리 없이 학습해 나갈 수 있게 구성되어 있습니다.

이 책에는 많은 샘플 프로그램이 수록되어 있습니다. 프로그래밍 숙달의 지름길은 실제로 프로그램을 입력하고 실행해 보는 것입니다. 하나씩 확인하면서 한 발 한 발 학습을 진행해 주세요.

이 책이 독자 여러분에게 도움이 되길 바랍니다.

다카하시 마나

역자의 말

여러분이 처음에 프로그래밍을 공부하겠다고 마음을 먹고 처음 접한 언어는 무엇인가요? 처음에 배운 언어가 무엇인지에 따라서 프로그래머로서의 방향은 많이 달라지는 것 같습니다. 이 책을 읽는 여러분 중에 처음 프로그래밍을 접하는 분, 또는 경험이 있는 분. 모두에게 적합한 언어가 C#이 아닐까 싶습니다.

C#을 배울 때, 처음 배우는 분은 객체 지향 언어에 대해 이해할 수 있고, 이것을 바탕으로 자바 같은 언어의 객체 지향도 이해할 수 있을 것입니다. 또한, C#이 처음 세상에 나왔을 때는 윈도우용으로만 개발할 수 있었다고 하면, 지금은 여러분이 사용하고 있는 거의 모든 플랫폼에서 C#을 사용해 개발할 수 있게 되었습니다. 그중에서도 2020 팬데믹 이후에 더욱더 큰 성장을 이룬 게임 시장에서 가장 많이 사용되는 언어가 C#이란 것을 알면 아마도 놀랄 것입니다.

이 책은 이러한 장점을 갖고 있는 C#을 친절하게 설명하여 안내합니다. Visual Studio 설치 및 사용법을 시작으로 1장에서 13장까지 구성되어 있습니다. C#의 기본 문법 설명 및 실습, 객체 지향 언어에서 빼놓을 수 없는 클래스, 사용자의 조작을 처리하는 이벤트, UI를 위한 컨트롤, 이미지 처리, 게임 개발을 위한 각종 기술, 데이터 파일 다루기, 네트워크, 데이터 쿼리 수단 LINQ까지 다루고, 마지막에는 지금까지 배운 지식을 활용해서 하나의 애플리케이션을 작성합니다.

책의 순서에 따라 차근차근 따라온다면 C#의 재미와 완성되어 가는 즐거움을 맛볼 수 있을 것입니다. 역자로서 많은 책들을 번역하다 보면 각 언어마다의 매력을 느끼게 되는데, 이 책을 번역하는 과정 역시 재미있었습니다. 여러분도 부디 이 재미를 느껴 보시길 바랍니다.

끝으로 책이 나올 수 있도록 도움을 주신 영진닷컴 관계자 분들께 감사드립니다.

김은철, 유세라

목차

Lesson 4 처리의 제어

Lesson 5 클래스

Lesson 6 이벤트

Lesson 8 그래픽

Lesson 9 게임

Lesson 10 파일

Lesson 11 네트워크

Lesson 12 데이터의 이용

Lesson 13 애플리케이션의 작성

컬럼 목차

Lesson 0

들어가기 전에

C# 언어 개발 환경의 사용법

C# 프로그램은 이 책의 제1장에서 설명하는 것처럼 「❶소스 코드 작성 → ❷빌드 실행 → ❸프로그램 실행」 순서로 작성합니다. 여기에서는 「Visual Studio」 사용법을 통하여 프로그램 실행까지의 절차를 설명합니다. ❶~❸의 자세한 의미에 대해서는 제1장을 참고하세요.

Visual Studio의 사용법

사용 전의 설정

Visual Studio는 마이크로소프트사의 통합 개발 환경입니다. 마이크로소프트사가 제공하는 정보에 따라서 설치 · 실행해 주세요.

- Visual Studio 다운로드
  https://www.visualstudio.com/ko/downloads/

또한 이 책에서는 집필 시점에서 최신인 Community 2019[1]를 사용합니다. 설치 시 또는 설치 변경 시에는 인스톨러의 메뉴 화면에서 「.NET 데스크톱 개발」을 선택하고, 설치해 두세요.

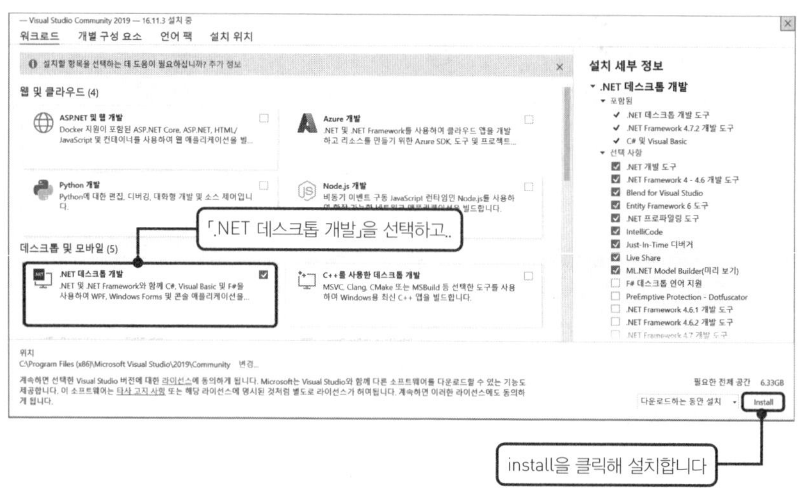

1 역주: 번역 시점에서는 Visual Studio 2019 버전 16.11을 사용했습니다.

프로그램의 작성 순서

1. Visual Studio를 실행하면 나오는 화면에서 「새 프로젝트 만들기」를 클릭합니다. 이미 실행되어 있다면 메뉴에서 [파일]→[새로 만들기]→[프로젝트]를 선택해서 「새 프로젝트 만들기」 화면을 표시합니다. 화면이 표시되면 리스트의 스크롤을 내려서 「빈 프로젝트(.NET Framework)」(C# 대응으로 되어 있는 것)를 선택하세요.

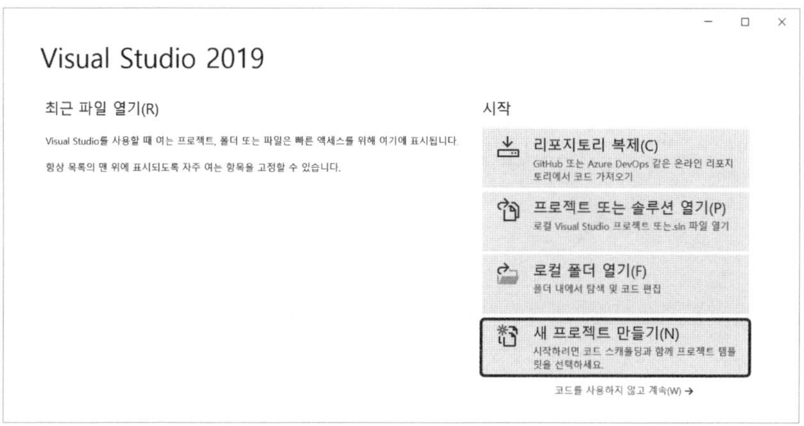

[프로젝트 이름]에 「Sample1」이라고 입력합니다.

[위치]는 프로젝트를 저장하는 데에 사용하기 쉬운 폴더를 지정하세요. 이 책에서는 C:₩YCSSample₩01 폴더 안의 「Sample1」 폴더로 했습니다.

「만들기」 버튼을 클릭하면 Visual Studio의 메인 화면이 새로운 프로젝트로 열립니다.

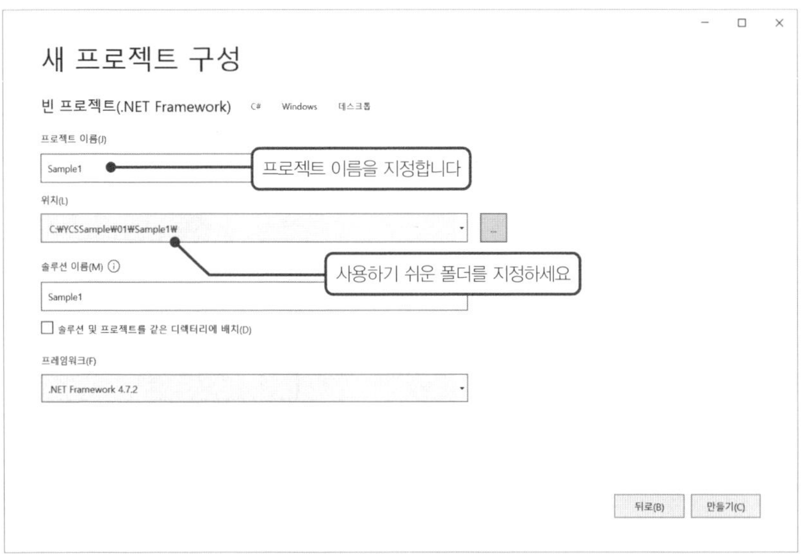

2. 메뉴에서 [프로젝트]→[새 항목 추가]를 선택하면 [새 항목 추가] 화면이 표시됩니다. 리스트 중에서 「코드 파일」을 선택하세요. [이름]에는 「Sample1.cs」 파일명을 입력하고 「추가」 버튼을 클릭합니다.

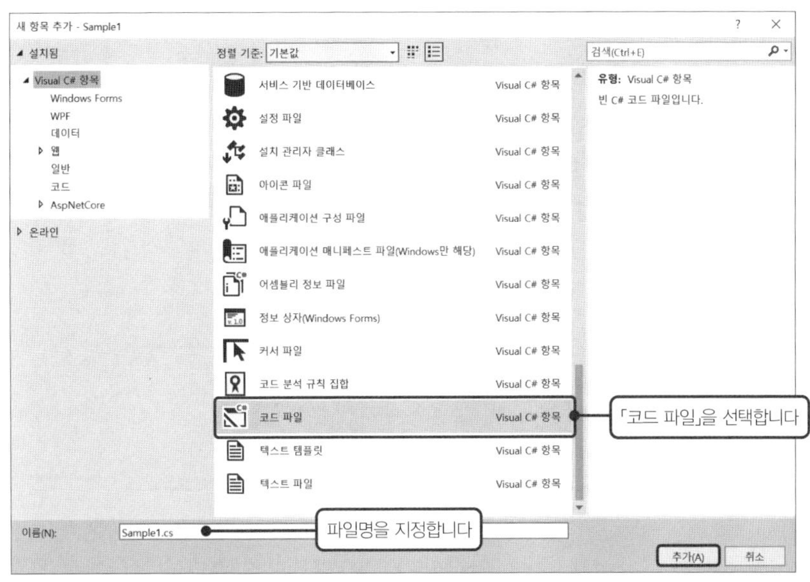

또한, 제2장 이후 윈도 프로그램에서는 「참조 추가」를 해야 합니다. 메뉴에서 [프로젝트]→[참조 추가]를 선택하세요. [참조 관리자] 화면이 표시되면 [어셈블리]→[프레임워크]에서 필요한 참조 이름을 선택하고 체크를 넣어서 추가합니다. 또한, 한 번 추가한 참조는 [최근에 사용한 파일]에 표시됩니다.

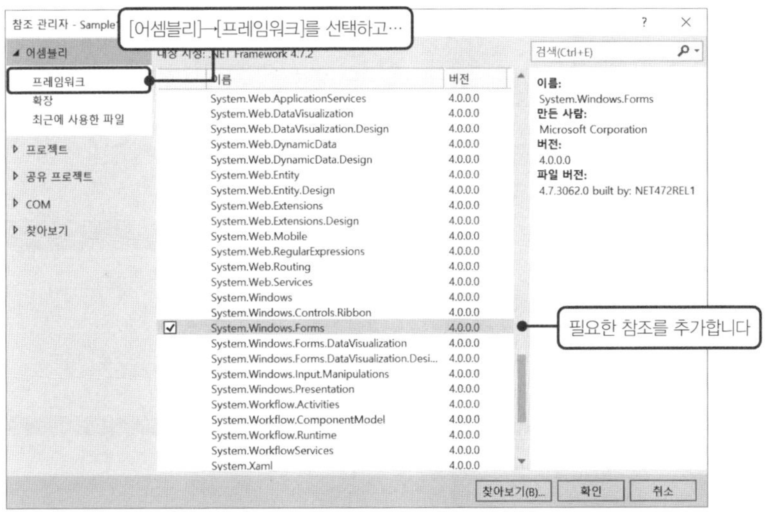

이 책의 샘플 프로그램은 다음 참조를 추가합니다.

제2장 이후의 전체 장에 필요한 참조	System
	System.Windows.Forms
	System.Drawing
제10장	전체 장에 필요한 참조
	System.Data
	System.Xml
제12장	전체 장에 필요한 참조
	System.Xml
	System.Xml.Linq

3. 코드 파일을 작성했으면 소스 코드를 입력할 수 있습니다. 이 책을 참조해서 소스 코드를 입력하세요.

(…❶ 소스 코드의 작성)[2]

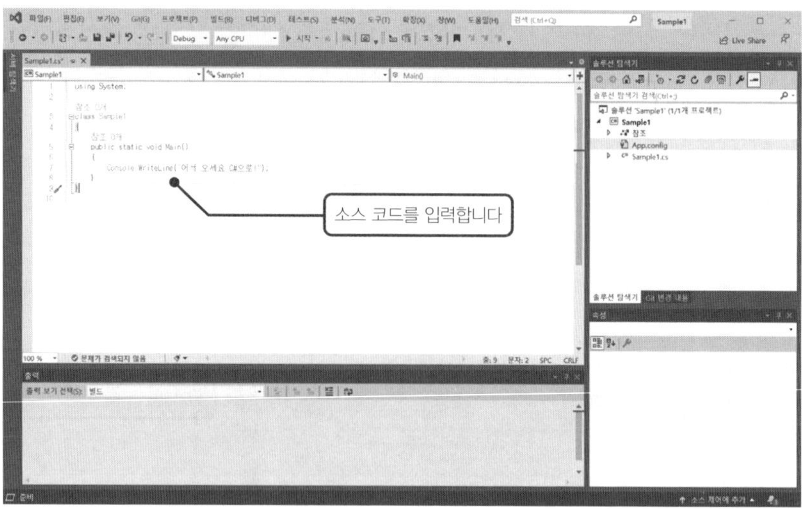

2 역주: 코드가 잘 보이지 않으면 32페이지를 참고하세요

4. 소스 코드를 입력했으면 메뉴에서 [빌드]→[솔루션 다시 빌드]를 선택하세요. 소스 파일의 저장 · 빌드가 시행됩니다.

(…❷ 빌드의 실행)

코드 상의 문법 등이 틀리면 오류가 표시되므로 입력한 코드 등을 확인합니다. 참조 추가가 부족해도 「어셈블리 참조가 있는지 확인하세요.」라고 오류가 표시되므로 확인하세요.

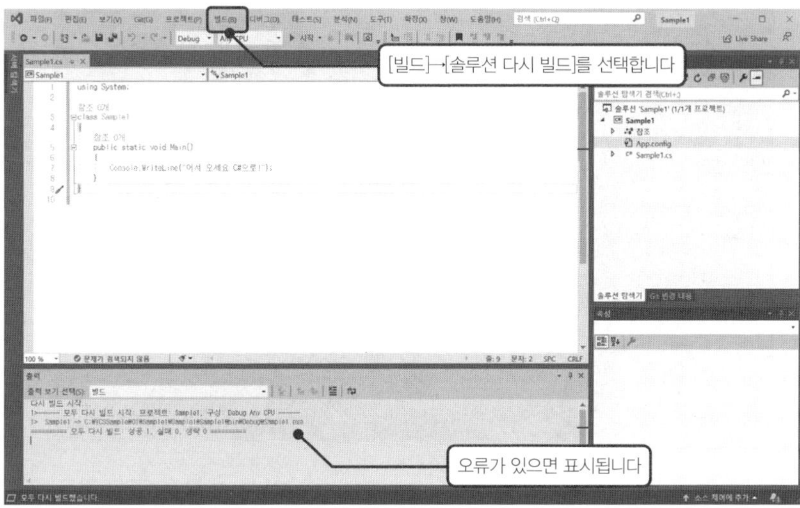

5. 메뉴에서 [디버그]→[디버그하지 않고 시작]을 선택합니다. 명령 프롬프트가 자동으로 동작해서 프로그램이 실행됩니다. 실행을 종료하려면 아무 키나 누릅니다.

(…❸ 프로그램의 실행)

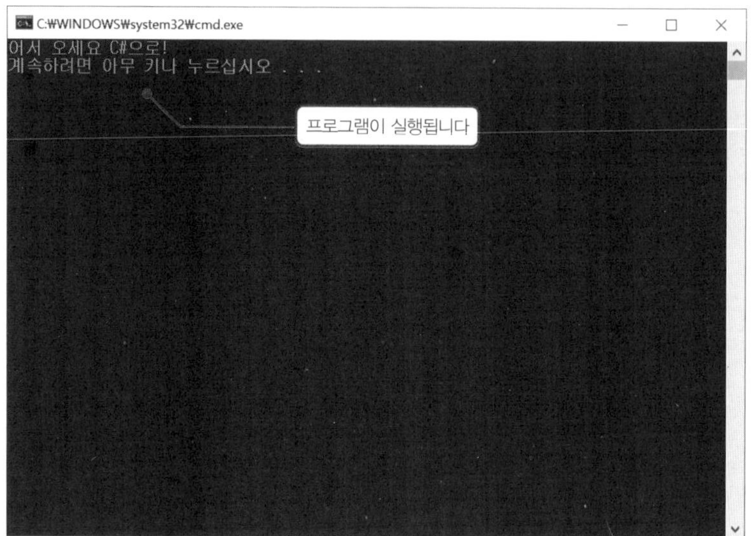

다른 샘플 프로그램을 작성할 때는 순서**1**로 돌아가서 새로운 프로젝트를 다시 작성합니다.

또한, 순서**3**으로 돌아가 에디터 부분에 새로운 코드를 입력할 수도 있습니다. 다만, 순서**3**으로 돌아간다면 이미 작성한 코드에 덮어쓰기 되므로 이미 입력한 코드는 다른 위치에 저장해야 합니다.

작성한 프로젝트를 열려면 메뉴에서 [파일]→[열기]→[프로젝트/솔루션]을 선택하고, 순서**1**에서 사용한 폴더 안에 있는 「SampleX.sln」 파일을 엽니다.

Visual Studio의 자세한 사용법에 대해서는 도움말 파일 등을 읽어 보세요.

오류 부분을 찾기 위해서는

개발을 할 때는 많은 오류를 만나게 됩니다. 일반적인 기술 실수나 참조 추가 부족 등으로 인한 오류는 기술한 코드의 아래에 물결선이 표시됩니다. 주의해서 확인하세요.

그 밖에도 오류 부분을 특정하기 위한 다양한 기술이 있습니다. 예를 들어, 「브레이크 포인트」로 실행을 일시 정지할 수 있습니다. 정지하고 싶은 행의 왼쪽 끝을 클릭하면 브레이크 포인트로 설정되고, 왼쪽 끝에 빨간색 동그라미가 표시됩니다. 이때 메뉴에서 [디버그]→ [디버깅 시작]을 선택하고 프로그램을 실행하면 브레이크 포인트에서 프로그램의 실행이 일시 정지됩니다.

정지 시에는 화면 아래 부분의 윈도에서 변숫값 등을 확인할 수 있습니다. 또한, 정지한 행에서부터 1행씩 실행을 확인할 수 있습니다. 「스텝오버」로는 다음의 행까지 1행 실행하고, 「스텝인」으로는 호출하는 곳의 행으로 이동해서 1행 실행합니다. 각 행의 실행을 확인했으면 실행을 다시 시작할 수도 있습니다.

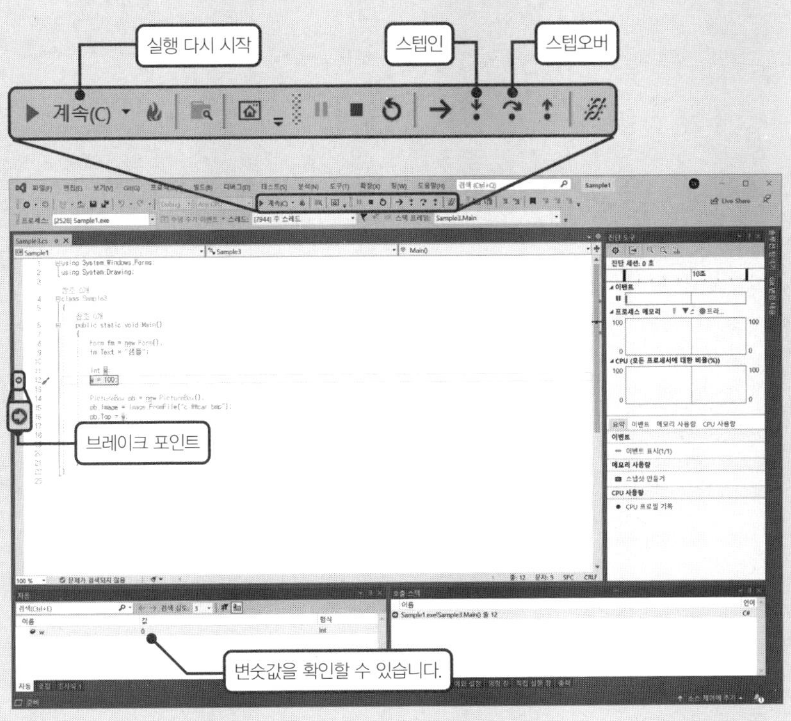

Lesson 1

첫 걸음

이 장에서는 C#을 사용해서 프로그램을 작성하는 절차에 대해서 배웁니다. 먼저 처음으로 이 장에서 배울 중요한 단어를 정리합니다. C# 공부를 막 시작했을 무렵은 익숙하지 않은 프로그램의 용어에 힘들 수도 있습니다. 그러나 이 장에서 다루는 키워드를 알게 되면 C#도 쉽게 이해할 수 있을 것입니다. 하나씩 확실히 익혀 나갑시다.

Check Point!

- 프로그램
- C#
- 코드 파일
- 빌드
- 프로그램의 실행

1.1 C# 프로그램

프로그램의 구조

이 책을 읽기 시작한 여러분은 앞으로 C#으로 「프로그램」을 작성하려 할 것입니다. 우리는 매일, 컴퓨터에 설치된 워드프로세서, 스프레드시트와 같이 여러 가지 「프로그램」을 사용하고 있습니다. 예를 들어, 워드프로세스와 같은 「프로그램」을 사용한다는 것은

문자를 표시하고, 서식을 갖추고, 인쇄한다

와 같은 특정의 「일」을 컴퓨터에게 지시하고, 처리시키고 있다고 생각할 수도 있습니다. 컴퓨터는 여러 가지 「일」을 정확하고 빠르게 처리할 수 있는 기계입니다. 「프로그램」은 컴퓨터에 대해서 어떠한 「일」을 지시합니다.

그림 1-1 프로그램
우리는 컴퓨터에게 일을 지시하기 위해서 「프로그램」을 작성합니다.

 프로그래밍 언어 C#

컴퓨터에 어떠한 「일」을 처리시키기 위해서는 지금 자신이 사용하고 있는 컴퓨터가 그 일의 「내용」을 이해해야 합니다. 그렇게 하려면 컴퓨터가 실제로 이해할 수 있는 언어인 **기계어**(machine code)로 지시된 프로그램을 작성해야 합니다.

그러나 안타깝게도 이 기계어 언어는 숫자 「0」과 「1」의 나열로 되어 있습니다. 컴퓨터는 이 숫자의 나열(=기계어)을 이해할 수 있으나 사람이 쉽게 이해할 수 있는 내용은 아닙니다.

그래서 기계어보다도 「사람의 언어에 가까운 수준의 프로그램 언어」가 지금까지 많이 고안되어 왔습니다. 이 책에서 배우는 C#도 이러한 프로그래밍 언어 중 하나입니다.

C#으로 작성된 프로그램은 특수한 소프트웨어를 사용해서 컴퓨터가 이해할 수 있는 「기계어 프로그램」으로 변환합니다. 이 「기계어 프로그램」을 사용하면 우리가 작성한 C# 프로그램을 컴퓨터에게 처리시킬 수 있습니다.

그럼, 바로 C#을 배워봅시다.

1.2 코드 입력

「코드」의 구조를 안다

C#으로 프로그램을 작성하기 위해서는 이제부터 어떠한 작업을 해야 할까요? 여기서는 프로그램의 작성 방법을 살펴봅시다.

먼저 우리가 처음에 해야 할 것은

C# 문법에 따라서 프로그램을 입력해 나간다

는 작업입니다.

그림 1-2는 C# 프로그램을 입력하고 있는 화면입니다. 이 책에서는 이제부터 개발 환경 상의 에디터를 사용하여 입력하면서 C#을 배우도록 합니다. 개발 환경에 대해서는 이 책 앞부분 Lesson 0의 설명을 참고하세요.

일반적으로 이 텍스트 형식의 프로그램은 **소스 코드**(source code)라고 합니다. 이 책에서는 이 프로그램을 단순하게 **코드**라고 부릅시다.

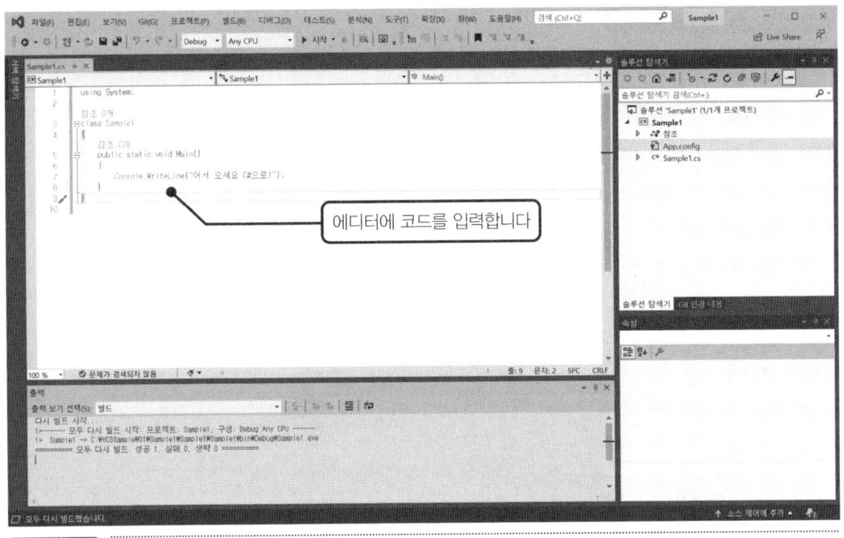

그림 1-2 C#으로 기술한 코드
C# 프로그램을 작성하려면 개발 환경상의 에디터에 코드를 입력하는 것부터 시작합니다

개발 환경의 에디터에 코드를 입력한다

이제부터 C#「코드」를 입력합니다. 개발 환경을 실행하고, 다음 사항에 주의하면서 문자를 입력하세요.

- C#에서는 영문자의 대문자와 소문자는 다른 문자로 구별합니다. 대문자·소문자를 실수하지 말고 입력하세요. 예를 들어, 문자「Main」을「main」으로 해서는 안 됩니다.
- 공백이 있는 위치는 Space 키 또는 Tab 키를 눌러 구분하세요.
- 행의 마지막이나 아무것도 쓰여 있지 않은 행에서는 Enter 키를 눌러 줄바꿈하세요. 이 키는 컴퓨터의 종류에 따라서는 실행 키, ↵(Return) 키라고 부르기도 합니다.
- 세미콜론(;), 괄호의 위치에 신경 써서 입력하세요. 0(제로)와 o(영문자의 오), 1(숫자)와 l(영문자 엘)도 실수하지 말고 입력하세요.

Sample1.cs ▶ 첫 코드

```
using System;

class Sample1
{
    public static void Main()
    {
        Console.WriteLine( "어서 오세요 C#으로!" );
    }
}
```

Space 키를 눌러 공백을 띄웁니다
행의 마지막은 Enter 키를 눌러 줄바꿈합니다
이 행은 마지막에 세미콜론(;)을 붙입니다

문제없이 입력할 수 있었나요? 이렇게 완성한 「Sample1.cs」가 처음 작성한 C#의 「코드」입니다. 이 코드를 저장한 파일은 **소스 파일**(source file) 또는 **코드 파일**(code file)이라고 합니다.

1.3 프로그램의 작성

빌드의 구조를 안다

처음으로 입력한 코드입니다. 「빨리 동작해 보고 싶어!」라고 생각할 것입니다.

하지만 조바심은 금물입니다. 「Sample1.cs」를 작성한 것만으로는 바로 프로그램을 실행해서 문자를 표시할 수 없습니다. C#으로 기술된 코드는 컴퓨터가 직접 내용을 이해하고 처리할 수 있게

실행 파일을 작성한다

라는 작업을 시행해야 합니다.

실행 파일을 만드는 작업은 **빌드**(build)라고 합니다. 이 책 앞부분 Lesson 0의 설명을 참고로 빌드를 진행해 보세요.

또한, 오류가 표시되어 실행 파일을 작성하지 못할 수가 있습니다. 이때는 먼저 입력한 코드를 다시 보고 틀린 곳은 없는지 확인하세요. 틀린 곳을 찾으면 그 부분을 정정하고 다시 한번 빌드를 합시다.

C#은 영어나 한국어 같은 언어와 마찬가지로 「문법」 규칙을 갖고 있습니다. 만약 C# 문법을 따르지 않는 코드를 입력했을 경우, 소스 코드가 제대로 기계어로 번역되지 않습니다. 빌드가 잘 되지 않을 때, C#의 개발 환경은 오류를 표시해서 지시를 해줍니다.

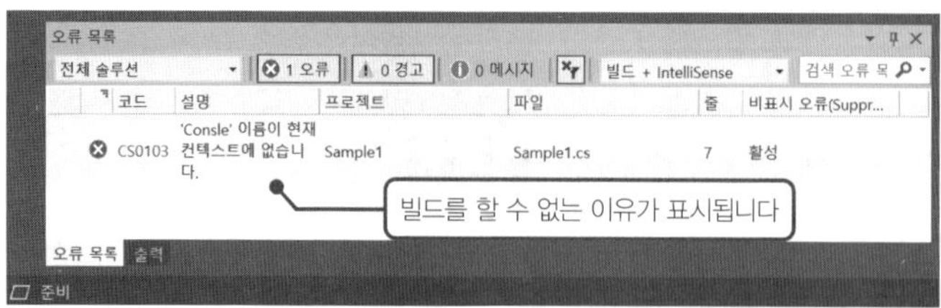

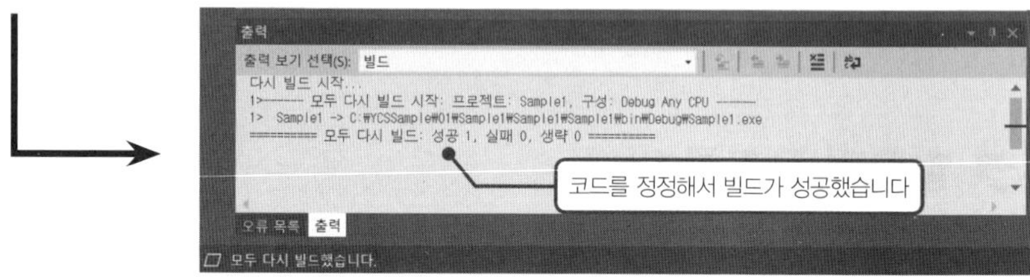

그림 1-3 오류 출력
개발 환경에서 오류 위치를 확인할 수 있습니다.

컴파일과 링크

프로그램을 빌드할 때 개발 환경은 다양한 처리를 시행합니다. 그 중에서도 다음 작업이 중요합니다.

- 컴파일
- 링크

컴파일(compile)은 C# 코드를 기계어로 번역하는 작업입니다. 컴파일을 시행하면 기계어로 번역된 파일이 새롭게 작성됩니다. 이 번역된 파일을 오브젝트 파일이라고 합니다.

링크(link)는 여러 개의 오브젝트 파일을 연결하여 하나의 프로그램을 작성하는 작업입니다. C# 개발 환경에서는 프로그램에서 공통해서 사용할 수 있는 기능을 사전에 마련하고 있습니다. 실행 파일을 작성하기 위해서는 이 기능을 제공하는 오브젝트 파일을 연결해야 합니다.

개발 환경인 Visual Studio에서는 컴파일·링크 등의 일련의 작업을 빌드로 일관되게 시행할 수 있습니다.

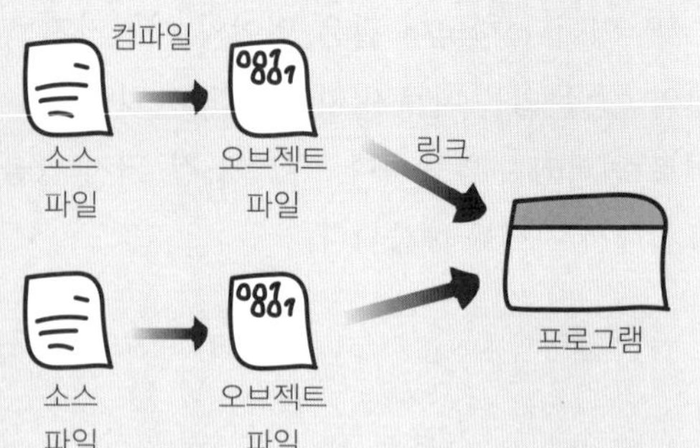

1.4 프로그램의 실행

프로그램을 실행한다

여기까지의 작업은 문제없이 잘 되었나요? 그러면 바로 완성된 프로그램을 실행해 봅시다.

프로그램의 실행 방법은 이 책 앞 부분의 설명을 참조하세요. 프로그램이 실행되면 다음 화면이 실행되고 문자가 표시됩니다.

Sample1의 실행 화면

```
어서 오세요 C#으로!
```

그림 1-4 Sample1 프로그램의 실행
Sample1 프로그램을 실행하면 「어서 오세요 C#으로!」 문자가 표시됩니다.

화면에 그림 1-4처럼 문자가 1행 표시될 것입니다. 잘 표시되었나요?

마지막으로 이 장에서 배운 프로그램의 작성 · 실행 절차를 정리합시다.

이 책의 제2장 이후의 샘플 코드도 이와 같은 절차에 따라 입력하고 실행하게 됩니다. 절차를 제대로 익혀야 합니다.

차근차근 시작해 봅시다.

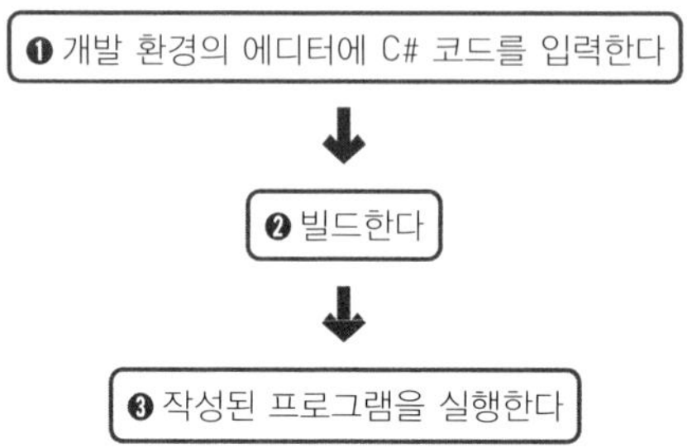

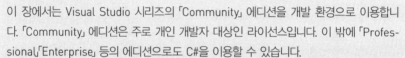

Visual Studio

이 장에서는 Visual Studio 시리즈의 「Community」 에디션을 개발 환경으로 이용합니다. 「Community」 에디션은 주로 개인 개발자 대상인 라이선스입니다. 이 밖에 「Professional」「Enterprise」 등의 에디션으로도 C#을 이용할 수 있습니다.

각 에디션의 자세한 기능·라이선스 사항에 대해서는 lesson 0의 Visual Studio 다운로드 페이지를 참조하세요.

1.5 레슨의 정리

Lesson 1

이 장에서는 다음을 배웠습니다.

- 프로그램은 컴퓨터에게 특정 「일」을 줍니다.
- C# 코드는 개발 환경 상의 에디터에 입력합니다.
- C# 코드는 대문자와 소문자를 구별하여 입력해야 합니다.
- C# 프로그램을 작성하기 위해 빌드를 시행합니다.
- 프로그램을 실행하면 지시한 「일」이 처리됩니다.

이 장에서는 C# 코드를 입력하고 프로그램을 작성하는 절차를 배우고 마지막으로 실행했습니다. 그러나 이 장에서는 입력한 C# 코드가 의미하는 처리의 내용에 대해서는 다루지 않았습니다. 다음 장부터 C# 코드 내용에 대해서 배워 나갑시다.

연습문제

1. 다음 항목에 대해서 O나 X로 대답하세요.

① C# 소스 코드는 그대로의 형식으로 실행할 수 있다.

② C#에서는 영문자의 대문자와 소문자를 구별하여 입력한다.

③ 소스 코드 중 공백은 반드시 Space 키를 눌러 공백으로 한다.

④ C# 소스 코드는 문법 규칙이 잘못된 경우에도 항상 빌드할 수 있다.

*역자 주: 책의 뒷부분에 정답이 있습니다.

Lesson 2

C#의 기본

제1장에서는 C# 코드를 입력하고, 빌드를 시행해서 프로그램을 작성하는 방법을 배웠습니다. 그러면 이제부터 우리는 어떠한 내용의 코드를 입력하면 될까요? 이 장에서는 C#으로 작성할 수 있는 프로그램의 기본을 배웁시다.

Check Point!

- 콘솔로 출력
- Main() 메서드
- 블록
- 주석
- 클래스
- 오브젝트

2.1 콘솔로 출력

새로운 코드를 입력한다

제1장에서는 화면에 1행의 문자열을 표시시키는 프로그램을 작성했습니다. C# 코드를 기술하고, 무사히 처리를 시행할 수 있었나요?

이번에는 다음 코드를 입력해 봅시다.

Sample1.cs ▶ 콘솔 화면에 문자열을 출력한다

```
using System;

class Sample1
{
    public static void Main()              // Main() 메서드의 시작 부분입니다
    {
        // 화면에 문자를 출력한다          // 주석문입니다
        Console.WriteLine( "어서 오세요 C#으로!" );   // 처음에 실행됩니다
        Console.WriteLine( "C#을 시작합시다!" );      // 다음에 실행됩니다
    }                                      // Main() 메서드의 종료 부분입니다
}
```

;(세미콜론)과 {}(중괄호) 위치는 제대로 입력되어 있나요? 입력을 다 했으면 제1장에서 설명한 순서에 따라 빌드, 실행하세요. 실행한 화면에는 다음과 같은 문자열이 2행 표시될 것입니다.

Sample1의 실행 화면

```
어서 오세요 C#으로!
C#을 시작합시다!
```


여기에서 실행한 화면은 **콘솔**(Console)이라고 합니다. 콘솔 화면에 문자를 표시하는 처리는 코드 안의 다음 부분에서 이뤄집니다.

```
Console.WriteLine( "어서 오세요 C#으로!" );
```

콘솔에 문자를 표시하는 코드를 기억해 두면 편리합니다. 「…」 부분에 표시하고 싶은 문자를 입력합시다.

구문 콘솔에 출력한다

```
Console.WriteLine( "..." );
```

그림 2-1 콘솔
문자를 표시하는 화면을 콘솔이라고 합니다

Main() 메서드

이 프로그램은 어떻게 동작하는 것일까요? 그래서 코드에 대해서 좀 더 자세히 살펴봅시다.

우리들은 먼저 이 코드의 지시가 어디서부터 처리되고 실행되는 것인지를 알아야 합니다. 처음에

```
public static void Main()
```

이라고 쓰여진 행을 봅시다. C# 프로그램은 원칙적으로 이 Main()이라고 기술되어 있는 부분부터 실행이 시작됩니다.

다음에 이 코드의 아래부터 2번째 행에 있는

```
}
```

를 보세요. 이 부분의 처리가 이뤄지면 프로그램이 종료합니다.

중괄호({ })로 감싸져 있는 부분은 **블록**(block)이라고 합니다. 이 블록은 **Main() 메서드**(main method)라는 이름이 붙어 있습니다. 「메서드」라는 단어의 의미에 대해서는 제5장에서 자세히 설명합니다.

```
public static void Main()
{
    ...
}
```

Main() 메서드입니다

중요 | Main() 메서드부터 프로그램이 시작된다.

1구문씩 처리한다

Main() 메서드의 내용을 들여다봅시다.

먼저 C#의 원칙을 기억합시다. C#에서는 하나의 작은 처리(「일」)의 단위를 **구문**(statement)이라고 하며, 마지막에 기호 ;(세미콜론)을 붙입니다.

그리고 이 「구문」이

원칙적으로 차례대로 앞에서부터 1구문씩 처리된다

입니다. 즉, 이 프로그램이 실행되면 Main() 메서드 안의 두 개의 「구문」이 다음의 순서로 처리되는 것입니다.

```
Console.WriteLine( "어서 오세요 C#으로!" );   ← 처음에 실행됩니다
        ↓
Console.WriteLine( "C#을 시작합시다!" );      ← 다음에 실행됩니다
```

구문 Console.WriteLine…은 화면에 문자를 출력하기 위한 코드였습니다. 그래서 이 구문이 실행되면 화면에 2행의 문자열이 출력되는 것입니다.

> **중요 |** 구문에는 ;(세미콜론)을 붙인다.
> 구문은 원칙적으로 기술한 순서대로 처리된다.

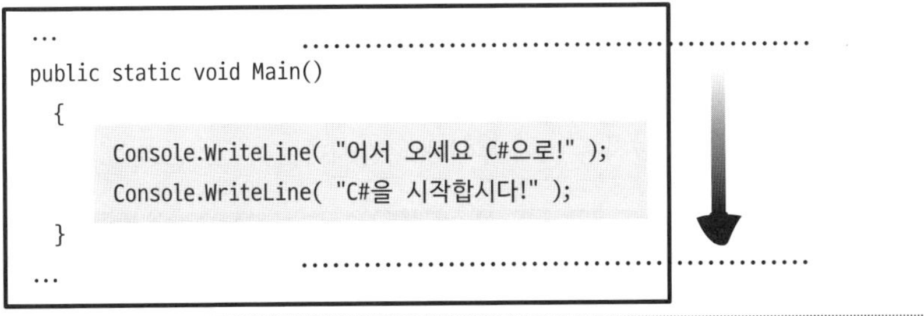
...
public static void Main()
{
Console.WriteLine("어서 오세요 C#으로!");
Console.WriteLine("C#을 시작합시다!");
}
...

그림 2-2 처리의 흐름
프로그램을 실행하면 원칙적으로 처리가 1구문씩 순서대로 이뤄집니다.

코드를 읽기 쉽게 한다

Sample1의 Main() 메서드는 여러 행에 걸쳐 쓰여져 있습니다. C# 코드에서는

구문의 도중이나 블록 안에서 줄바꿈해도 된다

라고 되어 있습니다. 그래서 코드에서는 Main() 메서드를 여러 행으로 나눠서 읽기 쉽게 하고 있습니다.

또한, C#에서는 의미가 연결된 단어 사이 등이 아니면 자유롭게 스페이스나 줄바꿈을 넣을 수 있습니다. 즉,

```
void M ain()
```

와 같은 기술은 잘못됐으나,

```
 void  Main  (){
     Console.WriteLine( "어서 오세요 C#으로!" );
```

이와 같이 스페이스를 넣거나 줄바꿈을 해도 됩니다. 그래서 Sample1에서는 블록 부분을 알기 쉽도록 { 부분에서 줄바꿈하고, 내부의 행 앞을 조금 들여쓰기 하고 있는 것입니다.

코드 안에서 이처럼 들여쓰기를 시행하는 것을 **인덴트**(indent)라고 합니다. 인덴트를 하려면 행 앞부분에서 Space 키 또는 Tab 키를 누르세요.

우리는 이제부터 점차 복잡한 코드를 기술할 것입니다. 인덴트를 잘 사용해서 쉽게 읽을 수 있는 코드를 적는 것에 유의해 나갑시다.

중요 | 코드를 읽기 쉽게 하기 위해서 인덴트와 줄바꿈을 사용한다.

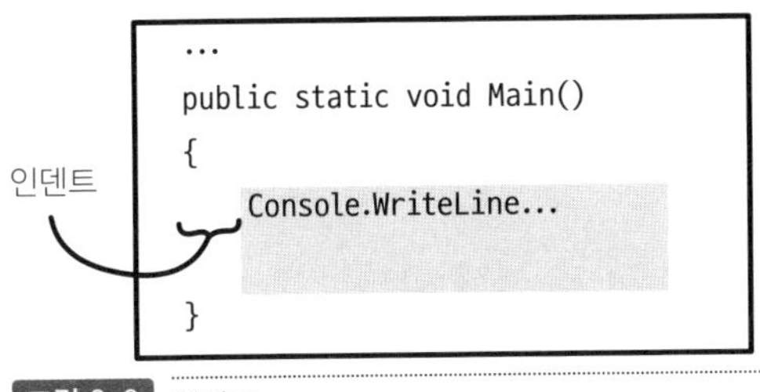
...
public static void Main()
{
Console.WriteLine...
}
인덴트

그림 2-3 인덴트
블록 내를 인덴트해서 코드를 읽기 쉽게 합니다.

Lesson 2

주석을 기술한다

C#에서는

기호 //부터 그 행의 마지막까지의 문자를 무시하고 처리한다

입니다. 그 때문에 기호 // 다음에는 프로그램의 실행과는 직접적인 관계가 없는 자신이 적고 싶은 내용을 입력할 수 있습니다. 이것을 **주석**(comment)이라고 합니다. 통상적으로 각 구문의 시작이나 마지막에 코드가 어떠한 처리를 하고 있는지를 메모해 두면 편리합니다.

Sample1에서는 다음과 같이 「주석」을 기술했습니다.

// 화면에 문자를 출력한다
이 부분은 무시하고 처리됩니다

C#뿐만 아니라 많은 프로그래밍 언어는 사람이 쉽게 이해할 수 있는 언어는 아닙니다. 이처럼 주석을 적음으로써 쉽게 이해할 수 있는 코드를 작성할 수 있는 것입니다.

/* */

 또 다른 주석의 기술 방법

주석을 기술하려면 기호 // 외에도 기호 /* */를 사용하는 형태도 있습니다.

이것은 C#의 기초가 된 C 언어 등의 프로그래밍 언어에서 주로 사용되어온 주석의 스타일입니다. C#에서는 이 형태의 주석을 사용할 수도 있습니다.

다만 /* */ 기호는

/* */로 감싸진 부분이 전부 주석 처리된다

입니다. 그래서 /* */ 기호를 사용하면 여러 행에 걸쳐서 주석을 기입할 수 있는 것입니다.

Sampl1처럼 //를 사용하는 형태에서는 주석 기호부터 행의 마지막까지를 무시하기 때문에 여러 행에 이어서 주석을 입력할 수는 없습니다. C#에서는 어떤 주석 형식을 이용해도 됩니다.

중요 | 주석을 입력해서 프로그램을 쉽게 이해할 수 있게 한다.

2.2 폼

윈도 화면을 작성한다

문자만 있는 화면으로는 다소 지루하다고 느끼는 분이 있을지도 모르겠습니다.

C#을 다루기 위해서 일반적으로 이용되는 개발 환경인 Visual Studio를 이용하면 윈도 화면을 쉽게 작성할 수 있습니다. 다음 코드를 입력하고 실행해 보세요. 다만, 이번은 빌드 전에 「**참조를 추가한다**」는 작업을 해야 합니다. 「**System**」과 「**System.Windows.Forms**」 참조를 개발 환경의 프로젝트에 추가합니다. 참조의 추가 방법에 대해서는 이 책의 앞부분에서 설명합니다. 이제부터 윈도를 가진 프로그램을 작성할 때는 이 참조가 필요하므로 주의하세요.

Sample2.cs ▶ 윈도에 출력한다

```
using System.Windows.Forms;

class Sample2
{
    public static void Main()
    {
        Form fm;                          // 윈도(폼)에 붙이는 이름을 준비합니다
        fm = new Form();                  // 폼을 작성합니다

        fm.Text = "어서 오세요 C#으로!";  // 폼의 타이틀을 설정합니다

        Application.Run( fm );            // 폼을 지정해서 실행합니다
    }
}
```

Sample2의 실행 화면

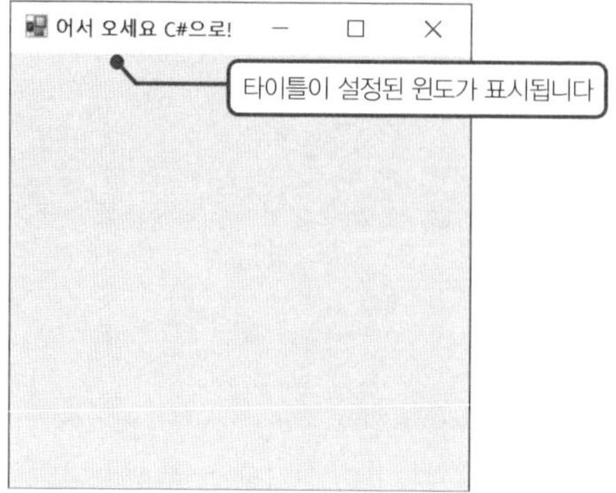
어서 오세요 C#으로!
타이틀이 설정된 윈도가 표시됩니다

이 코드를 실행하면 타이틀이 「어서 오세요 C#으로!」인 윈도 화면이 표시됩니다.

클래스와 오브젝트

이 프로그램은 어떻게 동작하는 것일까요? 이 프로그램도 역시 Main() 부분부터 시작합니다.

그러나 그 다음의 구문은 조금 전의 콘솔 화면에 출력하는 코드와는 다릅니다. 다음 2개의 구문으로 윈도 화면을 작성합니다.

Form fm;
❶ 윈도(폼)에 붙이는 이름을 준비합니다
fm = new Form();
❷ 폼을 작성합니다

여기에서 우리가 보통 컴퓨터에서 사용하는 윈도에 대해서 생각해 보세요. 표시되는 윈도는 다양한 외관을 갖고 있을 것입니다. 그러나 그 상태는 모두 비슷합니다.

C# 개발 환경에는 이 기본이 되는 윈도의 모형이 준비되어 있습니다. 우리는 이 모형을 바탕으로 실제 윈도를 만들어 나갑니다.

윈도 등 물체의 기본이 되는 모형을 C#에서는 **클래스**(class)라고 합니다. 그리고 우리들의 프로그램 안에서 실제로 작성되는 윈도를 **오브젝트**(object)라고 합니다.

우리들은 이 프로그램에서 윈도를 나타내는 「폼(Form)」이라는 클래스로부터 오브젝트를 작성하고, 윈도를 표시합니다. ❶과 ❷는 윈도를 나타내는 클래스로부터 실제 윈도 오브젝트를 작성하는 처리인 것입니다.

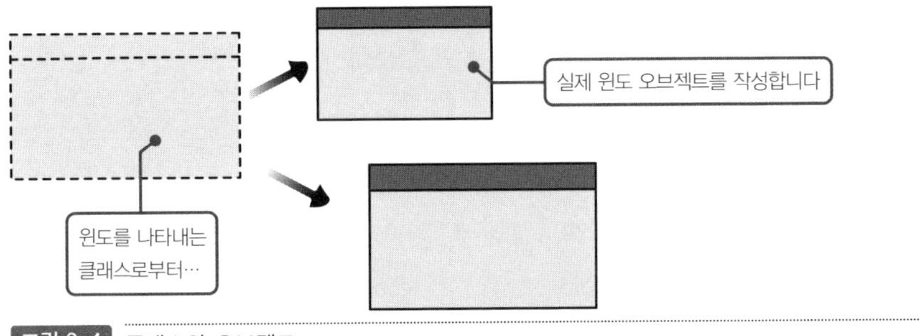
실제 윈도 오브젝트를 작성합니다
윈도를 나타내는
클래스로부터…

그림 2-4 클래스와 오브젝트
모형인 클래스로부터 실제 오브젝트를 작성합니다

중요 | 클래스를 이용해서 오브젝트를 작성한다

오브젝트명을 선언한다

프로그램의 안에서 클래스로부터 오브젝트를 작성하는 상황을 조금 더 자세히 살펴봅시다.

먼저 우리가 해야 할 것은

❶ 실제로 작성하는 윈도를 위해 그 이름을 준비한다

는 작업입니다. 실제로 작성하는 윈도 오브젝트에 이름을 붙이는 것입니다. 이것을

오브젝트명을 선언(declaration)한다

라고 합니다.

오브젝트명을 선언한다

```
클래스명 오브젝트명;
```

C#에서는 오브젝트에 붙이는 이름은 **식별자**(identifier)라는 문자의 조합에서 고릅니다. 식별자는 다음과 같은 문자를 사용합니다.

- 식별자에는 문자, 숫자, 언더스코어 등을 사용합니다.
- 식별자를 숫자로 시작할 수 없습니다.
- 대문자와 소문자는 다른 것으로 구별됩니다.
- 사전에 C#이 예약한 「키워드」는 사용할 수 없습니다. 주요 키워드로 new나 class가 있습니다.
- 식별자의 길이에 제한이 없습니다.

위의 규칙을 따르는 올바른 식별자의 예를 몇 가지 들어 봅시다. 다음과 같은 이름을 붙일 수 있습니다.

a

abc

ab_c

F1

폼1

이름에는 한국어도 사용할 수 있습니다. 다만, 프로그래밍의 관습으로 영문자·숫자 조합의 이름을 많이 사용합니다.

오브젝트는 우리가 실제로 만드는 윈도이기 때문에 식별자의 규칙에 맞으면 자기가 원하는 단어를 사용해도 됩니다. 그래서 여기서는 「fm」이라는 이름을 붙이기로 합니다. 일반적으로는 폼(윈도)인 것을 쉽게 알 수 있는 단어를 사용하면 좋겠죠?

한편, 다음 이름은 식별자로서 올바르지 않습니다. 즉, 다음 문자를 이름으로 사용할 수 없습니다. 어디가 올바르지 않은지를 확인해 보세요.

12a

class

new

Sample2의 코드에서는 첫 구문에 다음과 같이 윈도 클래스명 Form을 지정해서 오브젝트명 fm을 선언하고 있습니다.

Form fm;
❶ 윈도 이름으로 fm이라는 이름을 준비합니다

중요 | 오브젝트를 사용하기 위해서는 이름을 선언한다.

오브젝트를 작성한다

이름을 준비했으면 실제로 오브젝트를 작성합니다. 오브젝트를 작성하려면 키워드 new를 사용합니다.

구문
오브젝트의 작성
new 클래스명();

즉, 다음과 같이 오브젝트를 작성합니다.

❷ 윈도를 작성하고…
fm = new Form();
fm이라는 이름으로 사용할 수 있도록 설정합니다

오브젝트를 작성하고, 기호 =를 사용해서 조금 전의 이름에 설정합니다. 이것으로 준비한 이름에 실제 오브젝트를 설정한 것입니다.

또한, ❶오브젝트명의 선언과 ❷오브젝트의 작성을 시행하는 이 두 개의 구문은 하나의 구문으로 합칠 수도 있습니다. 알아두면 편리합니다.

```
Form fm = new Form();
```

오브젝트를 작성하고 오브젝트명으로 사용할 수 있게 합니다

중요 | 오브젝트를 작성하고 오브젝트명으로 사용할 수 있게 한다.

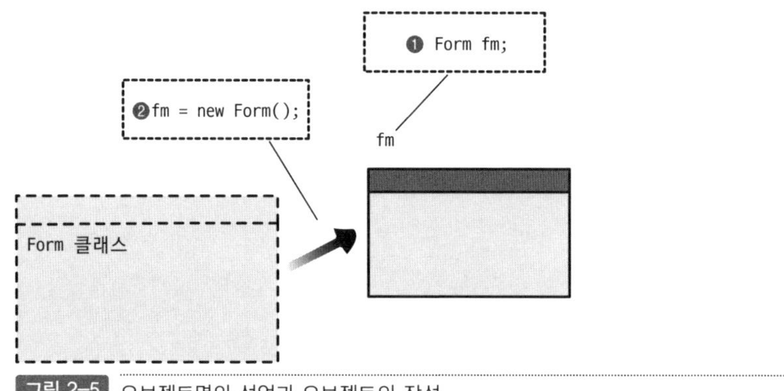

그림 2-5 오브젝트명의 선언과 오브젝트의 작성
❶클래스를 지정하고 오브젝트명을 선언합니다. ❷실제로 그 클래스의 오브젝트를 작성해서 오브젝트명으로 사용할 수 있게 설정합니다.

 프로퍼티를 설정한다

클래스로부터 오브젝트를 작성할 수 있었습니다. 작성한 오브젝트는 우리의 프로그램에 맞게 조금씩 상태를 바꾸거나 모형으로서 정리된 기능을 이용해야 합니다.

윈도는 타이틀, 색 등 다양한 기능을 갖고 있습니다. C#에서는 이러한 오브젝트의 상태를 **프로퍼티**(property)라는 구조로 설정할 수 있습니다. 예를 들어 폼 타이틀은 「Text」라는 이름의 프로퍼티로 나타냅니다.

프로퍼티에 설정을 시행하려면 다음과 같이 합니다.

구문 **프로퍼티의 설정**

```
오브젝트명.프로퍼티명 = 값;
```

=의 왼쪽에 변경하고 싶은 오브젝트명에 피리오드(.)를 이어서 프로퍼티명을 기술합니다. 그러면 =의 오른쪽에 지정한 값으로 설정됩니다. Sample2에서는 다음과 같이 프로퍼티를 설정합니다.

```
fm.Text = "어서 오세요 C#으로!";   ← 윈도 타이틀을 설정합니다
```

이 구문으로 프로퍼티를 설정해서 타이틀을 바꾸는 것입니다.

또한 이렇게 작성·설정한 폼은 코드 안의 다음의 지정으로 실행됩니다.

```
Application.Run( fm );   ← 윈도를 지정해서 실행합니다
```

이렇게 Sample2에서는 타이틀 「어서 오세요 C#으로!」를 갖는 윈도가 표시되는 것입니다.

중요 | 오브젝트의 프로퍼티를 설정할 수 있다.

그림 2-6 프로퍼티
오브젝트의 프로퍼티를 설정할 수 있습니다.

 코드를 살펴본다

클래스를 이용하여 윈도를 작성할 수 있었습니다. 실제로 윈도가 표시되는 걸 확인할 수 있었나요?

그런데 우리가 지금까지 기술해 온 코드를 자세히 보면 다음과 같은 블록에 감싸져 있습니다.

```
class SampleX
{
    ...
}
```

C#의 코드는「**class**」라는 단어가 앞부분에 붙은 블록으로 이루어져 있습니다. 우리가 작성하고 있는 프로그램도 클래스의 형식으로 기술하고 있습니다. 이것은 우리가 작성하고 있는 프로그램의 모형이 됩니다.

우리는 앞으로 클래스의 모형이 어떠한 것인지를 기술하고 사전에 준비되어 있는 클래스로부터 오브젝트를 생성해서 프로그램을 작성해 나갈 것입니다. C#의 안에서 클래스가 중요한 것임을 알 수 있었나요?

2.3 문자와 이미지

Lesson 2

문자열을 표시한다

이전 절에서는 하나의 윈도를 작성했습니다. 그렇지만 프로그램을 작성하는 데 있어서 이것만으로는 부족할 것입니다. 윈도 상에서는 문자, 이미지를 표시하거나 사용자가 클릭하는 버튼을 표시해야 합니다.

C#의 개발 환경에서는 윈도 상에서 자주 사용되는 그래피컬한 부품도 클래스로 준비하고 있습니다. 윈도를 구성하는 부품은 **컨트롤**(Control)이라고 합니다.

먼저 윈도 상에 문자를 표시하는 기능을 가진 **라벨**(Label)이라는 컨트롤을 사용해보도록 합니다. 다음 코드를 입력하세요.

Sample3.cs ▶ 문자열을 표시한다

```
using System.Windows.Forms;

class Sample3
{
    public static void Main()
    {
        Form fm = new Form();
        fm.Text = "어서 오세요 C#으로!";

        Label lb = new Label();      ← 라벨을 작성합니다
        lb.Width = 150;      ← 라벨의 가로 크기를 설정합니다
```

```
        lb.Text = "C#을 시작합시다!";   ● 라벨을 폼에 올립니다
        lb.Parent = fm;   ● 라벨의 타이틀을 설정합니다

        Application.Run( fm );
    }
}
```

라벨 오브젝트의 작성 방법도 폼과 같습니다. 오브젝트의 이름을 준비하고, new를 사용해서 작성합니다. 이번은 「lb」라는 오브젝트명으로 다루도록 했습니다.

```
Label lb = new Label();   ● 라벨을 작성합니다
lb.Text = "C#을 시작합시다!";   ● 라벨의 타이틀을 설정합니다
```

라벨에 표시되는 문자도 Text 프로퍼티로 설정합니다. 여기에서는 「C#을 시작합시다!」를 설정합니다.

또한, 라벨은 폼 상에 놓아야 하기 때문에 라벨과 폼의 관계도 설정해야 합니다.

그래서 라벨 lb의 「Parent」라는 프로퍼티를 폼 fm이라고 설정하도록 합니다. 라벨의 「부모」를 폼으로 하는 것입니다. 이것으로 라벨이 폼 위에 놓여지게 됩니다.

```
lb.Parent = fm;   ● 지정한 라벨을 지정한 폼 위에 올립니다
```

이러한 코드에 의해 윈도 위에 문자가 표시되는 프로그램을 작성할 수 있는 것입니다[1].

1 역주: "obj\Debug\Sample3.exe" 파일을 "bin\Debug\Sample3.exe"(으)로 복사할 수 없다는 오류가 발생하면 현재 사용하고 있는 방어벽을 끄고 시도해 보세요.

Sample3의 실행 화면

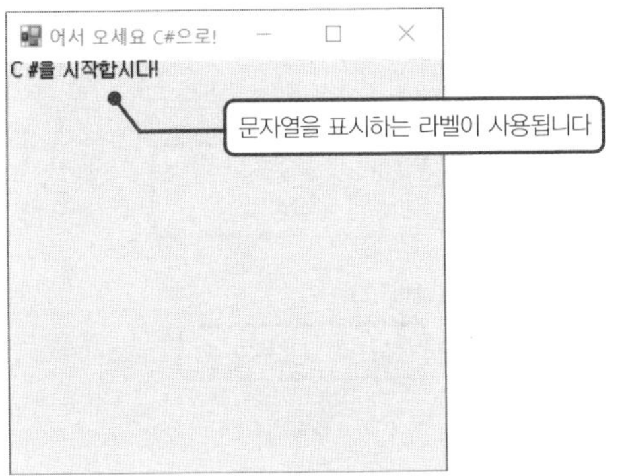
어서 오세요 C#으로!
C #을 시작합시다!
문자열을 표시하는 라벨이 사용됩니다

이미지를 표시한다

이번은 다른 컨트롤을 사용해 봅시다. 이미지를 표시하는 컨트롤인 **픽처 박스**(PictureBox)를 사용합니다.

다만, 이미지를 표시하기 위해서는 몇 가지 준비를 해야 합니다. 먼저 C 드라이브 아래에 100x50 픽셀의 비트맵 이미지를「car.bmp」라는 이름으로 저장하세요. 코드 안에서 이 이미지를 읽어 들이는 처리를 시행해 표시하도록 합니다.

또한, 이번 프로그램에서는「**System.Drawing**」참조를 추가해야 합니다. 이번 샘플은 System, System.Windows.Forms, System.Drawing을 참조 추가합니다. 이제부터 이미지를 사용한 프로그램에서는 이 참조를 추가해야 하므로 주의하세요.

Sample4.cs ▶ 이미지를 표시한다

```
using System.Windows.Forms;
using System.Drawing;

class Sample4
```

```
{
    public static void Main()
    {
        Form fm = new Form();
        fm.Text = "샘플";

        PictureBox pb = new PictureBox();
        pb.Image = Image.FromFile( "c:₩₩car.bmp" );
        pb.Parent = fm;

        Application.Run( fm );
    }
}
```

이미지를 읽어 들이는 픽처 박스를 작성합니다

이미지를 읽어 들입니다

Sample4의 실행 화면

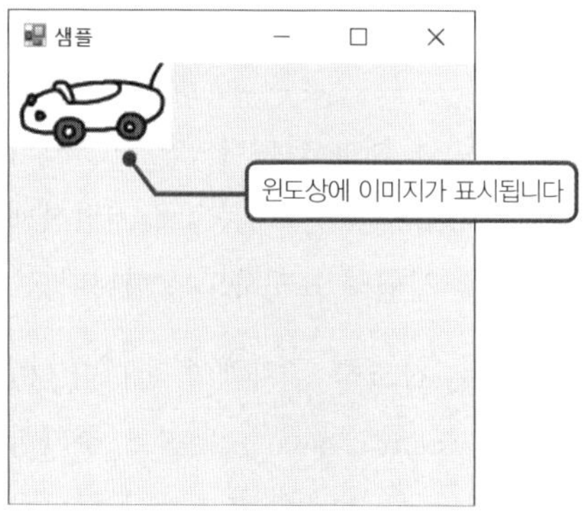

픽처 박스 클래스의 사용법도 지금까지와 같습니다. 이번은 작성한 픽처 박스에 「pb」라는 이름을 붙였습니다.

그리고 픽처 박스에 이미지를 표시하려면 픽처 박스의 Image 프로퍼티에 이미지를 설정해야 합니다. 여기서는 다음과 같이 설정합시다.

```
pb.Image = Image.FromFile( "c:\\car.bmp" );
```

c 드라이브 아래의 「car.bmp」를 읽어 들입니다

폴더의 구분인 ₩는 ₩₩로 나타냅니다

Lesson 2

조금 코드가 어려워졌지만 여기서는 c 드라이브 아래에 저장한 「car.bmp」라는 이미지 파일을 읽어 들이는 것을 지정합니다. 당분간 이 이미지를 사용하기 때문에 이렇게 읽어 들이는 방법을 기억해 두세요.

또한, 「"c:₩₩car.bmp"」는 이미지의 위치를 나타냅니다. 보통 Windows에서는 폴더 구분을 ₩ 기호로 지정하는데 C#에서는 ₩ 기호를 그대로로는 인식할 수 없습니다. 그래서 하나의 ₩ 기호를 「₩₩」로 나타내고 있는 것입니다.

만약 지정한 폴더에 이미지를 저장할 수 없다면 자신이 지정한 폴더나 이미지를 사용해도 됩니다. 예를 들어, c 드라이브 아래의 Sample 폴더 아래의 「car.bmp」라면 「c:₩₩Sample₩₩car.bmp」라고 표현합니다. ₩ 기호에 신경 써서 확인해 보세요.

중요 | 컨트롤을 이용해서 윈도상에 문자열, 이미지를 표시할 수 있다.

이스케이프 시퀀스

₩₩처럼 코드의 안에서는 특수한 문자를 사용하는 경우가 있습니다. C#에서 ₩ 기호는 코드 안에서 특별한 의미를 지닙니다. 그래서 통상 ₩ 기호를 나타내고 싶을 때는 또 하나의 ₩ 기호를 붙여서 ₩₩로 나타내야 합니다.

이처럼 특수한 문자는 두 개 이상의 문자를 조합해 1개의 문자를 나타냅니다. 이것을 **이스케이프 시퀀스**(escape sequence)라고 합니다. 주요 이스케이프 시퀀스에는 다음과 같은 종류가 있습니다.

표 2-1 주요 이스케이프 시퀀스

이스케이프 시퀀스	의미하는 문자
₩a	경고음
₩b	백 스페이스
₩t	수평 탭
₩v	수직 탭
₩n	줄바꿈
₩f	폼피드
₩r	복귀
₩'	'
₩"	"
₩₩	₩
₩0	null
₩uhhhh 또는 ₩Uhhhh	16진수 hhhh의 문자 코드를 가진 문자

2.4 레슨의 정리

이 장에서는 다음을 배웠습니다.

- 콘솔에 문자를 표시할 수 있습니다.
- Main( ) 메서드의 앞부분부터 프로그램의 실행이 시작됩니다.
- 구문은 처리의 작은 단위입니다.
- { }로 감싼 부분을 블록이라고 합니다.
- 주석문으로 코드 안에 메모를 적어 둘 수 있습니다.
- 클래스로부터 오브젝트를 작성할 수 있습니다.
- 프로퍼티를 설정해서 오브젝트 상태를 설정할 수 있습니다.
- 폼 클래스를 이용해서 윈도를 작성할 수 있습니다.
- 라벨 클래스를 이용해서 윈도에 문자열을 표시할 수 있습니다.
- 픽처 박스 클래스를 이용해서 윈도에 이미지를 표시할 수 있습니다.

이 장에서는 콘솔 화면에 문자를 표시하거나 윈도에 문자열, 이미지를 표시하는 방법을 배웠습니다. 그러나 이 정도의 지식으로는 아직도 변화무쌍한 프로그램을 만들어 나갈 수는 없습니다. 앞으로 더욱 다양한 방법을 배워 나갑시다.

연습문제

1. 콘솔 화면에 다음 문자열을 출력하는 프로그램을 작성하세요.

```
안녕하세요
안녕히 계세요
```

2. 윈도에 다음 문자열을 출력하는 프로그램을 작성하세요.

*역자 주: 책의 뒷부분에 해답이 있습니다.

Lesson 3

형과 연산자

이 장에서는 C#에서 다루는 값과 오브젝트의 종류에 대해서 알아봅니다. C#에서는 다양한 종류의 값을 다룹니다. 또한 연산자를 사용해서 여러 가지 처리를 시행하는 방법도 배웁시다. 연산자에 의해 계산 처리를 비롯한 베리에이션이 풍부한 처리를 시행할 수 있습니다.

Check Point!

- 대입
- 변수
- 형
- 연산자

3.1 대입

값을 대입한다

이전 장에서는 우리는 클래스로부터 오브젝트를 작성하고, 프로퍼티를 설정했습니다. 폼(윈도), 컨트롤을 작성하고, 그 프로퍼티를 설정함으로써 윈도 타이틀을 지정하거나 문자열, 이미지를 표시할 수 있었습니다.

프로퍼티에는 여러 종류가 있습니다. 여기서는 픽처 박스의 위쪽 끝 위치를 의미하는 Top 프로퍼티를 설정해 봅시다. c 드라이브 아래에 이미지 파일 「car.bmp」를 저장해 둡니다.

Sample1.cs ▶ 프로퍼티로의 값 대입

```
using System.Windows.Forms;
using System.Drawing;

class Sample1
{
    public static void Main()
    {
        Form fm = new Form();
        fm.Text = "샘플";

        PictureBox pb = new PictureBox();
        pb.Image = Image.FromFile( "c:\\car.bmp" );
        pb.Top = 100;

        pb.Parent = fm;
```

대입이라고 합니다

```
        Application.Run( fm );
    }
}
```


Sample1의 실행 화면

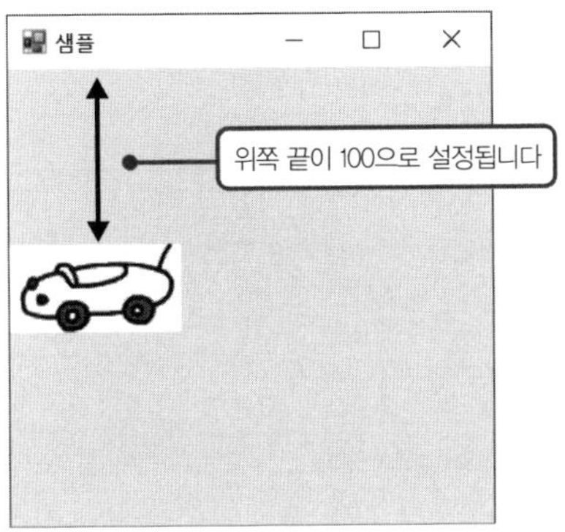

프로퍼티를 설정할 때는 기호 =를 사용합니다. 여기서는 Top 프로퍼티에 값 100을 설정합니다. 이 설정에 의해 픽처 박스의 위쪽 끝이 폼의 위쪽 끝으로부터 100인 위치에 표시되는 것입니다.

이처럼 프로퍼티 등에 기호 =를 사용해서 값을 설정하는 것을 C#에서는 **대입**(assignment)이라고 합니다.

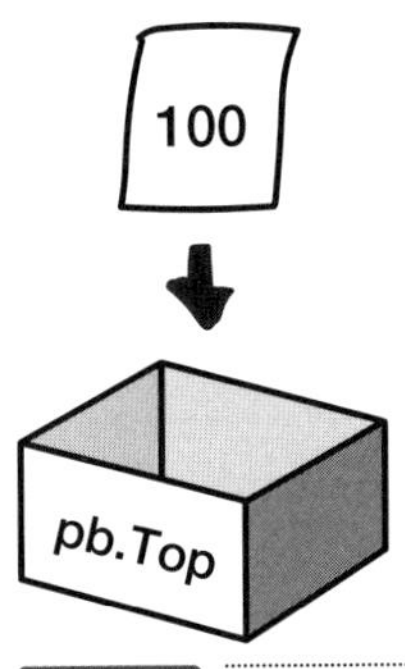

그림 3-1 대입
프로퍼티에 값을 대입해서 설정을 시행합니다.

중요 | = 기호에 의해 값을 대입할 수 있다.

그 밖의 프로퍼티 값을 대입한다

어떤 프로퍼티를 지정해서 다른 프로퍼티에 직접 값을 대입할 수도 있습니다. 다음 코드를 살펴봅시다.

Sample2.cs ▶ 다른 프로퍼티 값을 대입한다

```
using System.Windows.Forms;
using System.Drawing;

class Sample2
{
    public static void Main()
    {
        Form fm = new Form();
        fm.Text = "샘플";

        PictureBox pb = new PictureBox();
        pb.Image = Image.FromFile( "c:\\car.bmp" );
        pb.Top = 100;
        pb.Left = pb.Width;

        pb.Parent = fm;

        Application.Run( fm );
    }
}
```

직접 값을 대입할 수도 있습니다

Sample2의 실행 화면

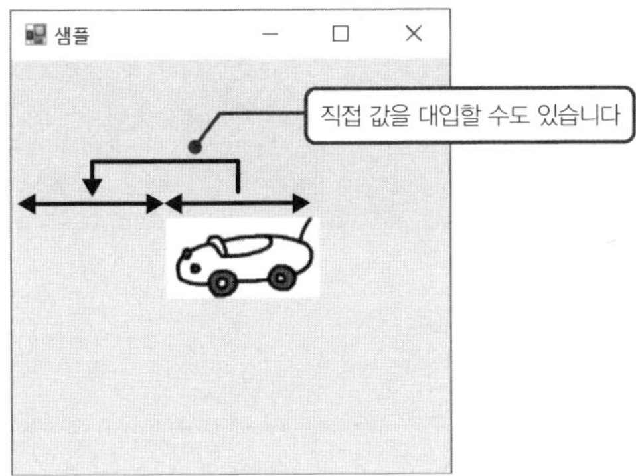

여기에서는 픽처 박스의 왼쪽 끝을 나타내는 Left 프로퍼티에 폭을 나타내는 Width 프로퍼티 값을 대입합니다. 이처럼

프로퍼티에 다른 프로퍼티의 값을 직접 대입할 수 있다

는 것입니다. 여기서는 픽처 박스의 왼쪽 끝 위치를 폭과 같은 값으로 설정하므로, 화면의 왼쪽에서부터 픽처 박스의 폭만큼 떨어져서 표시합니다.

이처럼 프로퍼티를 이용하면 여러 컨트롤을 화면상에 정리해서 배치할 수 있을 것입니다.

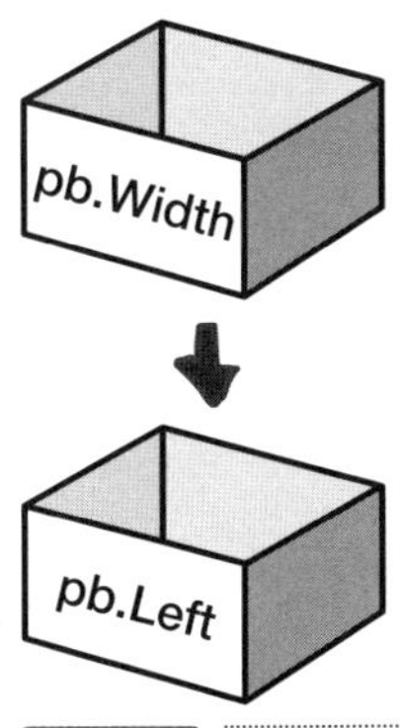

그림 3-2 직접 대입한다
프로퍼티 값을 다른 프로퍼티에 직접 대입할 수 있습니다.

3.2 형과 변수

형의 구조를 안다

이제까지 여러 프로퍼티에 값을 대입해 왔습니다. 다만, 프로퍼티에 값을 대입할 때 신경써야 할 것이 있습니다. 그것은

각각의 프로퍼티에는 대입할 수 있는 값의 종류가 정해져 있다

는 것입니다. 예를 들어, 라벨의 위치를 나타내는 Top 프로퍼티, Left 프로퍼티, 폭을 나타내는 Width 프로퍼티에는 반드시 수치를 지정해야 합니다. 이처럼 프로퍼티에는「어서 오세요」라는 문자열을 대입할 수 없습니다.

C#에서는 수치를 직접 나타낼 때는 그대로 숫자를 기술하고, 문자열을 직접 나타낼 때는 문자열을 " "로 감쌉니다.

```
lb.Top = 100;            // 수치를 나타냅니다
lb.Text = "어서 오세요";  // 문자열을 나타냅니다
```

이러한 값의 종류는 형(Type)이라고 합니다. C#의 주요 형에는 다음과 같은 종류가 있습니다.

표 3-1 C#의 주요 형

종류			형 이름
값형	정수	부호 있는 8비트 정수	sbyte
		부호 없는 8비트 정수	byte
		Unicode 문자	char
		부호 있는 16비트 정수	short
		부호 없는 16비트 정수	ushort
		부호 있는 32비트 정수	int
		부호 없는 32비트 정수	uint
		부호 있는 64비트 정수	long
		부호 없는 64비트 정수	ulong
	부동소수점	32비트 부동소수점 수	float
		64비트 부동소수점 수	double
	데시멀	128비트 수 값	decimal
	논리(true/false)		bool
참조형	문자열		string
	클래스		각 클래스
포인터형			

예를 들어, 라벨의 위쪽 부분 위치를 나타내는 Top 프로퍼티로 지정할 수 있는 값은 정수형입니다. 이에 반해 표시 문자를 나타내는 Text 프로퍼티는 문자열형입니다.

또한, 픽처 박스의 이미지를 나타내는 Image 프로퍼티는 참조형입니다.

원칙적으로 다른 형의 프로퍼티에는 다른 형의 값을 대입할 수 없으므로 주의하세요.

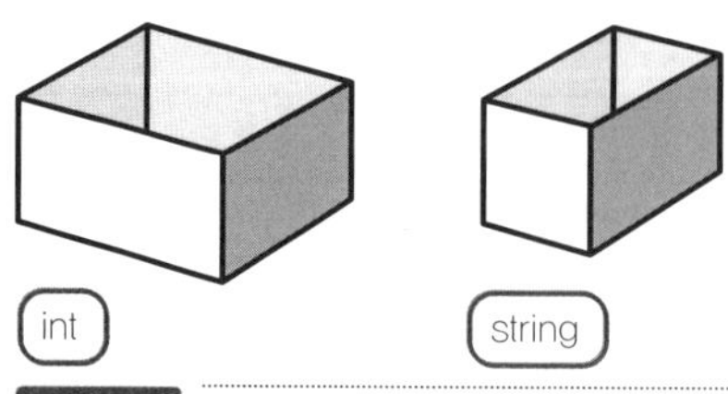

그림 3-3 형
값에는 종류가 있습니다. 값의 종류는 형으로 나타냅니다.

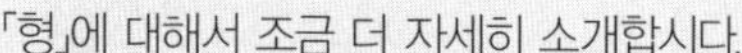
중요 | 형은 값의 종류를 나타낸다.

여러 가지 형

「형」에 대해서 조금 더 자세히 소개합시다.

형은 값의 종류를 나타냅니다. 정수형으로는 정수 값, 부동소수점 수로는 소수를 나타낼 수 있습니다. 예를 들어, 원주율 3.14는 정수형으로는 나타낼 수 없으나 부동소수점 수형으로 나타낼 수 있습니다.

또한, 비트 수가 많은 쪽이 보다 넓은 범위의 수치를 나타낼 수 있습니다. 예를 들어, 부호 없는 8비트 정수 byte는 0~255로 다뤄지는 색 값을 나타내기 위해 자주 사용되나, 10000 등의 큰 수치를 나타낼 수는 없습니다.

수치로 값을 다룬다

C#에서는 프로그램 안에서 자신이 형을 지정해서 필요한 종류의 값을 일시적으로 저장할 수 있습니다. 이 구조를 **변수**(variable)라고 합니다.

다음 코드를 보세요.

Sample3.cs ▶ 변수를 사용한다

```
using System.Windows.Forms;
using System.Drawing;
```

```
class Sample3
{
    public static void Main()
    {
        Form fm = new Form();
        fm.Text = "샘플";

        int w;                              ❶ 변수를 선언합니다
        w = 100;                            ❷ 변수에 값을 대입합니다

        PictureBox pb = new PictureBox();
        pb.Image = Image.FromFile( "c:\\car.bmp" );
        pb.Top = w;                         ❸ 변수에 대입된 값을 이용합니다

        pb.Parent = fm;

        Application.Run( fm );
    }
}
```

Sample3의 실행 화면

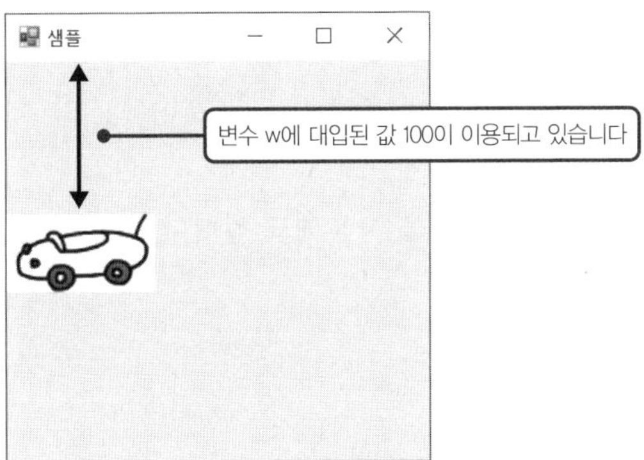
샘플
변수 w에 대입된 값 100이 이용되고 있습니다

여기에서는 「w」라는 이름을 준비하고, 정수형의 값을 다루기 위한 변수를 준비합니다(❶). 이것은 정수형의 값을 일시적으로 저장해 두는 상자와 같은 것

이라고 생각할 수 있습니다.

상자를 준비했으면 이 y에 정수 값 100을 대입해 둘 수 있습니다(❷). 상자에 값이 들어 있으면 변수 w(의 값)를 pb.Top에 직접 대입해서 이용할 수 있는 것입니다(❸).

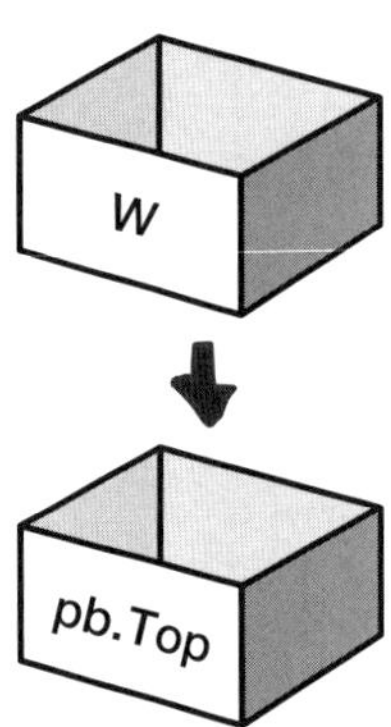

그림 3-4 변수를 준비하고 대입한다
변수를 준비하고 값을 저장, 대입할 수 있습니다.

w처럼 변수의 이름을 준비하는 것을 **변수의 선언**(declaration)이라고 합니다. 변수의 선언은 다음과 같이 시행합니다.

변수의 선언

```
형 변수명;
```

변수의 이름은 식별자의 범위에서 적당한 이름을 사용해도 됩니다. 준비한 변수는 다음과 같이 사용합니다.

변수로의 대입

```
변수명 = 값;
```

그래서 조금 전의 코드에서는 다음과 같이 변수의 선언과 대입을 시행한 것입니다.

```
int w;      ❶ 변수를 선언합니다
w = 100;    ❷ 변수에 값을 대입합니다
```


또한 변수를 선언하면 동시에 값을 대입할 수도 있습니다. 이것을 변수의 **초기화**(initialization)라고 합니다. 변수의 초기화는 다음과 같이 기술합니다.

변수의 초기화

```
형 변수명 = 값;
```

즉, 조금 전의 샘플에서는 다음과 같이 초기화를 시행할 수 있는 것입니다.

```
int w = 100;    변수를 초기화합니다
```

변수를 알아 두면 편리합니다. 어떤 프로퍼티에 값을 설정할 때, 항상 다른 프로퍼티에 직접 대입하는 것은 아닙니다. 다음 절에서부터 볼 수 있는 것처럼 프로퍼티의 값을 여러 가지 계산 처리로 조작하기도 합니다. 이럴 때 처리 도중에 일시적으로 값을 기억해 두기 위한 작업용 변수가 필요하게 됩니다. 변수의 이용에 대해서 기억해 둡시다.

중요 | 변수를 준비하고 이용할 수 있다.

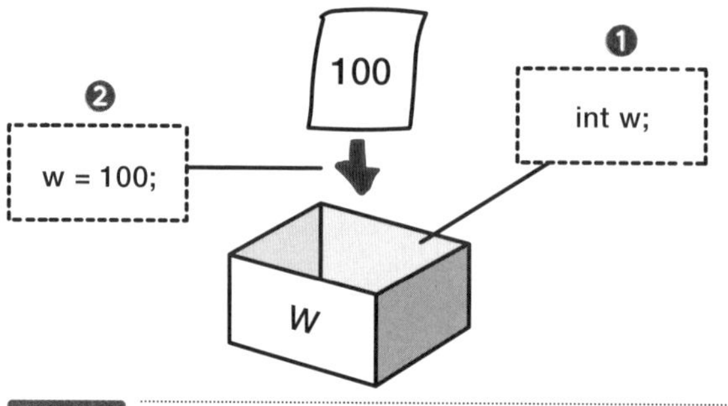

그림 3-5 변수
❶ 변수 w를 선언합니다.
❷ 변수 w에 100을 대입합니다.

오브젝트로 클래스형의 값을 다룬다

변수는 변수명을 사용해 여러 종류의 값을 일시적으로 저장하고, 다룰 수 있게 하기 위한 것이었습니다. 우리는 지금까지 윈도나 컨트롤 등의 오브젝트를 다룰 수 있게 하기 위해서 오브젝트의 이름을 준비해 왔습니다.

사실은 오브젝트에 붙인 이름도 하나의 변수입니다. 오브젝트는 표 3-1에 나타낸 참조형(클래스형)의 변수입니다.

즉, 오브젝트의 이름은 모형으로서 정리된 값이나 기능을 다루기 위한 변수명인 것입니다.

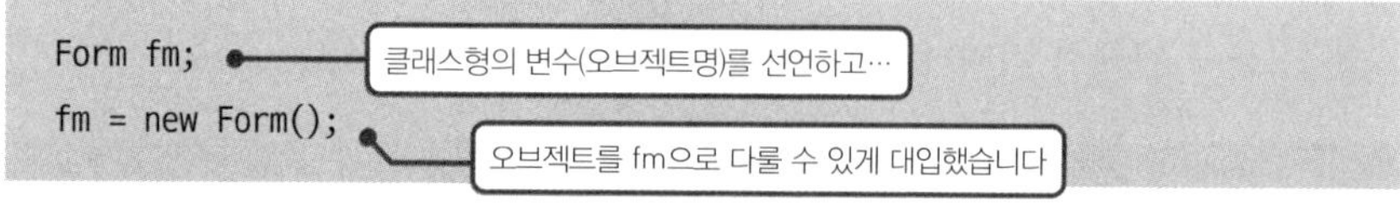

Form fm;
fm = new Form();
클래스형의 변수(오브젝트명)를 선언하고…
오브젝트를 fm으로 다룰 수 있게 대입했습니다

우리는 오브젝트를 작성할 때, 클래스형의 변수의 이름(오브젝트명)을 준비하고 설정하는 처리를 시행했을 것입니다. 즉, 이것을 하나로 정리한 구문은 오브젝트를 작성하고 초기화하는 처리입니다.

```
Form fm = new Form();
```
(클래스형의 변수를 오브젝트로 초기화합니다)

변수는 다양한 상황에서 사용됩니다. 변수의 개념이 중요한 것임을 이해했나요?

중요 | 오브젝트는 클래스 형의 변수이다.

변수

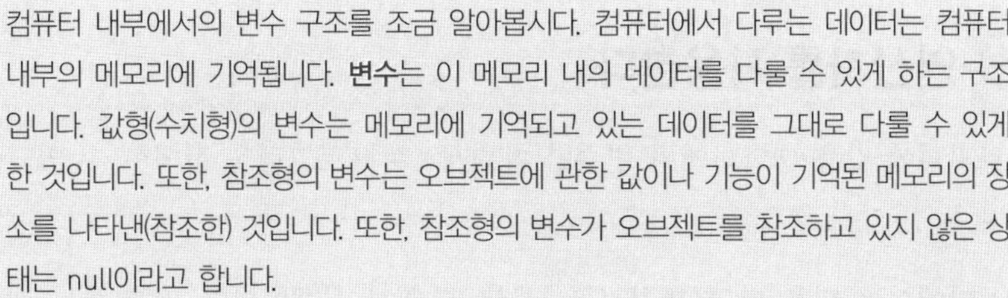

컴퓨터 내부에서의 변수 구조를 조금 알아봅시다. 컴퓨터에서 다루는 데이터는 컴퓨터 내부의 메모리에 기억됩니다. **변수**는 이 메모리 내의 데이터를 다룰 수 있게 하는 구조입니다. 값형(수치형)의 변수는 메모리에 기억되고 있는 데이터를 그대로 다룰 수 있게 한 것입니다. 또한, 참조형의 변수는 오브젝트에 관한 값이나 기능이 기억된 메모리의 장소를 나타낸(참조한) 것입니다. 또한, 참조형의 변수가 오브젝트를 참조하고 있지 않은 상태는 null이라고 합니다.

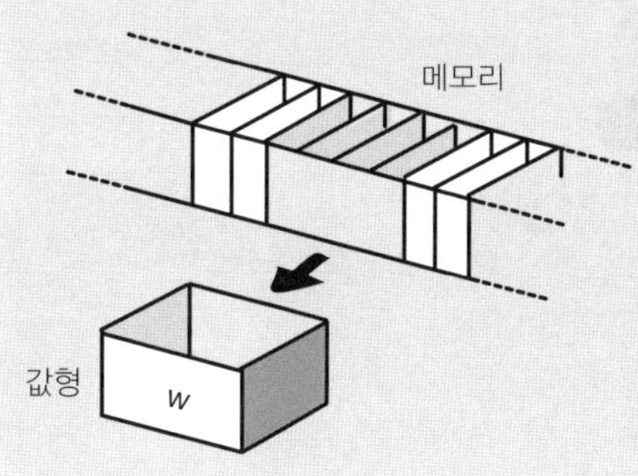

3.3 연산자

연산자를 사용한다

프로퍼티에 값을 대입하거나 변수를 다뤄서 C# 프로그램을 작성할 수 있었습니다.

컴퓨터에서는 더욱 다양한 처리를 「계산」을 해서 시행합니다. 여기서는 계산 처리를 시행하는 프로그램을 작성해 봅시다.

Sample4.cs ▶ 픽처 박스의 위치를 변경한다

```
using System.Windows.Forms;
using System.Drawing;

class Sample4
{
    public static void Main()
    {
        Form fm = new Form();
        fm.Text = "샘플";

        PictureBox pb = new PictureBox();
        pb.Image = Image.FromFile( "c:\\car.bmp" );
        pb.Top = pb.Top + 10;
        pb.Left = pb.Left + 10;

        pb.Parent = fm;
```

프로퍼티의 값에 10을 더해서…

결과를 대입합니다

```
        Application.Run( fm );
    }
}
```

Sample4의 실행 화면

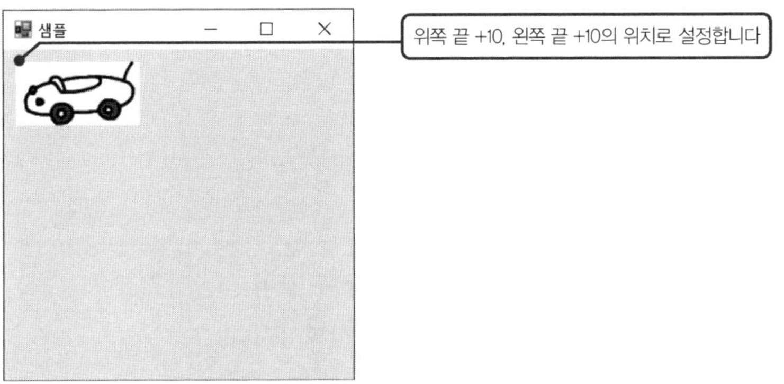
샘플
위쪽 끝 +10, 왼쪽 끝 +10의 위치로 설정합니다

여기에서는 픽처 박스의 Top 프로퍼티와 Left 프로퍼티 값에 10을 더합니다. 그리고 더한 값을 각각의 프로퍼티에 다시 대입합니다.

+와 같은 기호를 **연산자**(operator)라고 합니다. 연산자에 의해 계산되는 대상을 **오퍼랜드**(operand)라고 합니다. 연산자 +는 2개의 수치를 오퍼랜드로서 합하는 기능을 가진 연산자입니다.

이 식은 우변과 좌변이 맞지 않는 특이한 표기로도 보입니다. 그렇지만 기호 =는 「같다」는 의미가 아닌 「값을 대입한다」는 기능을 가집니다. 그래서 이러한 기술을 할 수 있는 것입니다.

두 프로퍼티의 초깃값은 0이므로 여기에서는 폼의 왼쪽 위쪽의 끝에서부터 (10, 10)의 위치에 이미지의 왼쪽 위쪽 끝이 설정됩니다.

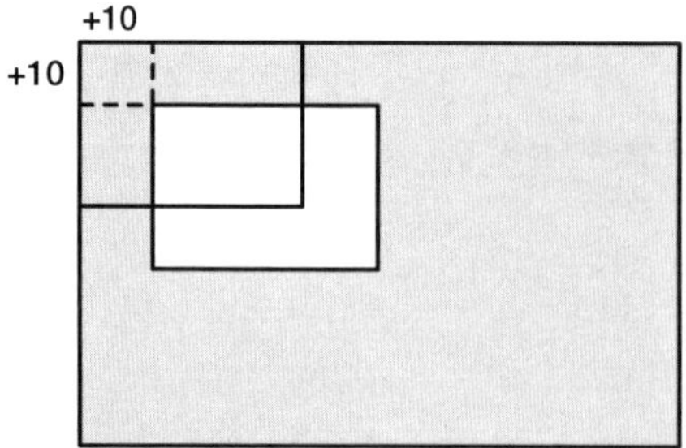

그림 3-6 덧셈을 한다
+ 연산자를 사용해서 덧셈을 할 수 있습니다.

사칙 연산을 시행한다

C#에서는 덧셈뿐만 아니라 뺄셈, 곱셈, 나눗셈과 같이 일반적으로 사용되는 사칙 연산을 시행할 수 있습니다. 다음 코드를 살펴봅시다.

Sample5.cs ▶ 픽처 박스를 중앙에 표시한다

```
using System.Windows.Forms;
using System.Drawing;

class Sample5
{
    public static void Main()
    {
        Form fm = new Form();
        fm.Text = "샘플";

        PictureBox pb = new PictureBox();
        pb.Image = Image.FromFile( "c:₩₩car.bmp" );
        pb.Top = (fm.Height - pb.Height) / 2;     // 위쪽 끝 위치를 계산합니다
        pb.Left = (fm.Width - pb.Width) / 2;      // 왼쪽 끝 위치를 계산합니다

        pb.Parent = fm;
```

```
        Application.Run( fm );
    }
}
```

Sample5의 실행 화면

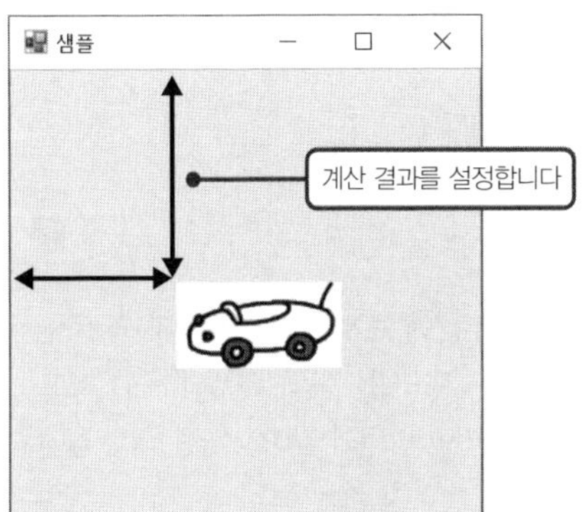

여기에서는 다음 계산을 시행합니다.

```
pb.Top = (fm.Height - pb.Height) / 2;
pb.Left = (fm.Width - pb.Width) / 2;
```

폼의 폭(높이)에서 픽처 박스의 폭(높이)를 빼고, 2로 나눈 수치를 픽처 박스의 왼쪽 끝(위쪽 끝) 위치로 합니다.

이로써 픽처 박스는 폼의 중앙 부근에 표시됩니다. 계산을 시행함으로써 폼의 중앙에 이미지를 표시할 수 있는 것입니다.

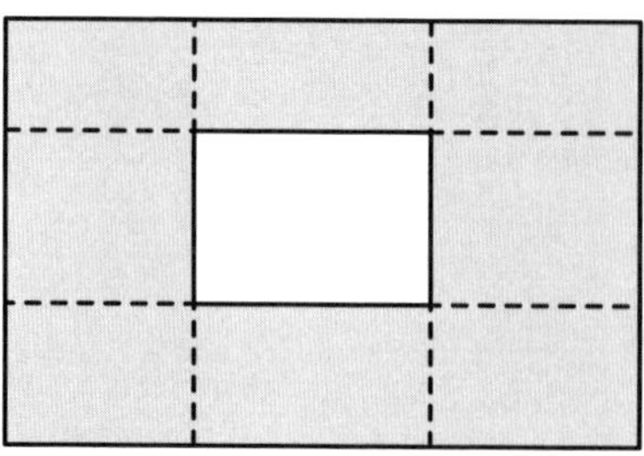

그림 3-7 사칙 연산을 시행한다
연산자를 사용해서 사칙 연산을 시행할 수 있습니다.

중앙에 표시한다

이 책에서는 C#의 기본을 배우기 때문에 폼의 중앙 부근에 표시할 때 폼의 높이와 폭을 사용해서 계산합니다. 다만, 엄밀히 중앙에 표시하기 위해서는 폼의 테두리 등을 빼고 크기를 계산해야 합니다. 실제로 폼의 중앙에 표시하려면 다음과 같이 기술합니다. 실전에서 사용해 보면 좋겠죠?

```
pb.Top = (fm.ClientSize.Height - pb.Height) / 2;
pb.Left = (fm.ClientSize.Width - pb.Width) / 2;
```

테두리 등을 뺀 크기를 사용합니다

연산자의 종류

C#에는 여러 종류의 연산자가 있습니다. 연산자의 종류를 다음 표에 나타냅니다.

표 3-2 주요 연산자의 종류

기호	이름	기호	이름
+	덧셈	<=	이하
-	뺄셈	==	같다
*	곱셈	!=	같지 않다

/	나눗셈	!	논리 부정
%	나머지	&&	논리곱
+	단항 +	||	논리합
–	단항 –	is	호환성 검사(값형)
~	보수	as	호환
&	비트 논리곱	( )	캐스트
&	주소 참조	,	순차
|	비트 논리합	( )	함수 호출
^	비트 배타적 논리합	sizeof	크기
=	대입	[ ]	배열 첨자
<<	왼쪽 시프트	.	멤버 참조
>>	오른쪽 시프트	->	멤버 참조
++	인크리먼트	=>	람다식
--	디크리먼트	?:	조건
>	보다 크다	new	오브젝트 작성
>=	이상	typeof	형 얻기
<	미만	delegate	익명 메서드

인크리먼트 · 디크리먼트 연산자

표 3-2의 연산자 중 프로그램을 작성할 때 자주 사용하는 것을 살펴봅시다. 먼저 표의 안에 있는 연산자 「++」를 보세요. 이 연산자는 다음과 같이 사용합니다.

```
a++;
```

변수 a의 값이 1 증가합니다

++ 연산자는 **인크리먼트 연산자**(increment operator)라고 합니다.

「인크리먼트」란 (변수의) 값을 1 증가시키는 연산입니다. 즉, 다음 코드에서는 변수 a의 값이 1 증가하므로 조금 전의 코드와 같은 처리를 시행합니다.

```
a = a + 1;   // 값을 1 증가하는 연산은 이렇게도 적을 수 있습니다.
```

한편, −를 2개 이은 「--」는 **디크리먼트 연산자**(decrement operator)라고 합니다. 「디크리먼트」는 변숫값을 1 줄이는 연산입니다.

```
b--;   // 변수 b의 값을 1 줄입니다
```

이 디크리먼트 연산자는 다음 코드와 같은 의미입니다.

```
b = b - 1;   // 값을 1 줄이는 연산은 이렇게도 적을 수 있습니다.
```

중요 | 인크리먼트(디크리먼트) 연산자는 변숫값을 1 덧셈(뺄셈)한다.

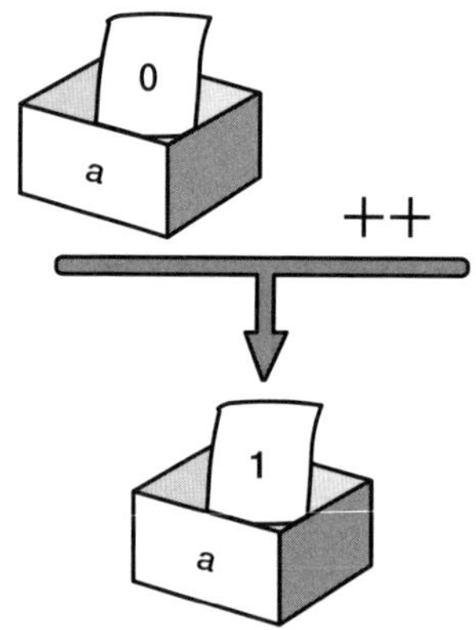

그림 3-8 인크리먼트와 디크리먼트
인크리먼트(디크리먼트) 연산자는 변숫값에 1을 덧셈(뺄셈)합니다.

인크리먼트 · 디크리먼트의 사용법

인크리먼트·디크리먼트 연산자는 값을 하나씩 증가하거나 줄이거나 하기 때문에 어떠한 처리의 횟수를 1회씩 카운트할 때 자주 이용됩니다. 제4장에서 소개하는 for 문에서는 이 연산자가 자주 사용됩니다.

대입 연산자

대입 연산자(assignment operator)에 대해 알아봅시다. 대입 연산자는 지금까지 오브젝트명에 작성한 오브젝트를 설정하거나 프로퍼티, 변수에 값을 대입할 때 사용해 온 기호 「=」입니다. 이 연산자는 통상의 =의 의미인 「같다」(이퀄)가 아닌 것은 이미 설명했습니다. 즉, 대입 연산자는

좌변의 변수에 우변의 값을 대입한다

는 기능을 가진 연산자인 것입니다.

대입 연산자는 =뿐만 아니라 =와 다른 연산을 조합한 베리에이션도 있습니다. 다음 표를 보세요.

표 3-3 대입 연산자의 베리에이션

기호	이름
+=	덧셈 대입
-=	뺄셈 대입
*=	곱셈 대입
/=	나눗셈 대입
%=	나머지 대입
&=	논리곱 대입
^=	배타적 논리합 대입
|=	논리합 대입

<<=	왼쪽 시프트 대입
>>=	오른쪽 시프트 대입

이러한 대입 연산자는 다른 연산과 대입을 동시에 시행하는 복합적인 연산자입니다. 이중에서 예로서 += 연산자를 살펴봅시다.

```
a += b;
```

a + b의 값을 a에 대입합니다

+= 연산자는

변수 a의 값에 변수 b의 값을 더하고, 그 값을 다시 변수 a에 대입한다

는 연산을 시행합니다. + 연산자와 = 연산자의 기능을 합한 듯한 기능을 갖고 있는 것입니다.

이처럼 사칙 연산 등의 연산자(●로 둡니다)와 조합한 복합적인 대입 연산자를 사용한 구문인

```
a ●= b;
```

는 통상의 대입 연산자인 =를 사용해서

```
a = a ● b;
```

라고 적어서 나타낼 수 있습니다.

즉, 다음 2개의 구문은 모두 변수 a의 값과 b의 값을 더해서 변수 a에 대입하는 처리를 나타냅니다.

```
a += b;
a = a + b;
```

또한, 복합적인 연산자에서는

```
a + = b;
```

와 같이 +와 = 사이에 공백을 띄우고 기술해서는 안 됩니다.

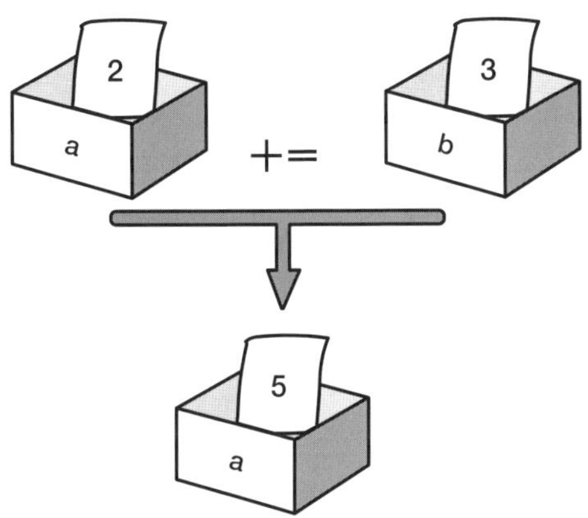

그림 3-9 복합적인 대입 연산자
복합적인 대입 연산자를 사용하면 사칙 연산과 대입을 1개의 연산자로 간단하게 기술할 수 있습니다.

문자열 연결

연산자는 오퍼랜드의 형에 따라 다른 처리를 시행하는 경우가 있습니다. 예를 들어 다음의 + 연산자를 보세요.

```
lb.Text = "변수 a의 값은" + a + "입니다."
```

a의 값을 문자열로 연결합니다

이 2개의 + 연산자 한 쪽의 오퍼랜드에는 " "로 감싼 문자열 형의 값이 포함되어 있습니다. 이때, + 연산자는 사칙 연산의 덧셈이 아닌,

문자열로 연결한다

는 처리를 시행합니다. 기억해 두면 편리할 것입니다.

여러 가지 연산자

연산자에는 그 밖에도 여러 종류가 있습니다. 예를 들어, 나머지 연산자 %는 나눗셈의 나머지를 구하는 연산자입니다. 이 연산자는 그룹 나누기 등을 할 때 자주 이용됩니다.

예를 들어, 어떤 정수를 5로 나눈 나머지를 구하면 0~4 중 하나의 값을 구할 수 있습니다. 이것으로 0~4의 5개의 그룹으로 나눌 수 있겠죠?

또한, 나눗셈·나머지 연산자는 0으로 나눌 수 없으므로 주의하세요.

3.4 레슨의 정리

이 장에서는 다음을 배웠습니다.

- 값을 대입하는 데는 기호 =를 사용합니다.
- 형에는 여러 종류가 있습니다.
- 변수에 값을 저장할 수 있습니다.
- 변수의 「이름」에는 식별자를 사용합니다.
- 연산자는 오퍼랜드와 조합하여 식을 만듭니다.
- 인크리먼트·디크리먼트 연산자를 사용하면 변수의 값을 1 덧셈 또는 뺄셈할 수 있습니다.
- 복합적인 대입 연산자를 사용하면 사칙 연산과 대입 연산을 조합한 처리를 시행할 수 있습니다.
- + 연산자로 문자열을 연결할 수 있습니다.

형과 연산자는 C#의 가장 기본적인 기능이라고 해도 이 장에 등장한 샘플만으로는 형과 연산자의 가치를 느끼는 것은 쉽지 않을 것입니다. 그러나 많은 코드를 입력하고, 이 책을 다 읽을 무렵에는 이러한 기능이 C#에는 없어서는 안 될 기능이라는 것을 알게 될 것입니다. 다양한 코드를 입력한 다음, 이 장으로 되돌아와서 다시 한번 복습해 보세요.

연습문제

1. 폼의 크기를 폭 300, 높이 200으로 설정하고 라벨을 중앙에 배치하세요.

- Width 프로퍼티 … 폭을 설정한다
- Height 프로퍼티 … 높이를 설정한다

2. 라벨 2개 사이의 왼쪽 끝 위치를 100 띄우고 배치하세요.

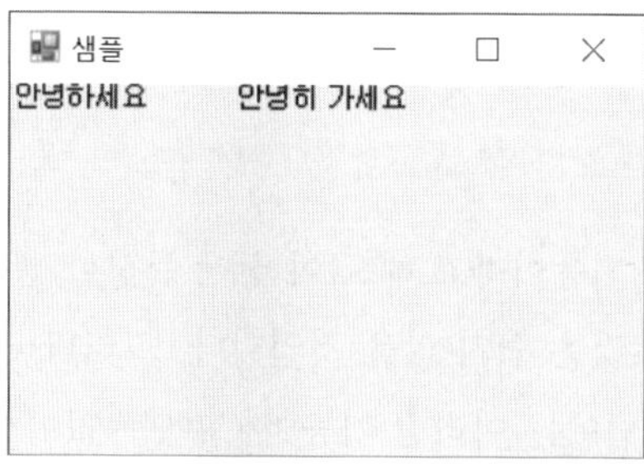

*역자 주: 책의 뒷부분에 정답이 있습니다.

Lesson 4

처리의 제어

지금까지의 코드에서 기술한 처리는 코드 내에 기술한 구문이 1 구문씩 순서대로 처리되었습니다. 그러나 더욱 복잡한 처리를 하고 싶을 때 구문을 순서대로 처리하는 것만으로는 대응할 수 없을 수 있습니다. C#에서는 여러 구문을 한데 모아 처리를 컨트롤하는 방법이 있습니다. 여기에서는 처리를 컨트롤하는 구문을 배웁시다.

Check Point!

- if 문
- if~else if~else 문
- switch 문
- for 문
- while 문
- do~while 문
- 배열

4.1 조건분기

상황에 따른 처리를 한다

프로그램에서는 상황에 따른 처리를 하기도 합니다. 예를 들어 윈도 화면상에 자동차 캐릭터를 표시하는 프로그램을 생각해 보세요. 화면 안에서 캐릭터가 어느 위치에 있는지에 따라서 표시를 바꾸는 처리를 시행하고 싶을 때가 있습니다.

C#에서는 이처럼 상황에 따른 처리를 시행할 수 있습니다.

조건의 구조를 안다

상황에 따른 처리는 어떻게 이뤄지는 것일까요? 우리는 일상 생활에서도 다음과 같은 다양한 상황을 만납니다.

학교 성적이 좋으면… ➜ 친구와 여행을 간다

학교 성적이 나쁘면… ➜ 다시 공부한다

C#에서는 여러 상황을 나타내기 위해서 **조건**(condition)이라는 개념을 이용합니다. 예를 들어 위의 예에서는

좋은 성적이다

라는 것이 「조건」에 해당합니다.

물론, 실제 C# 코드에서는 이처럼 한국어로 조건을 기술하는 것은 아닙니다. 값을

참(true)

거짓(false)

둘 중 하나로 나타내는 것을 C#에서는 조건이라고 합니다. true 또는 false는 그 조건이 「올바르다」 또는 「올바르지 않다」를 나타내는 값입니다.

예를 들어, 조건 「좋은 성적이다」를 생각해 보면 조건이 true 또는 false가 되는 경우란 다음과 같은 것을 말합니다.

성적이 80점 이상인 경우 ➔ 좋은 성적이므로 조건은 true

성적이 80점 이하인 경우 ➔ 좋은 성적이 아니므로 조건은 false

조건을 기술한다

조건이 무엇인지 어느 정도 알게 되었으니, 조건을 C#의 식으로 나타내 봅시다. 우리는 3이 1보다 큰 것을

```
3 > 1
```

이라는 부등식으로 나타냅니다. 확실히 3은 1보다 큰 수치이므로 이 부등식은 「올바르다」라고 말할 수 있습니다. 한편, 다음 부등식은 어떨까요?

```
3 < 1
```

이 식은 「올바르지 않다」고 할 수 있습니다. C#에서도 기호 >를 사용할 수 있

고, 위의 식은 true, 아래의 식은 false라고 평가됩니다. 즉, 3 〉 1이나 3 〈 1라는 식은 C#의 조건이라고 할 수 있습니다.

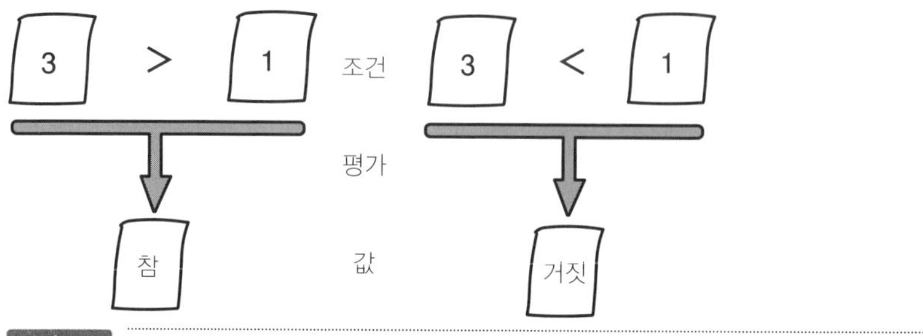

그림 4-1 조건
관계 연산자를 사용해서 「조건」을 기술할 수 있습니다. 조건은 true 또는 false 값을 가집니다.

조건을 만들기 위해 사용하는 〉 기호 등은 **관계 연산자**(relational operator)라고 합니다. 표 4-1에 여러 가지 관계 연산자와 조건이 true가 되는 경우를 정리했습니다.

표 4-1을 보면 알 수 있듯이 〉의 경우는 「우변보다 좌변이 큰 경우에 true」가 되므로 3 〉 1은 true가 됩니다. 이 밖의 경우, 예를 들어 1 〉 3은 false입니다.

표 4-1 관계 연산자

연산자	식이 true가 되는 경우
==	우변이 좌변과 같다
!=	우변이 좌변과 같지 않다
〉	우변보다 좌변이 크다
〉=	우변보다 좌변이 크거나 같다
〈	우변보다 좌변이 작다
〈=	우변보다 좌변이 작거나 같다

중요 | 관계 연산자를 사용해서 조건을 기술한다.

관계 연산자를 사용해서 조건을 기술한다

관계 연산자를 사용해서 몇 가지 조건을 기술해 봅시다.

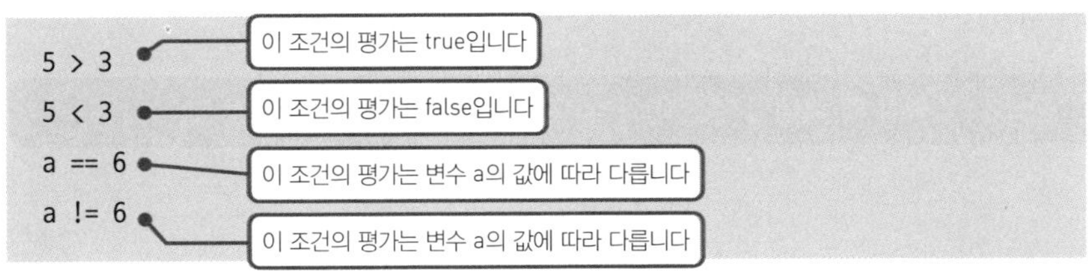

5 > 3
이 조건의 평가는 true입니다
5 < 3
이 조건의 평가는 false입니다
a == 6
이 조건의 평가는 변수 a의 값에 따라 다릅니다
a != 6
이 조건의 평가는 변수 a의 값에 따라 다릅니다

조건 5 〉 3은 3보다 5가 크므로 식의 값은 true라는 걸 알 수 있습니다. 또한, 조건 5 〈 3은 식의 값은 false입니다.

조건의 기술에는 변수를 사용할 수도 있습니다. 예를 들어 위의 조건 a == 6은 식이 평가될 때(식을 포함하는 구분이 실행될 때에), 변수 a의 값이 6인 경우는 true가 됩니다. 한편, 변수 a의 내용이 3이나 10인 경우는 false가 됩니다. 이처럼 그때의 변숫값에 따라 조건이 나타내는 값이 다른 것입니다.

마찬가지로 a!= 6은 a가 6 이외의 값일 때에 true가 되는 조건입니다.

또한, !=나 ==는 2개 문자로 이뤄진 1개의 연산자이므로 !와 = 사이에 공백을 넣어서는 안 됩니다.

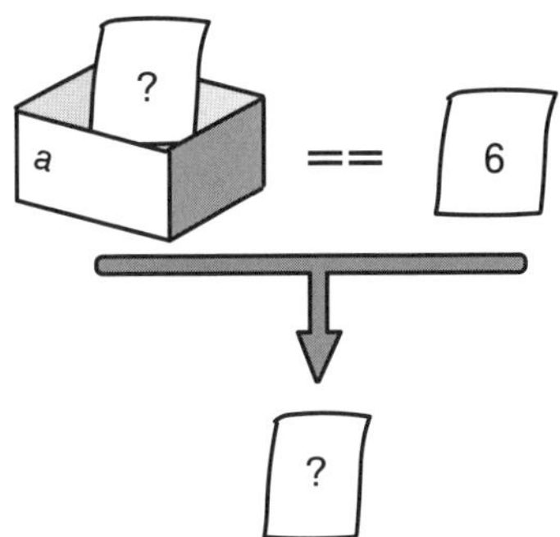

?
a
==
6
?

그림 4-2 == 연산자와 변수
변수를 조건에 이용한 경우는 변수의 값에 따라 전체의 평가 true가 되는 경우, false가 되는 경우도 있습니다.

그리고 = 연산자가 대입 연산자라는 걸 떠올리세요(제3장). 모습은 비슷하지만 ==는 다른 종류의 연산자(관계 연산자)입니다. 이 2개의 연산자는 실제로 코드를 적을 때에 매우 착각하기 쉬운 연산자입니다. 꼭 주의해서 입력하세요.

중요 | 입력할 때 =(대입 연산자)와 ==(관계 연산자)를 착각하지 말 것.

if 문의 구조를 안다

실제로 다양한 상황에 따른 처리를 시행해 봅시다.

C#에서는 상황에 따른 처리를 시행하는 경우,

「조건」의 값(true 또는 false)에 따라 처리를 시행한다

라는 형태의 구문을 기술합니다. 이러한 구문을 **조건 판단문**(conditional statement)이라고 합니다. 먼저 시작으로 조건 판단문의 하나인 **if 문**(if statement)을 배워 봅시다. if 문은 조건이 true인 경우에 블록 내의 구문을 순서대로 처리하는 구문입니다.

구문 if 문

```
if( 조건 )
{
    구문;  ← 조건이 true일 때 처리됩니다
    ...
}
```

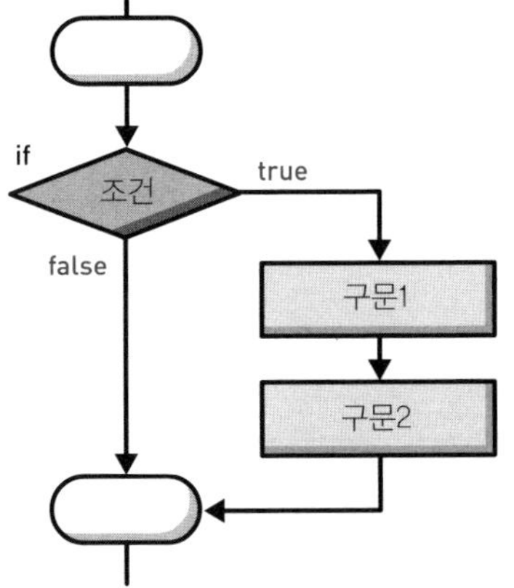

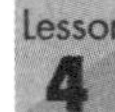

그림 4-3 if 문
if 문은 조건이 true일 때 블록을 순서대로 처리합니다. false일 때에는 블록을 처리하지 않고 다음 처리를 시행합니다.

예를 들어, 자동차 캐릭터의 상태를 if 문에 맞춰보면 다음과 같은 코드가 됩니다. 블록 내의 구문이 1 구문일 때 {}를 생략할 수도 있습니다.

```
if( 자동차의 왼쪽 끝이 150 이상이다 )
   자동차는 동쪽에 있습니다라고 표시한다
```

if 문을 기술해서 조건 (「자동차의 왼쪽 끝이 150 이상이다」)가 true일 때 「자동차는 동쪽에 있습니다」라는 처리를 시행하는 것입니다. 그 밖의 경우는 「자동차는 동쪽에 있습니다」라는 처리는 이뤄지지 않습니다.

그럼 실제로 코드를 입력해서 if 문을 실행해 봅시다.

Sample1.cs ▶ if 문을 사용한다

```
using System.Windows.Forms;
using System.Drawing;

class Sample1
{
```

```
    public static void Main()
    {
        Form fm = new Form();
        fm.Text = "샘플";
        fm.Width = 300; fm.Height = 200;

        PictureBox pb = new PictureBox();
        pb.Image = Image.FromFile( "c:₩₩car.bmp" );
        pb.Left = 200;      // Left 프로퍼티에 200을 대입해 두면…

        Label lb = new Label();
        lb.Top = pb.Bottom;
        lb.Width = 170;
        lb.Text = "자동차입니다.";

        if (pb.Left >= 150)      // 이 조건이 true가 되며…
        {
            lb.Text = "자동차는 동쪽에 있습니다.";      // ❶ 블록 내부가 처리됩니다
        }

        pb.Parent = fm;
        lb.Parent = fm;

        Application.Run( fm );
    }
}
```

Sample1의 실행 화면

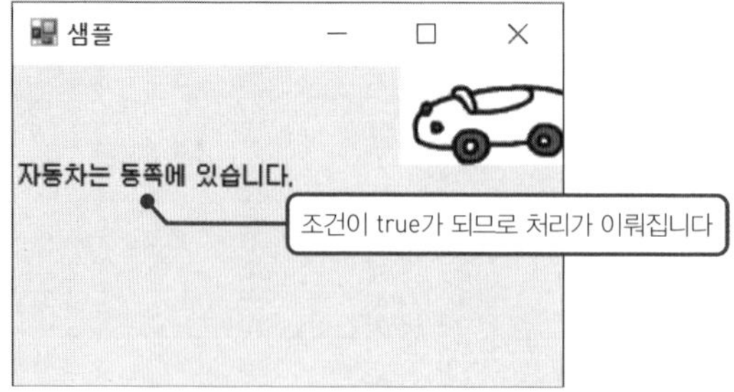

Sample1에서는 조건 pb.Left >= 150이 true면 ❶의 블록 내부가 순서대로 처리됩니다. false일 때는 ❶부분은 처리되지 않습니다.

여기서는 Left 프로퍼티에 200이 설정되어 있으므로 조건 pb.Left >= 150이 true가 되며, ❶부분이 처리됩니다. 그래서 위의 실행 화면처럼 출력되는 것입니다.

그러면 Left 프로퍼티에 설정되어 있는 값이 0이면 어떻게 될까요?

Sample1.cs를 변경한다

```
...
pb.Left = 0;
...
if (pb.Left >= 150)
{
    lb.Text = "자동차는 동쪽에 있습니다.";
}
```

Left 프로퍼티에 0을 대입해 두면…

이 조건이 false가 되며 …

❶ 블록은 처리되지 않습니다

Sample1의 변경 후 실행 화면

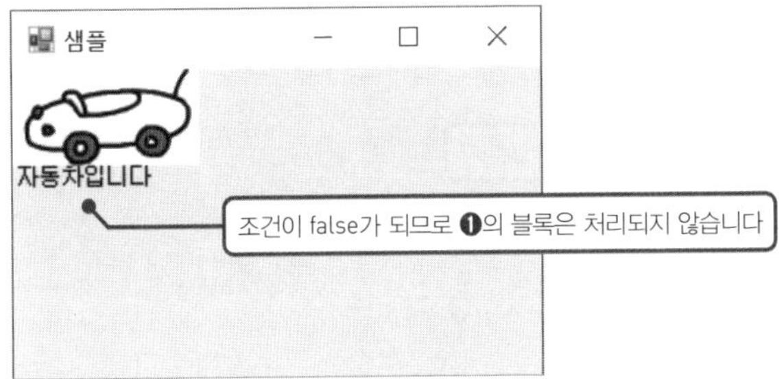
샘플
자동차입니다
조건이 false가 되므로 ❶의 블록은 처리되지 않습니다

이번은 조건 pb.Left >= 150은 false가 되기 때문에 ❶부분은 처리되지 않습니다. 따라서 실행했을 때의 화면은 위와 같습니다. 이처럼 if 문을 사용하면 조건이 true일 때만 처리를 시행할 수 있습니다.

```
if (pb.Left >= 150)          true
{
                                              false
        lb.Text = ""자동차는 동쪽에 있습니다";
}
```

그림 4-4 if 문의 흐름

중요 | if 문을 사용하면 조건에 따른 처리를 할 수 있다.

 if~else if~else의 구조를 안다

if 문에는 2개 이상의 조건을 판단시켜 처리하는 베리에이션을 만들 수도 있습니다. 이것이 if~else if~else입니다. 이 구문을 사용하면 2개 이상의 조건을 판단할 수 있습니다.

구문 if~else if~else

```
if (조건1)
{
    구문1;
    구문2;     ── 조건 1이 True일 때 처리됩니다
    ...
}
else if (조건2)
{
    구문3;
    구문4;     ── 조건 1이 False이고 조건 2가 True일 때 처리됩니다
    ...
}
else if (조건3)
{
```

```
    ···  ← 마찬가지로 몇 가지 조건을 판단할 수 있습니다
}
else
{
    ···  ← 모든 조건이 False일 때 처리됩니다
}
```


이 구문에서는 조건 1을 판단해서 true일 때는 구문1, 구문2··· 처리를 시행합니다. 만약 false일 때는 조건2를 판단해서 true일 때는 구문3, 구문4···의 처리를 시행합니다. 이처럼 차례차례로 조건을 판단하면서 조건이 모두 false일 때는 마지막 else 아래의 구문이 처리됩니다.

예를 들어,

```
if (왼쪽 끝이 150 이상일 때)
    동쪽에 있습니다라고 표시한다
else if(왼쪽 끝이 20 이하일 때)
    서쪽에 있습니다라고 표시한다
그 밖
    중앙에 있습니다라고 표시한다
```

와 같은 상태입니다. 꽤 복잡한 처리를 할 수 있는 걸 알 수 있습니다.

else if의 조건은 여러 개 설정할 수 있고, 마지막의 else는 생략할 수도 있습니다. 마지막의 else 문을 생략하고, 어떤 조건에도 들어맞지 않는 경우 이 구문에서 실행되는 구문은 존재하지 않게 됩니다.

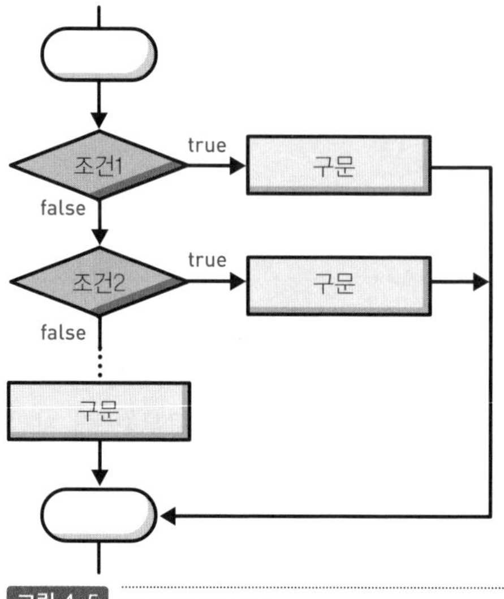

그림 4-5 if~else if~else
if~else if~else에서는 여러 개의 조건에 따른 처리를 할 수 있습니다.

이 구조를 사용하면 여러 개의 조건에 따른 처리를 할 수 있습니다.

그림 코드를 기술해 봅시다.

Sample2.cs ▶ if~else if~else 문을 사용한다

```
using System.Windows.Forms;
using System.Drawing;

class Sample2
{
    public static void Main()
    {
        Form fm = new Form();
        fm.Text = "샘플";
        fm.Width = 300; fm.Height = 200;

        PictureBox pb = new PictureBox();
        pb.Image = Image.FromFile("c:₩₩car.bmp");
```

```
        pb.Left = 100;

        Label lb = new Label();
        lb.Top = pb.Bottom;
        lb.Width = 170;
        lb.Text = "자동차입니다.";

        if (pb.Left >= 150)
        {
            lb.Text = "자동차는 동쪽에 있습니다.";
        }
        else if (pb.Left <= 20)
        {
            lb.Text = "자동차는 서쪽에 있습니다.";
        }
        else
        {
            lb.Text = "자동차는 중앙에 있습니다.";
        }

        pb.Parent = fm;
        lb.Parent = fm;

        Application.Run(fm);
    }
}
```

Left 프로퍼티가 100이므로…

이 조건은 false입니다

이 조건도 false입니다

이 처리가 이뤄집니다

Sample2의 실행 화면

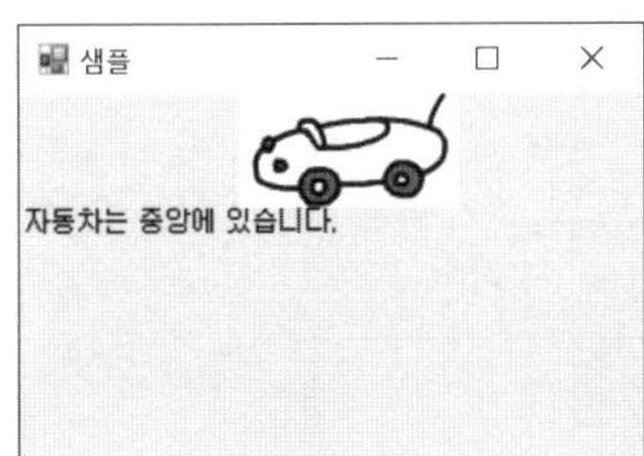

이번은 Left 프로퍼티에 100을 대입해 두었습니다. 이로 인해 「자동차는 중앙에 있습니다」라고 표시되는 것입니다.

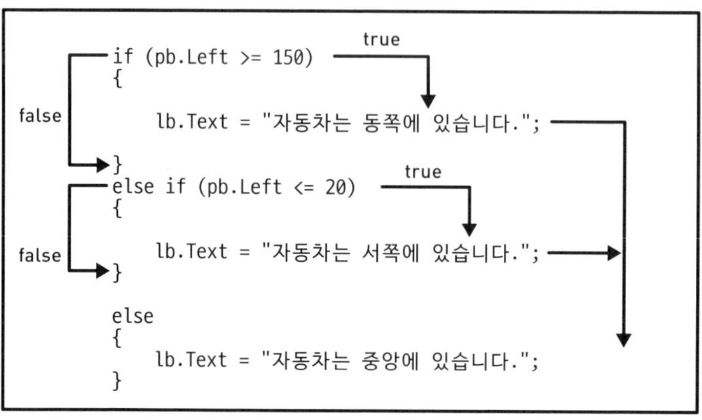

그림 4-6 if~else if~else 문의 흐름

 switch 문의 구조를 안다

C#에는 if 문과 마찬가지로 조건에 따라 처리를 컨트롤할 수 있는 switch 문(switch statement)이 있습니다. 구문은 다음과 같습니다.

구문 switch 문

```
switch(식)
{
    case 상수1:
        구문1
        ...
    break;
    case 상수2:
        구문2
        ...
    break;
```

식의 평가가 1일 때 처리됩니다

식의 평가가 2일 때 처리됩니다

```
    default:
        구문D       ●─── 식의 평가가 어느 것도 아닐 때 처리됩니다
        ...
    break;
}
```

switch 문에서는 switch 문 내의 (식)이 case 다음의 상수 값과 일치하면 그 다음에 이어지는 구문부터 break까지의 구문을 실행합니다. 만약 어느 것에도 들어맞지 않으면 「default:」 아래의 구문을 실행합니다. 「default:」는 생략할 수도 있습니다.

Lesson 4

Sample3.cs ▶ switch문을 사용한다

```
using System.Windows.Forms;
using System.Drawing;

class Sample3
{
    public static void Main()
    {
        Form fm = new Form();
        fm.Text = "샘플";
        fm.Width = 300; fm.Height = 200;

        PictureBox pb = new PictureBox();
        pb.Image = Image.FromFile("c:₩₩car.bmp");
        pb.Left = 150;

        Label lb = new Label();
        lb.Top = pb.Bottom;
        lb.Width = 170;
        lb.Text = "자동차입니다.";

        switch (pb.Left)    ●─── Left 프로퍼티의 값에 의해 판단됩니다
```

```
    {
        case 20:                               // 값이 20일 때 처리됩니다
            lb.Text = "서쪽의 주유소입니다.";
            break;
        case 150:                              // 값이 150일 때 처리됩니다
            lb.Text = "동쪽의 주유소입니다.";
            break;
        default:
            lb.Text = "주행 중입니다.";          // 어느 것에도 일치하지 않는 경우에 처리됩니다
            break;
    }

    pb.Parent = fm;
    lb.Parent = fm;

    Application.Run(fm);
  }
}
```

Sample3의 실행 화면

여기에서는 Left 프로퍼티의 값이 150이기 때문에 「동쪽의 주유소입니다.」라고 표시됩니다.

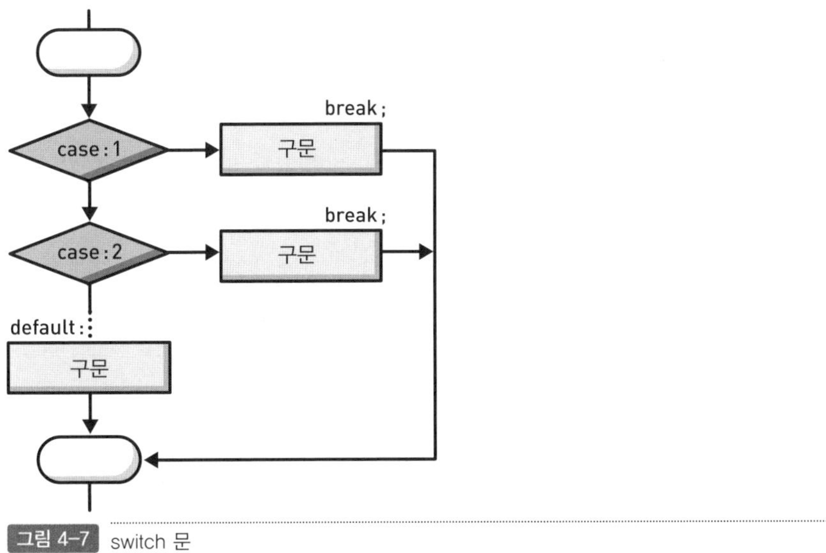

그림 4-7 switch 문
switch 문을 사용해도 if~else if~else처럼 여러 조건에 따른 처리를 할 수 있습니다.

논리 연산자를 사용해서 조건을 기술한다

지금까지 여러 조건을 지정한 조건 판단문을 기술해 왔습니다. 이러한 구문 안에서 좀 더 복잡한 조건을 적을 수 있으면 편리한 경우가 있습니다. 예를 들어, 다음과 같은 경우를 생각해 보세요.

왼쪽 끝이 0 이상 그리고 왼쪽 끝이 화면의 폭 이하면…

➔ 자동차는 화면 내에 있다고 판단한다

이 경우의 조건에 해당하는 부분은 지금까지 다룬 예보다도 좀 더 복잡한 경우를 나타냅니다. 이처럼 복잡한 조건을 기술할 때는 **논리 연산자**(logical operator)를 사용합니다. 논리 연산자는

조건을 더불어 평가해서 true 또는 false 값을 얻는다

라는 역할을 갖고 있습니다.

예를 들어, 논리 연산자인 && 연산자를 사용해서 위의 조건을 기술하는 방법

을 생각해 봅시다. 이것은 다음과 같습니다.

(왼쪽 끝이 0 이상이다) && (왼쪽 끝이 화면의 폭 이하이다)

&& 연산자는 좌변과 우변이 모두 true일 때 전체 값도 true로 하는 논리 연산자입니다. 이 경우는 「왼쪽 끝이 0 이상이다」 그리고 「왼쪽 끝이 화면의 폭 이하이다」일 때 이 조건은 true입니다. 어느 한 쪽에도 성립하지 않는 경우는 전체 조건은 false가 되며, 성립하지 않게 됩니다.

논리 연산자는 다음 표와 같이 평가됩니다.

표 4-2 논리 연산자

연산자	true가 되는 경우	평가		
&&	좌변 · 우변 모두 true인 경우 좌변 : true 우변 : true	**왼쪽**	**오른쪽**	**전체**
		false	false	false
		false	true	false
		true	false	false
		true	true	true
||	좌변 · 우변 중 어느 하나가 true인 경우 좌변 : true 우변 : true	**왼쪽**	**오른쪽**	**전체**
		false	false	false
		false	true	true
		true	false	true
		true	true	true
!	우변이 false인 경우 좌변 : true	**왼쪽**	**오른쪽**	**전체**
			false	true
			true	false

그럼 논리 연산자를 사용하는 코드를 구체적으로 살펴봅시다.

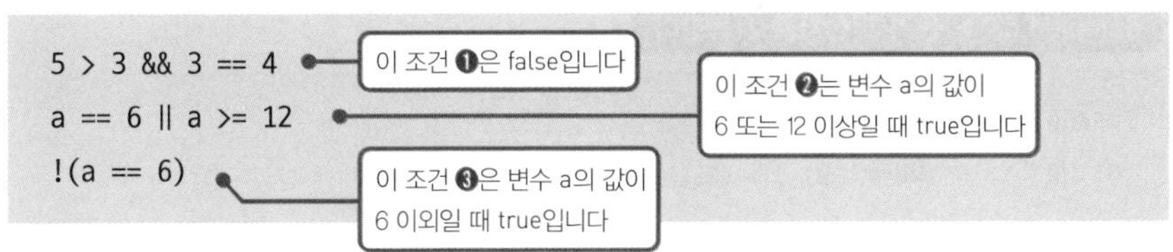
5 > 3 && 3 == 4
a == 6 || a >= 12
!(a == 6)
이 조건 ❶은 false입니다
이 조건 ❷는 변수 a의 값이 6 또는 12 이상일 때 true입니다
이 조건 ❸은 변수 a의 값이 6 이외일 때 true입니다

&& 연산자를 사용한 식은 좌변·우변의 식(오퍼랜드)이 모두 true일 때만 전체가 true였습니다. 따라서 조건 ❶의 값은 false입니다.

|| 연산자를 사용한 식은 좌변·우변의 식 중에 어느 하나가 true이면 전체 식이 true가 됩니다. 따라서 조건 ❷에서는 변수 a에 들어 있는 값이 6이었을 때 true입니다. 또한, a가 5일 때는 false입니다.

! 연산자는 오퍼랜드를 1로 하는 단항 연산자로 오퍼랜드가 false일 때 true가 됩니다. 조건 ❸에서는 변수 a가 6이 아닐 때 true입니다.

중요 | 논리 연산자는 조건을 조합해서 복잡한 조건을 만든다.

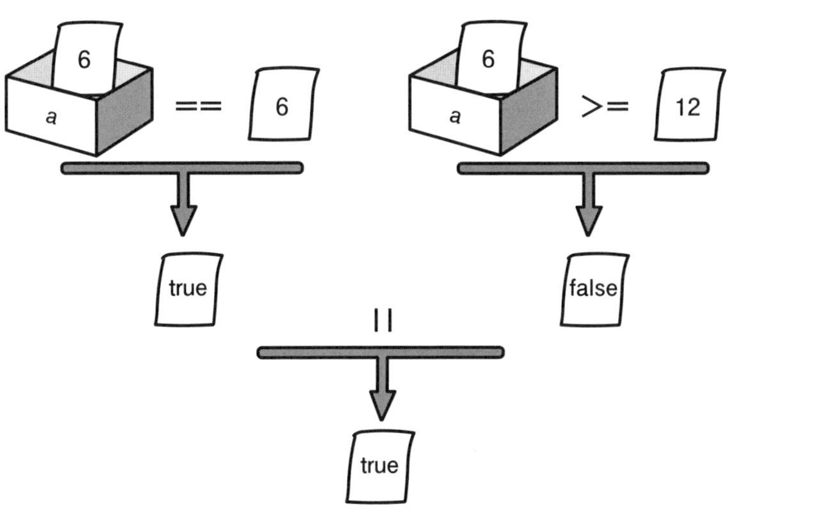
6
a
==
6
true
6
a
>=
12
false
||
true

그림 4-8 논리 연산자
논리 연산자는 true나 false 값을 연산합니다.

그럼 논리 연산자를 사용해 봅시다.

Sample4.cs ▶ 논리 연산자를 사용한다

```
using System.Windows.Forms;
using System.Drawing;

class Sample4
{
    public static void Main()
    {
        Form fm = new Form();
        fm.Text = "샘플";
        fm.Width = 300; fm.Height = 200;

        PictureBox pb = new PictureBox();
        pb.Image = Image.FromFile("c:\\car.bmp");
        pb.Left = 100;

        Label lb = new Label();
        lb.Top = pb.Bottom;
        lb.Width = 170;
        lb.Text = "자동차입니다.";

        if (pb.Left >=0 && pb.Left <= fm.Width)
        {
            lb.Text = "자동차는 화면 안에 있습니다.";
        }
        else
        {
            lb.Text = "자동차는 화면 밖에 있습니다.";
        }

        pb.Parent = fm;
        lb.Parent = fm;

        Application.Run(fm);
    }
}
```

「그리고」를 의미하는 논리 연산자입니다.

Sample4의 실행 화면

이 프로그램에서는 Left가 0 이상이고 화면의 폭 이하면, 「자동차는 화면 안에 있습니다.」라고 표시합니다. 여기서는 전체의 조건은 true이므로 화면 안에 있다는 표시가 됩니다.

중첩(nest)

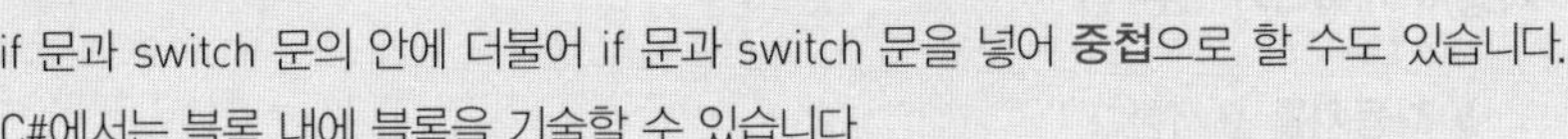

if 문과 switch 문의 안에 더불어 if 문과 switch 문을 넣어 **중첩**으로 할 수도 있습니다. C#에서는 블록 내에 블록을 기술할 수 있습니다.

다만, 각 블록에 대해서 처음의 {와 마지막의 }가 제대로 대응하고 있는지 주의하세요. 내부 블록은 쉽게 읽을 수 있는 코드가 되도록 인덴트를 시행해서 기술합니다.

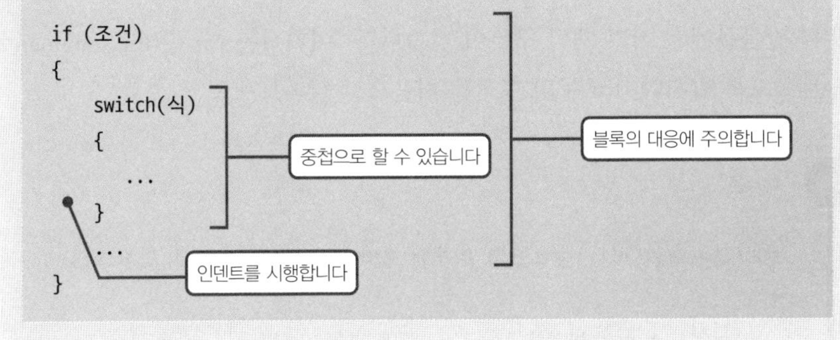

4.2 반복

for 문의 구조를 안다

조건의 값에 따라서 처리하는 구문을 제어하는 방법을 배웠습니다. C#에서는 그 밖에도 복잡한 처리를 시행할 수 있습니다. 예를 들어, 다음과 같은 상황을 생각해 보세요.

자동차 캐릭터가 있는 한 …

➔ 자동차를 표시한다

C#에서는 이러한 처리를 **반복문**(loop statement: 루프문)이라는 구문으로 기술할 수 있습니다.

C#의 반복문에는 여러 개의 구문이 있습니다. 여기서는 **for 문**(for statement)을 배우도록 합시다. for 문의 형식을 처음으로 살펴보세요.

구문 **for 문**

```
for(초기화의 식1; 반복할지 여부를 알아보는 식2; 변화를 위한 식3)
{
    구문;
    ...
}
```

블록 내의 구문을 순서대로 반복 처리합니다

실제로 for 문을 사용해 봅시다.

Sample5.cs ▶ for 문을 사용한다

```
using System.Windows.Forms;

class Sample5
{
    public static void Main()
    {
        Form fm = new Form();
        fm.Text = "샘플";
        fm.Width = 300; fm.Height = 150;

        Label lb = new Label();
        lb.Width = fm.Width; lb.Height = fm.Height;

        for (int i = 0; i < 5; i++)
        {
            lb.Text += i + "호 자동차를 표시합니다.₩n";
        }

        lb.Parent = fm;

        Application.Run(fm);
    }
}
```

변수를 사용합니다.

Sample5의 실행 화면

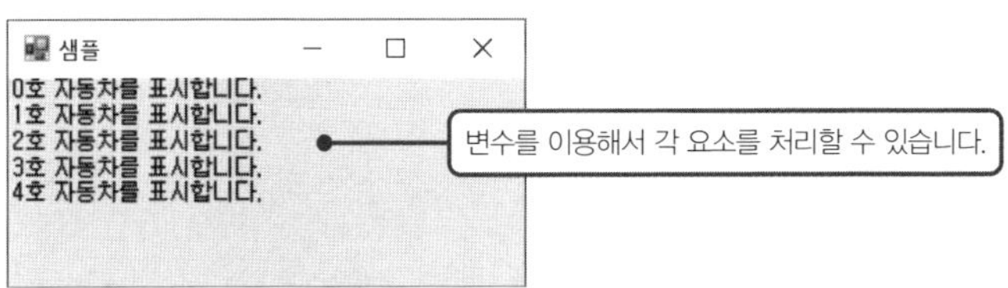

Lesson 4

for 문에서는 반복 횟수를 카운트하기 위한 변수를 이용합니다. 이 코드에서도 변수 i를 사용합니다. 그리고 다음과 같은 절차로 처리를 시행합니다.

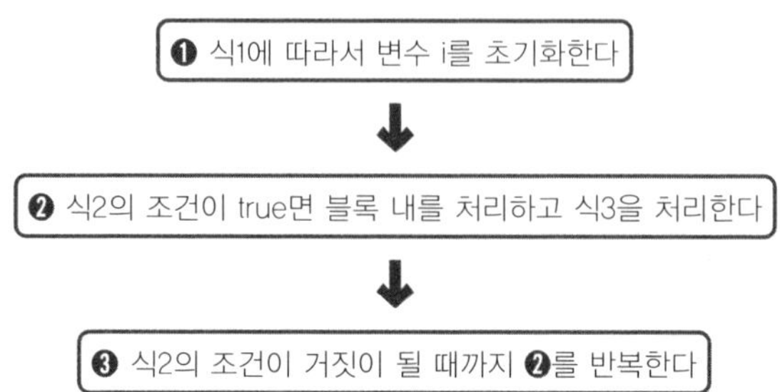

❶ 식1에 따라서 변수 i를 초기화한다
❷ 식2의 조건이 true면 블록 내를 처리하고 식3을 처리한다
❸ 식2의 조건이 거짓이 될 때까지 ❷를 반복한다

즉, 이 for 문에서는 변수 i를 0으로 초기화한 다음, 조건 i 〈 5가 false가 될 때까지 i++를 반복, 「자동차」를 문자열에 추가해 나가는 구문을 처리합니다.

for 문을 이해하려면 다음과 같은 상황을 떠올리면 이해하기 쉬울지도 모르겠습니다.

```
for(i = 0; i < 5; i++)
    i호 자동차를 표시한다
```

for 문의 처리에서는 변수 i가 0부터 4까지 증가해 가는 동안에 자동차를 표시하는 처리를 반복합니다. 즉, 이 경우에는 전부 5회 반복해서 표시합니다.

또한, 이 블록 내부에서는 변수 i의 값을 사용하고 있습니다. 「i호 자동차를 표시합니다.」라는 구문 안의 i 값이 하나씩 증가해서 표시하는 것입니다.

중요 | for 문을 사용하면 반복 처리를 기술할 수 있다.

문자열의 연결·대입

여기서는 라벨의 텍스트에 문자열을 연결해서 대입을 시행하기 때문에 += 연산자를 사용합니다. 문자열을 연결하는 + 연산자와 함께 기억해 두면 편리합니다.

 여러 가지 반복문

for 문 이외에도 C#에는 여러 가지 반복문이 있습니다.

구문 while 문

```
while(조건)
{
    구문;    ●── 블록 내의 구문을 순서대로 반복 처리합니다
    ...
}
```

while 문에서는 조건이 true인 한, 지정한 구문을 몇 번이라도 반복 처리할 수 있습니다. 또한 다음의 do~while 문도 있습니다.

구문 do~while 문

```
do
{
    구문1
    ...
} while(조건);  ●── 조건이 true면 반복을 계속합니다
```

do~while 문이 while 문과 다른 부분은

조건을 판단하기 전에 블록 내의 처리를 시행한다

입니다. while 문에서는 반복 처리의 처음 조건이 false면 한 번도 블록 내의 처리가 되지 않습니다. 한편, do~while 문에서는 최소한 1회는 반드시 블록 내의 처리가 됩니다.

Sample5의 처리를 2개의 구문으로 적어 봅시다. while 문에서는 다음과 같습니다.

```
int i = 0;
while (i < 5)
{
    lb.Text += i + "호 자동차를 표시합니다. ₩n";
    i++;
}
```

그리고 do~while 문에서는 다음과 같습니다.

```
int i = 0;
do
{
    lb.Text += i + "호 자동차를 표시합니다. ₩n";
    i++;
} while (i < 5);
```

여기에서의 처리는 모두 같습니다. 여러 가지 작성법을 할 수 있다는 걸 알았나요?

그런데 여기에서 i++; 구문 적는 걸 잊어버리면 이러한 구문의 조건은 몇 번 반복해도 false가 되지 않습니다. 즉, 이러한 구문의 처리는 영원히 반복되어 프로그램이 종료되지 않습니다. 반복문을 기술할 때 주의하세요.

중요 | while 문 · do~whle 문은 조건이 true인 한 반복한다.
do~while 문은 최소한 1회 루프 전체를 실행한다.

여러 가지 반복

반복 방법에는 여러 가지 베리에이션을 생각할 수 있습니다. 예를 들어, 다음과 같은 베리에이션을 생각할 수 있을 것입니다.

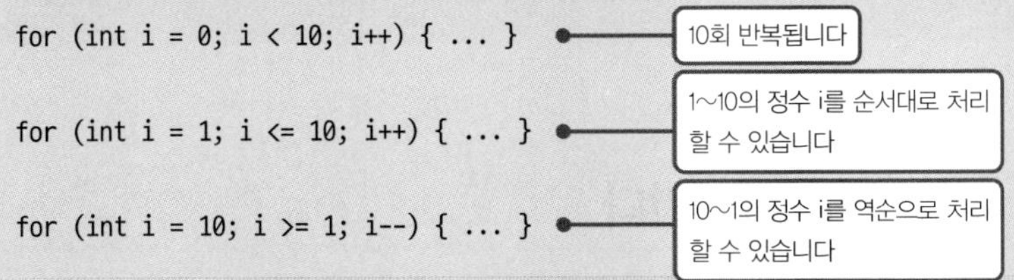
for (int i = 0; i < 10; i++) { ... }
10회 반복됩니다
for (int i = 1; i <= 10; i++) { ... }
1~10의 정수 i를 순서대로 처리할 수 있습니다
for (int i = 10; i >= 1; i--) { ... }
10~1의 정수 i를 역순으로 처리할 수 있습니다

또한, 처리를 제어하는 구문으로서 break 문과 continue 문이 있습니다. break 문은 반복 처리를 강제적으로 종료하고, continue 문은 반복 처리를 건너뛰고 다음 반복으로 이동합니다.

다양한 반복 방법을 잘 사용할 수 있게 되면 편리합니다.

4.3 배열

배열의 구조를 안다

이 절에서는 반복문과 함께 사용하면 편리한 구조를 소개합시다. 프로그램 안에서는 많은 데이터를 다룰 때가 있습니다. 예를 들어, 5대의 자동차 이미지를 다루는 프로그램을 생각해 보세요.

지금까지 배워온 지식을 사용하면 5장의 이미지를 작성하고 관리하는 코드를 작성할 수 있습니다. 오브젝트 pb1부터 pb5까지 전부해서 5개 작성하는 걸 생각할 수 있을 것입니다.

```
PictureBox pb1 = new PictureBox();
PictureBox pb2 = new PictureBox();
PictureBox pb3 = new PictureBox();
PictureBox pb4 = new PictureBox();
PictureBox pb5 = new PictureBox();
```

5개의 변수를 이용합니다

다만, 이처럼 많은 변수가 등장하면 코드가 복잡해 읽기 힘든 경우가 있습니다. 이럴 때는 반복문과 함께 배열(array)이라는 기능을 이용하면 편리합니다.

배열은

오브젝트나 값을 여러 개 합쳐서 다룬다

는 편리한 기능입니다.

중요 | 오브젝트나 값을 합쳐서 다루려면 배열을 사용한다.

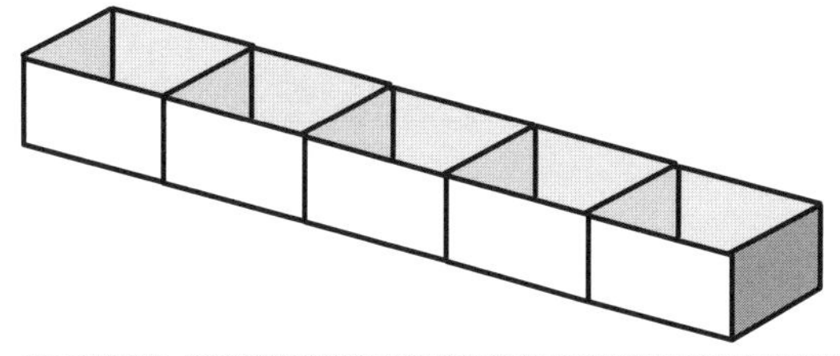

그림 4-9 배열
오브젝트나 값을 합쳐서 다루는 데는 배열을 사용합니다.

배열을 준비한다

배열을 이용할 때는 먼저 배열의 이름을 선언합니다. 변수와 마찬가지로 식별자로부터 이름을 선택하세요. 배열에서는 형명(名)의 다음에 [ ]를 붙여야 합니다.

배열을 선언했으면 배열을 작성할 수 있습니다. 몇 개 합쳐서 다루든지, 배열 요소의 개수를 지정해서 작성하게 됩니다.

즉, 픽처 박스의 경우는 다음과 같이 배열을 선언해서 작성합니다.

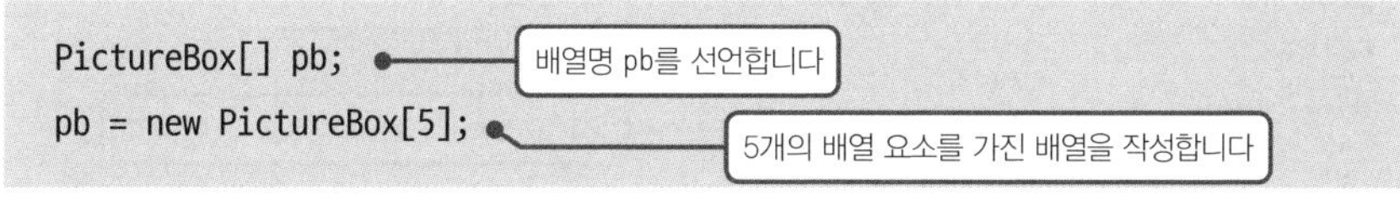

PictureBox[] pb;
배열명 pb를 선언합니다
pb = new PictureBox[5];
5개의 배열 요소를 가진 배열을 작성합니다

또한, 배열의 선언과 작성은 합쳐서 시행할 수도 있습니다. 다음과 같이 기술합니다.

구문 배열의 선언과 작성

```
형명 배열명 = new 형명[개수];
```

즉, 픽처 박스의 경우는 다음과 같이 기술합니다.

```
PictureBox[] pb = new PictureBox[5];
```

배열 요소에 값을 대입한다

배열을 작성하면 배열의 각 요소는 pb[0], pb[1]…이라는 이름으로 다루게 됩니다. [ ] 내의 0, 1, 2…라는 수치는 **첨자**라고 합니다. 첨자를 사용해서 다루는 요소를 지정할 수 있는 것입니다.

```
pb[0] = new PictureBox();
pb[1] = new PictureBox();
...
```

배열 요소에 하나씩 오브젝트를 작성합니다

다만, 실제로 배열을 다룰 때는 더욱 간단한 방법을 사용합니다. 다음과 같이 반복문을 사용해서 다룹니다.

```
for (int i = 0; i < pb.Length; i++)
{
    pb[i] = new PictureBox();
}
```

배열 요소의 수를 구할 수 있습니다

배열 요소에 1개씩 오브젝트를 작성합니다

배열의 요소 수는 「배열명.Length」로 알 수 있습니다. 그래서 배열 요소의 수만큼 반복해서 오브젝트를 작성하고 있는 것입니다.

반복문의 안에서는 변수 i를 첨자로 이용합니다. 또한 변수 i와 같이 for 문 안에서 선언한 변수는 for 블록 내에서만 사용할 수 있습니다.

이처럼 배열은 반복문과 함께 사용함으로써 손쉽게 다룰 수 있습니다.

중요 | 배열에 값을 기억하는 데는 첨자를 사용해서 요소를 지정한다.
배열의 요소 수는 .Length를 사용해서 조사한다.

 배열을 이용한다

실제로 배열을 사용하는 코드를 작성해 봅시다.

Sample6.cs ▶ 배열을 사용한다

```
using System.Windows.Forms;
using System.Drawing;

class Sample6
{
    public static void Main()
    {
        Form fm = new Form();
        fm.Text = "샘플";

        PictureBox[] pb = new PictureBox[5];

        for (int i = 0; i < pb.Length; i++)
        {
            pb[i] = new PictureBox();
            pb[i].Image = Image.FromFile("c:₩₩car.bmp");
            pb[i].Top = i * pb[i].Height;
            pb[i].Parent = fm;
        }
        Application.Run(fm);
    }
}
```

❶ 요소 수 5인 배열을 작성합니다

배열 요소의 수를 구할 수 있습니다

❷ 요소 수만큼 오브젝트를 작성합니다

첨자를 사용해서 배열 요소를 다룰 수 있습니다

Sample6의 실행 화면

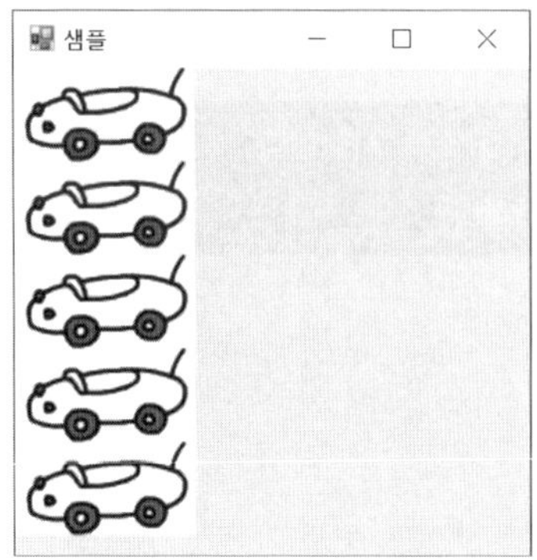

여기에서는 먼저 배열을 작성합니다(❶).

그런 다음, 반복문을 사용해서 오브젝트를 작성합니다. 반복 카운터에 사용하고 있는 변수 i를 사용해서 배열 요소 각각에 오브젝트를 작성하고 설정을 시행합니다(❷).

배열과 반복문을 사용함으로써 코드가 말끔히 기술되고 있습니다.

또한, 배열의 작성과 오브젝트의 작성에는 모두 new를 사용하므로 실수하지 마세요. ❶에서는 배열을 작성하고, ❷에서는 하나 하나에 오브젝트를 작성해서 각 요소에서 다룰 수 있도록 하는 것입니다.

중요 | 배열과 반복문을 사용하면 많은 데이터를 간결하게 처리할 수 있다.

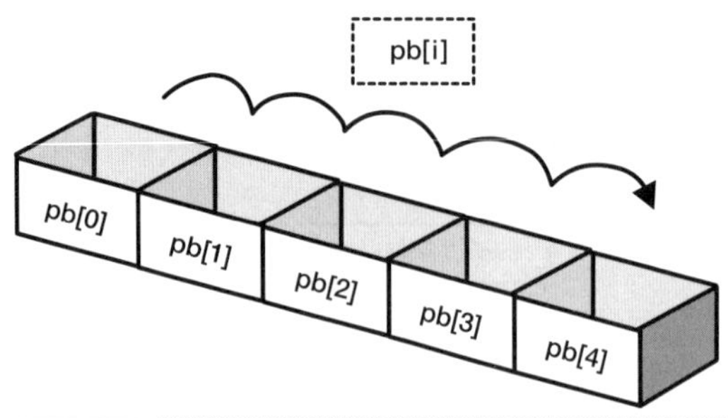

그림 4-10 배열 요소의 이용
배열과 반복문을 사용해서 코드를 기술할 수 있습니다.

배열에 초깃값을 준다

오브젝트의 배열을 작성했습니다. 수치나 문자열형의 배열도 마찬가지로 작성할 수 있습니다. 이번에는 문자열형의 배열을 작성해 봅시다.

Sample7.cs ▶ 문자열형의 배열을 작성한다

```
using System.Windows.Forms;

class Sample7
{
    public static void Main()
    {
        Form fm = new Form();
        fm.Text = "샘플";
        fm.Width = 250; fm.Height = 100;

        Label lb = new Label();
        lb.Width = fm.Width; lb.Height = fm.Height;

        string[] str = new string[3]{"연필", "지우개", "자"};

        foreach (string s in str)
        {
            lb.Text +=  s + "₩n";
        }

        lb.Parent = fm;

        Application.Run(fm);
    }
}
```

요소 수 3의 배열을 작성하고, 초깃값을 줍니다

foreach 문으로 배열 요소를 꺼낼 수 있습니다.

Lesson 4

Sample7의 실행 화면

여기에서는 배열의 선언·작성·초깃값을 합쳐서 시행합니다. 이처럼 배열의 초기화를 시행한 경우, 값이나 변수에서 초깃값을 설정해 둘 수도 있습니다. 처음에 합쳐서 값을 주는 것으로 보다 배열을 쉽게 다룰 수 있겠죠? 오브젝트 배열의 경우는 오브젝트를 작성하거나 이전에 작성한 오브젝트명을 지정합니다.

값형 배열의 초기화

```
형명 배열명 = new 형명[요소 수]{값, 값, 값...};
```

참조형에 의한 배열의 초기화

```
형명 배열명 = new 형명[요소 수]{new 클래스명(), 오브젝트명, ...};
```

간단히 배열 요소를 꺼낸다

C#에는 배열 요소를 보다 간단히 꺼내는 반복문인 **foreach 문**(foreach statement)이라는 반복문이 준비되어 있습니다.

foreach 문에서는 다음 구문을 사용해서 지정한 변수에 배열의 요소를 꺼낼 수 있습니다.

구문 foreach 문

```
foreach (변수명 in 배열명)
{
    변수를 사용한 처리;
    ...
}
```

배열의 요소 하나씩을 …
지정한 변수에 꺼냅니다

Lesson
4

Sample7에서는 foreach 문의 안에서 문자열형의 변수 s를 선언하고, 배열 str의 요소를 하나씩 꺼냅니다. foreach 문에 의해 더욱 배열을 간단히 꺼낼 수 있습니다.

```
foreach (string s in str)
{
    lb.Text += s + "₩n";
}
```

배열 str의 요소 하나씩을…
변수 s에 꺼냅니다
s의 값을 표시할 수 있습니다.

중요 | foreach 문을 사용해서 배열 요소를 하나씩 꺼낼 수 있다.

배열 요소 수를 넘지 않게 한다

배열에서는 요소 수를 초과해서 접근하지 않도록 주의해야 합니다. 예를 들어, 5개의 요소를 가진 배열 pb[]에 「pb[5] = …;」 등으로 접근할 수 없습니다. 5개의 배열 요소는 pb[0]~pb[4]로 되어 있기 때문입니다. 특히 경계가 되는 요소에는 주의해야 합니다.

요소 수를 초과하여 접근하면 프로그램 실행 시 오류가 발생합니다. 이 오류는 프로그램 작성 시에 찾을 수 없기 때문에 주의하세요.

「배열명.Length」나 foreach 문을 사용하면 배열의 요소 수를 코드 안에 기술할 필요가 없으므로 코드를 기술할 때 배열의 길이를 변경하기가 쉬워집니다. 또한, 배열 요소를 초과하는 오류의 가능성을 줄일 수 있습니다. 이러한 기술을 잘 사용하면 편리하겠죠?

4.4 배열의 응용

다차원 배열의 구조를 안다

이 절에서는 또 다른 배열의 응용에 대해서 알아봅시다. 이전 절에서 배운 배열은 1열로 나열한 상자와 같은 형태를 갖고 있었습니다. 더불어 배열은 행 방향과 열 방향으로 나열한 형태로 지정할 수도 있습니다. 행과 열로 나열한 배열을 **2차원 배열**이라고 합니다.

이때에는 다음과 같이 배열을 다룹니다.

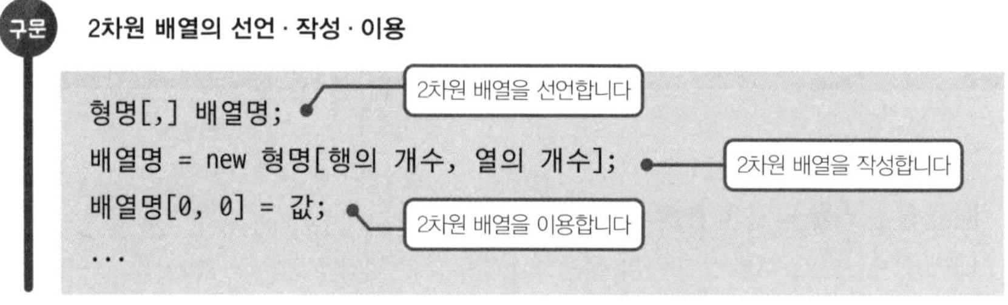

구문
2차원 배열의 선언 · 작성 · 이용
형명[,] 배열명;
배열명 = new 형명[행의 개수, 열의 개수];
배열명[0, 0] = 값;
...
2차원 배열을 선언합니다
2차원 배열을 작성합니다
2차원 배열을 이용합니다

2차원 배열도 초기화를 시행할 수 있습니다. 다음 기술로 선언과 작성을 시행할 수 있습니다.

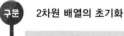

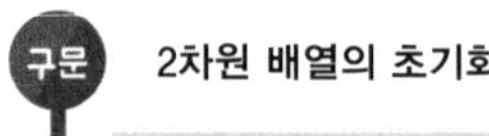


```
형명[,] 배열명 = new 형명[행의 개수, 열의 개수];
```

2차원 이상으로 상자를 나열한 형태를 가진 배열을 **다차원 배열**이라고 합니다. 다차원 배열의 경우도 마찬가지로 차원을 늘려서 다룰 수 있습니다.

또한, 다차원 배열의 초기화 시에 값을 대입할 수도 있습니다. 2차원 배열은 다음과 같이 값을 설정합니다.

2차원 배열의 초기화와 값의 설정

```
형명[,] 배열명 = new 형명[행의 개수, 열의 개수] {
    {값, 값, 값...},
    {값, 값, 값...},
    {값, 값, 값...}, ...
};
```

즉, 문자열형의 배열은 다음과 같이 만들 수 있습니다.

```
string[,] str = new string[4, 3]{
    {"서울", "Seoul", "徐菀"},
    {"대전", "Daejeon", "大田"},
    {"대구", "Daegu", "大邱"},
    {"부산", "Busan", "釜山"}
};
```

실제로 2차원 배열을 이용해 봅시다.

Sample8.cs ▶ 2차원 배열을 사용한다

```
using System.Windows.Forms;

class Sample8
{
    public static void Main()
    {
        Form fm = new Form();
        fm.Text = "샘플";
        fm.Width = 250; fm.Height = 100;
```

Lesson 4

```
        string[,] str = new string[4, 3]{      ● 4행 x 3열의 다차원 배열을 작성합니다
            {"서울", "Seoul", "徐菀"},
            {"대전", "Daejeon", "大田"},
            {"대구", "Daegu", "大邱"},
            {"부산", "Busan", "釜山"}
        };

        Label lb = new Label();
        lb.Width = fm.Width;
        lb.Height = fm.Height;

        string tmp = "";

        for (int i = 0; i < 4; i++)      ● i행만큼 반복합니다
        {
            tmp += "(" ;
            for (int j = 0; j < 3; j++)      ● j열만큼 반복합니다
            {
                tmp += str[i,j];      ● i행 x j열의 배열 요소의 값을 얻습니다
                tmp += ",";
            }
            tmp += ")₩n";
        }

        lb.Text = tmp;
        lb.Parent = fm;

        Application.Run(fm);
    }
}
```

Sample8의 실행 화면

샘플
(서울,Seoul,徐菀,)
(대전,Daejeon,大田,)
(대구,Daegu,大邱,)
(부산,Busan,釜山,)

2차원 배열을 다루기 위해서 4행 반복하는 반복문 안에 3열 반복하는 중첩의 형태로 반복문을 사용했습니다. 이처럼 반복문은 중첩으로 해서 다룰 수 있습니다. 여기에서는 바깥쪽 루프가 1회 반복되는 동안에 안쪽 루프가 3회 반복됩니다.

```
for (int i = 0; i < 4; i++)          ● i행만큼 반복합니다
{
    ...
    for (int j = 0; j < 3; j++)      ● j열만큼 반복합니다
    {
        tmp += str[i,j];             ● i번째 행 x j번째 열의 배열 요소의 값을 얻습니다
            ...
    }
        ...
}
```

이처럼 i행 j열의 배열 요소는 다음의 형태로 사용할 수 있는 것입니다.

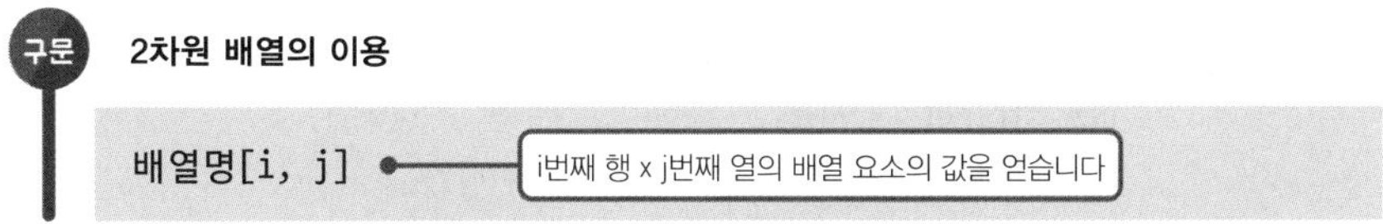

구문
2차원 배열의 이용
배열명[i, j]
i번째 행 x j번째 열의 배열 요소의 값을 얻습니다

중요 | 다차원 배열을 사용할 수 있다.

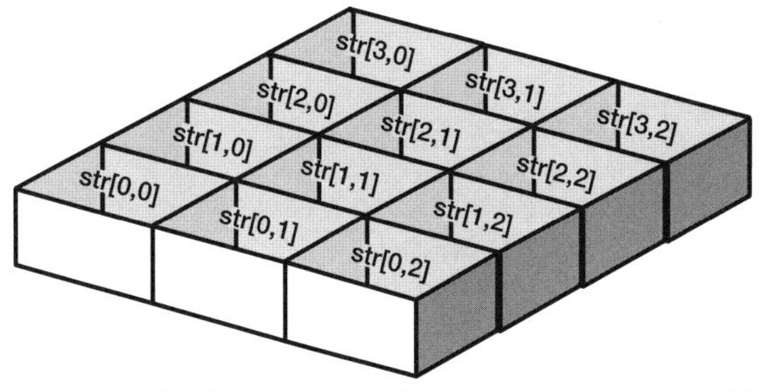

그림 4-11 2차원 배열
행 x 열의 형태를 가진 배열을 작성할 수 있습니다.

가변 배열의 구조를 안다

2차원 배열은 모눈처럼 나열한 형태입니다. C#에서는 이것과는 별개로 배열의 요소 길이가 다른 배열을 지정할 수도 있습니다.

다음 코드를 봅시다.

Sample9.cs ▶ 가변 배열을 사용한다

```
using System.Windows.Forms;

class Sample9
{
    public static void Main()
    {
        Form fm = new Form();
        fm.Text = "샘플";
        fm.Width = 250; fm.Height = 100;

        string[][] str = new string[4][]{         ● 가변 배열을 작성합니다
            new string[] {"서울", "Seoul", "徐菀", "한양"},
            new string[] {"대전", "Daejeon", "한밭"},
            new string[] {"대구", "Daegu", "大邱", "달구벌"},
            new string[] {"부산", "Busan", "釜山", "동래"}
        };                                         ● 각 배열 요소의 길이는 정해져 있지 않습니다

        Label lb = new Label();
        lb.Width = fm.Width;
        lb.Height = fm.Height;

        string tmp = "";
                                                   ● i개의 배열에 접근합니다
        for (int i = 0; i < str.Length; i++)
        {
            tmp += "(";                            ● j개의 배열 요소에 접근합니다
            for (int j = 0; j < str[i].Length; j++)
```

```
            {
                tmp += str[i][j];
                tmp += ",";
            }
            tmp += ")\n";
        }

        lb.Text = tmp;
        lb.Parent = fm;

        Application.Run(fm);
    }
}
```

i번째 배열 요소가 가리키는 배열의 j번째 요소를 이용합니다

Lesson 4

Sample9의 실행 화면

```
샘플
(서울,Seoul,徐菀,한양,)
(대전,Daejeon,한밭,)
(대구,Daegu,大邱,달구벌,)
(부산,Busan,釜山,동래,)
```

이 코드에서는 배열 요소의 길이가 4이며, 각 요소에 대해서 배열의 길이가 정해져 있지 않은 배열을 작성합니다. 이처럼 찌그러진 배열을 **가변 배열**(jagged array, 재그 배열)이라고 합니다. 가변 배열은 다음과 같이 작성합니다.

구문 **가변 배열의 선언과 작성**

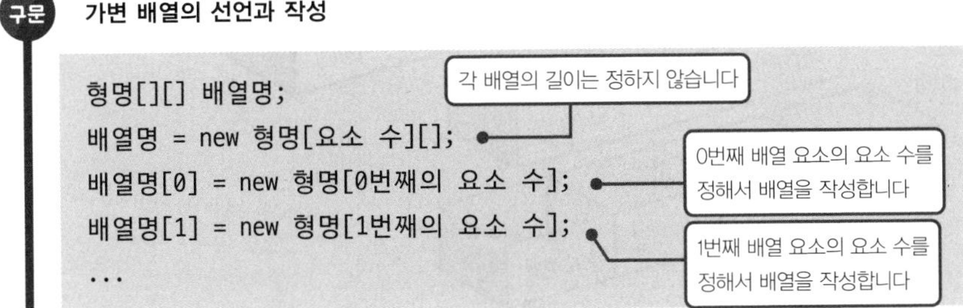

형명[][] 배열명;
배열명 = new 형명[요소 수][];
배열명[0] = new 형명[0번째의 요소 수];
배열명[1] = new 형명[1번째의 요소 수];
...
각 배열의 길이는 정하지 않습니다
0번째 배열 요소의 요소 수를 정해서 배열을 작성합니다
1번째 배열 요소의 요소 수를 정해서 배열을 작성합니다

선언과 작성을 합쳐서 다음과 같이 할 수도 있습니다.

구문 가변 배열의 선언과 작성

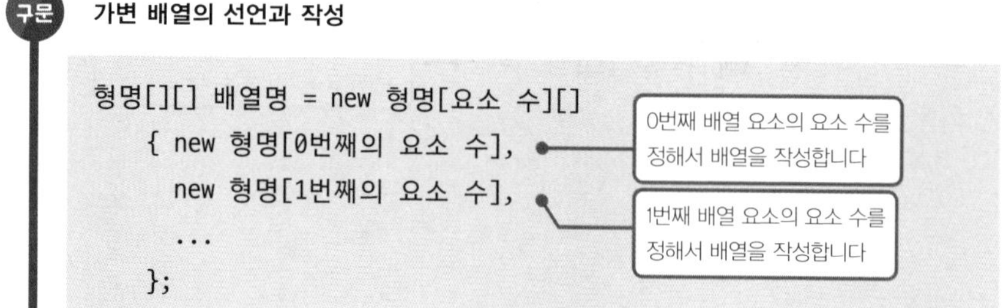
형명[][] 배열명 = new 형명[요소 수][]
{ new 형명[0번째의 요소 수],
new 형명[1번째의 요소 수],
...
};
0번째 배열 요소의 요소 수를 정해서 배열을 작성합니다
1번째 배열 요소의 요소 수를 정해서 배열을 작성합니다

가변 배열은 다음 지정으로 요소의 값을 얻을 수 있습니다. 다차원 배열과의 차이에 주의하세요.

구문 가변 배열의 이용

배열명[i][j]
i번째 요소의 j번째 요소를 이용할 수 있습니다.

중요 | 배열 요소가 가리키는 각각의 배열 요소 수가 다른 가변 배열을 사용할 수 있습니다.

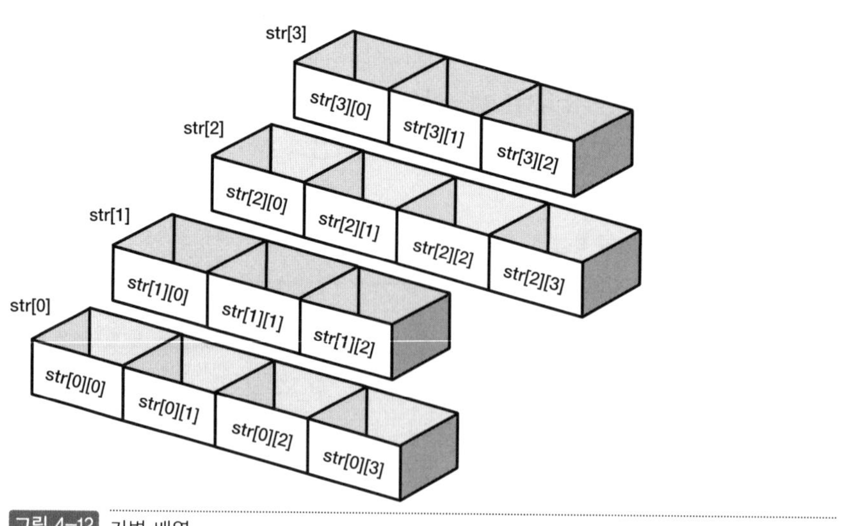
str[3]
str[3][0]
str[3][1]
str[3][2]
str[2]
str[2][0]
str[2][1]
str[2][2]
str[2][3]
str[1]
str[1][0]
str[1][1]
str[1][2]
str[0]
str[0][0]
str[0][1]
str[0][2]
str[0][3]

그림 4-12 가변 배열
가변 배열의 각 배열 요소의 수는 달라도 상관없습니다.

4.5 레슨의 정리

Lesson 4

이 장에서는 다음을 배웠습니다.

- 관계 연산자를 사용하여 조건을 작성할 수 있습니다.
- if 문을 사용하여 조건에 따른 처리를 시행할 수 있습니다.
- if 문의 베리에이션을 사용하여 여러 조건에 따른 처리를 시행할 수 있습니다.
- switch 문을 사용하여 식의 값에 따른 처리를 시행할 수 있습니다.
- 논리 연산자를 사용하여 복잡한 조건을 작성할 수 있습니다.
- for 문을 사용하면 반복 처리를 할 수 있습니다.
- while 문을 사용하면 반복 처리를 할 수 있습니다.
- 배열을 사용하면 값이나 오브젝트를 합쳐서 다룰 수 있습니다.
- foreach 문으로 배열에 접근할 수 있습니다.
- 2차원 배열은 배열명 [i, j]의 형태로 접근합니다.
- 가변 배열은 배열명 [i] [j]의 형태로 접근합니다.

조건 분기문이나 반복문을 사용하면 복잡한 처리를 시행하는 코드를 기술할 수 있습니다. 또한 배열에 의해 많은 데이터를 다룰 수 있게 됩니다. 많은 데이터를 합쳐서 처리할 때 편리합니다. 잘 사용할 수 있도록 합시다.

연습문제

1. 반복문을 사용해서 다음과 같이 화면에 출력하는 코드를 작성하세요.

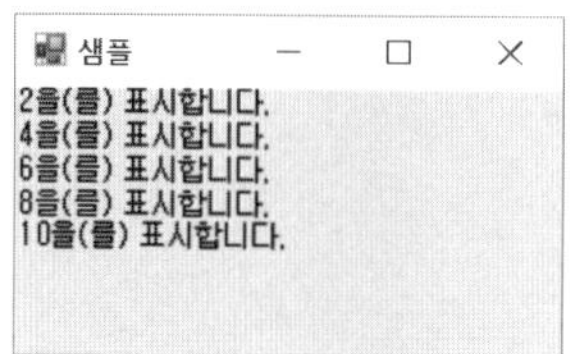

2. 2차원 배열을 사용해서 다음과 같이 화면에 출력하는 코드를 작성하세요.

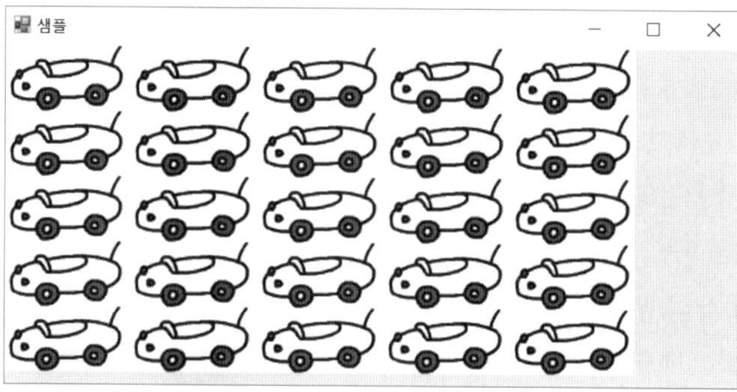

*역자 주: 책의 뒷부분에 정답이 있습니다.

Lesson 5

클래스

이 장에서는 클래스에 대해서 자세히 알아봅시다. 우리는 이제까지 많은 클래스를 이용했습니다. 더불어 클래스를 설계할 수 있으면 다양한 프로그램에 클래스를 재이용할 수 있을 것입니다. 지금까지 이용해 온 클래스에 대한 이해도 깊어집니다. 클래스는 C# 프로그램을 작성할 때에 빼놓을 수 없는 기능입니다.

Check Point!

- 필드
- 메서드
- 컨스트럭터(생성자)
- 접근 지정자
- 기본 클래스
- 파생 클래스
- 상속

5.1 클래스의 설계

클래스를 되돌아본다

이전 장에서는 C# 프로그램을 작성하는데 필요한 기본적인 구조에 대해서 배웠습니다. 간단한 프로그램을 작성할 수 있게 되었나요?

이 절에서는 지금까지 이용해 온 「클래스」와 「오브젝트」에 대해서 더욱 깊게 알아봅시다. C#을 다룰 때 클래스와 오브젝트에 대해 자세히 알아야 합니다.

지금까지 봐온 것처럼 우리는 윈도나 라벨, 이미지 등을 다루기 위해 다양한 클래스를 이용하고 있습니다. 이런 클래스는 어떻게 작성되는 것일까요? 어떻게 해서 우리는 이러한 클래스를 이용하는 것일까요? 그리고 왜 클래스를 이용해야 하는 것일까요? 이 장에서는 이러한 클래스에 대해서 더욱 주목해서 깊이 이해해 나가도록 합시다.

클래스

지금까지 소개한 것처럼, 클래스는

어느 특정 사물의 상태나 기능에 주목해서 합친 것

입니다.

예를 들어, 윈도를 나타내는 폼 클래스에서는 윈도 타이틀 등의 상태, 이미지를 읽어 들이는 픽처 박스 클래스에서는 이미지의 읽어 들이는 기능을 제공했습니다. 이러한 클래스는 윈도나 픽처 박스와 같은 사물에 관해 주목하여 그 상태나 기능을 합친 모형으로 되어 있습니다. 우리는 이러한 클래스로부터 오브젝트를 작성하고, 실제 윈도나 픽처 박스를 이용할 수 있는 것입니다.

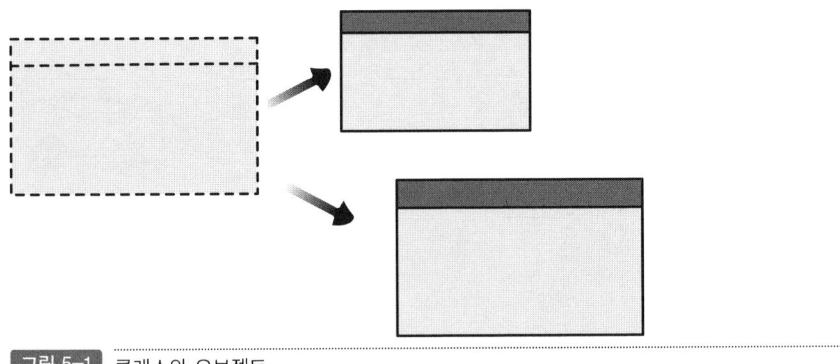

그림 5-1 클래스와 오브젝트
상태 · 기능을 합친 클래스로부터 실제 오브젝트를 작성할 수 있습니다.

Lesson 5

클래스를 설계한다

우리도 클래스를 설계할 수 있습니다. 사물에 대해서 주목하여 상태나 기능에 대해서 합쳐 나갈 수 있는 것입니다.

예를 들어, 프로그램에서 다루는 자동차 캐릭터를 나타내는 간단한 Car 클래스를 설계하는 걸 생각해 봅시다. 클래스의 내용에 대해서 정리하고 코드를 기술하는 것을 **클래스를 정의한다**(definition)라고 합니다.

우리는 먼저 자동차 캐릭터를 나타내는 모형인 Car 클래스를 설계합니다. 이 Car 클래스로부터 실제로 움직이는 자동차 캐릭터인 오브젝트를 작성합니다. 지금까지 윈도에 관한 모형인 클래스로부터 오브젝트를 작성해 왔는데 이번은 모형 클래스의 설계를 시행할 수 있게 하는 것입니다.

클래스에 대해서 정리하면, 프로그램 안에서 자동차 캐릭터를 여러 개 등장시키는 프로그램을 할 수 있습니다. 또한, 자동차 캐릭터를 이용하는 다양한 프로그램을 작성할 수도 있습니다. 클래스는 이러한 캐릭터나 윈도, 이미지 등의 사물에 주목하여 그 기능을 프로그램에서 사용할 수 있는 부품이 되도록 하기 위한 구조인 것입니다.

바로 클래스에 대해서 생각해 봅시다. 자동차 캐릭터의 경우에서는 다음과 같은 상태와 기능을 생각해 볼 수 있을 것 같습니다. 이러한 사물에 주목한 상태나 기능이 클래스 모형의 후보가 되는 것입니다.

- 상태: 자동차의 이미지, 위치
- 기능: 자동차가 움직인다

클래스는 다음과 같이 정의합니다.

구문 **클래스의 정의**

```
class 클래스명
{
    형명 변수명;   ● 변수의 선언을 합니다

    반환값의 형 메서드명(인수 목록)
    {
        구문;
        ...
        return 식;
    }
    ...
}
```

(반환값의 형 메서드명(인수 목록) ~ ...: 처리를 기술합니다)

클래스의 정의는 class에 이어서 클래스명을 기술하고, 그 다음의 블록 안에 상태나 기능을 합칩니다.

먼저 클래스의 상태를 나타내기 위해서 제3장에서 배운 변수를 사용합니다. 이것을 **필드**(field)라고 합니다. 필드로 값형이나 참조형의 변수를 선언할 수 있습니다.

또한, 클래스의 기능을 나타내기 위해서 **메서드**(method)를 사용합니다. 이것은 블록으로 감싸서 처리를 차례대로 기술하는 것입니다. 제4장에서 배운 조건 분기문이나 반복문을 사용할 수도 있습니다.

클래스 내에 기술하는 필드 · 메서드는 클래스의 **멤버**(member)라고 부릅니다.

중요 | 클래스에서는 필드 · 메서드를 정의할 수 있다.

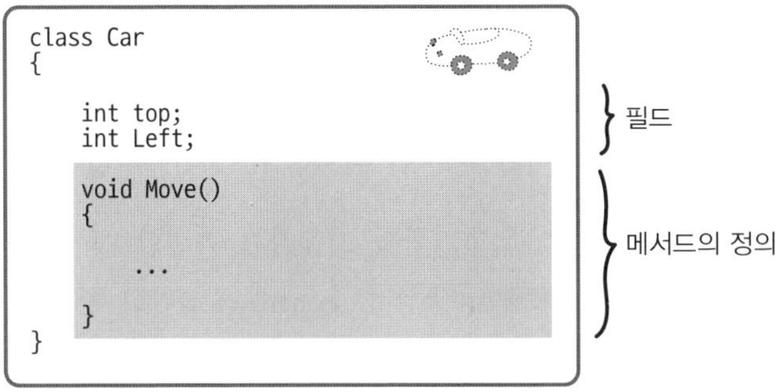

```
class Car
{
    int top;
    int Left;

    void Move()
    {
        ...
    }
}
```

필드

메서드의 정의

그림 5-2 클래스의 정의
클래스에는 필드 · 메서드를 기술합니다.

클래스를 정의한다

실제로 클래스를 정의해 봅시다.

```
class Car
{
    public Image img;        // 필드의 선언입니다
    public int top;
    public int left;
    public Car()             // 컨스트럭터입니다
    {                        // 컨스트럭터에는 클래스명을 사용합니다
        img = Image.FromFile("c:₩₩car.bmp");
        top = 0;
        left = 0;
    }
    public void Move()       // 메서드입니다
```

```
    {
        top = top+10;
        left = left+10;
    }
}
```

자동차 이미지를 나타내는 img, 위쪽 끝 위치를 나타내는 top, 왼쪽 끝 위치를 나타내는 left를 필드로 정의했습니다.

Move() 메서드에서는 이 위쪽 끝 위치와 왼쪽 끝 위치를 10씩 이동시킵니다.

클래스 안에서는 오브젝트를 작성할 때 초기화를 시행하는 특별한 메서드를 기술할 수도 있습니다. 이것을 **컨스트럭터**(생성자, constructor)라고 합니다. 컨스트럭터에는 오브젝트의 초기화를 시행할 때 필요한 처리를 기술해 둡니다. 여기에서는 이미지를 읽어 들이고, 위치를 0으로 설정하는 처리를 시행하도록 했습니다. 컨스트럭터는 클래스명과 같은 이름을 사용하도록 정해져 있습니다.

구문 컨스트럭터의 정의

```
컨스트럭터명(인수 목록)
{
    ...
}
```

컨스트럭터에는 클래스명을 사용합니다

중요 | 오브젝트의 초기화를 시행하는 처리는 컨스트럭터에 기술한다. 컨스트럭터명은 클래스명과 똑같이 한다

오브젝트를 작성한다

클래스를 정의했으면 오브젝트를 작성할 수 있습니다. 오브젝트의 작성 방법은 지금까지 기술해온 것과 같습니다. 자동차 캐릭터도 같습니다. 윈도나 픽처 박스의 작성 방법과 같은 것을 확인해보세요.

```
Car c = new Car();
```

자동차 캐릭터의 오브젝트를 작성할 수 있습니다.

오브젝트를 작성했으면 필드·메서드를 다음과 같이 이용할 수 있습니다. 오브젝트명에 피리오드(.)를 이어서 멤버명을 지정합니다. 우리는 지금까지 프로퍼티를 이용해 왔습니다. 오브젝트명에 피리오드(.)를 붙이는 것은 프로퍼티와 같습니다.

```
c.top
c.left
c.Move()
```

c.top, c.left: 필드를 이용합니다

c.Move(): 메서드를 호출합니다

Lesson 5

클래스를 정의하고, 오브젝트를 작성하는 코드를 기술해 봅시다.

Sample1.cs ▶ 클래스를 정의·이용한다

```
using System.Windows.Forms;
using System.Drawing;

class Sample1
{
    public static void Main()
    {
        Form fm = new Form();
        fm.Text = "샘플";
        fm.Width = 300; fm.Height = 200;
```

```
        PictureBox pb = new PictureBox();

        Car c = new Car();      ● 오브젝트를 작성할 수 있습니다
        c.Move();  ┐
                   ├ 메서드를 호출합니다
        c.Move();  ┘

        pb.Image = c.img;   ┐
        pb.Top = c.top;     ├ 필드를 이용해서 픽처 박스를 설정합니다
        pb.Left = c.left;   ┘

        pb.Parent = fm;

        Application.Run(fm);
    }
}
class Car     ● 클래스의 정의입니다
{
    public Image img;   ● 필드의 선언입니다
    public int top;
    public int left;
    public Car()   ● 컨스트럭터입니다
    {
        img = Image.FromFile("c:₩₩car.bmp");
        top = 0;
        left = 0;
    }
    public void Move()   ● 메서드입니다
    {
        top = top+10;
        left = left+10;
    }
}
```

Sample1의 실행 화면

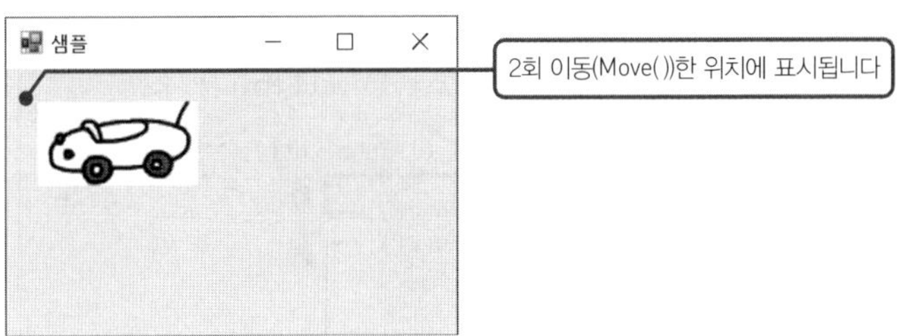

오브젝트를 작성하면 먼저 컨스트럭터로 정의해 둔 처리가 자동으로 호출되어 초기화가 이뤄집니다(그림 5-3의 ❶ · ❷). 여기서는 자동차 캐릭터의 필드에 대입을 시행하게 됩니다.

Lesson 5

그리고 「c. Move()」에서 Move() 메서드를 이용합니다(❸). 그러면 클래스의 정의 내에 Move() 메서드로 합쳐 둔 처리가 차례대로 실행됩니다(❹). 즉, 여기에서는 위치의 이동이 이뤄지는 것입니다.

이동이 끝나면 오브젝트를 이용하고 있는 쪽의 처리로 돌아갑니다. 여기서도 재차 Move() 메서드가 호출되었기 때문에(❺), 다시 한번 위치 이동이 이뤄집니다(❻).

이처럼 오브젝트를 이용한다는 것은

클래스로 합쳐 둔 기능이 그때마다 호출되어 처리된다

는 구조로 되는 것입니다.

이렇게 해서 우리는 클래스의 기능을 이용할 수 있게 됩니다. 클래스로부터 오브젝트를 작성하고, 이용했을 때의 처리를 알았나요?

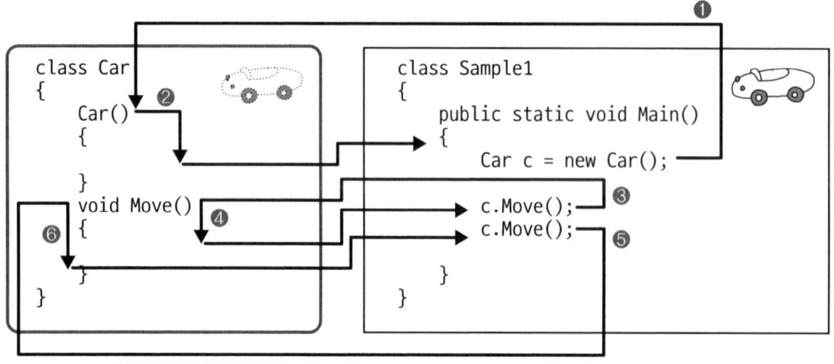

그림 5-3 메서드의 호출
오브젝트가 작성되면 컨스트럭터가 호출되어 처리됩니다(❶ · ❷). 메서드가 호출되면 메서드의 정의가 호출되어 처리됩니다(❸ · ❹ · ❺ · ❻).

인수의 구조를 안다

메서드의 처리에 있어서

메서드를 호출하는 측(오브젝트를 이용하는 측)과 정보를 주고받는다

를 할 수 있습니다.

메서드가 호출될 때 호출하는 측으로부터 전달되는 정보를 **인수**(argument)라고 합니다.

```
반환값의 형 메서드명(인수 목록)
{
    구문;
    ...
    return 식;
}
```


메서드에서 인수를 사용하는 경우는 메서드에서 정의할 때에 형과 변수명을 콤마로 구분해 표시해 둡니다. 이 변수를 **가인수**(parameter)라고 합니다.

이처럼 가인수를 정의해 두면 메서드 내부에서 인수를 사용한 처리를 정의해 둘 수가 있습니다.

예를 들어, 다음과 같이 정의한 Calc 클래스를 보세요. 이 클래스에 정리한 Add 메서드는 인수를 2개 전달하는 메서드입니다. 처리의 안에서는 전달된 2개의 정보를 더하는 처리를 시행합니다.

```
class Calc
{
    public int Add(int x, int y)   ← 인수를 2개 전달하는 메서드로 합니다
    {
        int sum = x + y;   ← 전달된 인수를 메서드의 처리에서 사용할 수 있습니다
        ...
    }
}
```

이 클래스를 이용하는 측에서는 메서드를 호출할 때 다음과 같이 ( ) 내의 콤마로 구분해 실제 인수를 전달합니다.

```
Calc c = new Calc();
int a = c.Add(2, 3)   ← 인수를 2개 전달해서 메서드를 호출합니다
```

그러면 2가 x에 3이 y에 전달되어 메서드 내부의 처리에서 사용되는 것입니다. 즉 2 + 3의 계산이 이뤄집니다. 실제로 전달되는 2나 3의 값을 **실인수**(argument)라고 합니다.

실인수를 지정함으로써 메서드를 호출할 때에 가인수에 값을 전달할 수 있는 것입니다. 인수에 의해서 보다 유연하게 클래스의 기능을 설계할 수 있습니다.

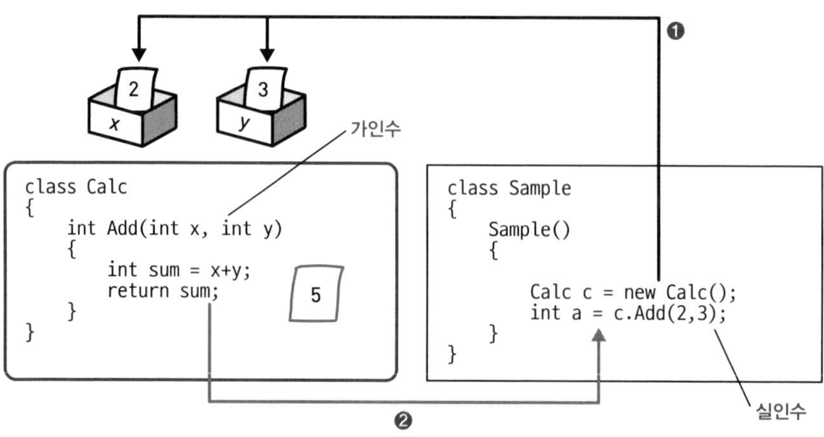

그림 5-4 인수
인수를 사용해서 메서드에 정보를 전달할 수 있습니다(❶).

반환값의 구조를 안다

메서드로부터는 정보를 받을 수도 있습니다. 호출하는 측에 돌려주는 정보를 **반환값**(return value)이라고 합니다. 반환값을 사용하는 경우는 메서드를 정의할 때에 형을 지정해 두고 전달하고 싶은 값을 처리의 마지막에 return 문을 사용해 돌려줍니다.

```
반환값 메서드명(인수 목록)
{
    구문;
    ..
    return 식;
}
```

- 반환값을 돌려주는 메서드로 합니다
- 반환값이 있는 경우는 retrun 문으로 반환합니다.

예를 들어 Calc 클래스의 Add( ) 메서드처럼 계산 결과를 반환값으로 돌려주는 메서드를 정의할 수 있는 것입니다.

```
class Calc
{
    public int Add(int x, int y)
    {
        int sum = x + y;
        return sum;
    }
}
```

반환값을 돌려주는 메서드로 합니다

처리 결과를 return 문으로 돌려줍니다

오브젝트를 이용하는 측에서는 다음과 같이 변수에 대입을 시행해서 반환값을 이용하게 됩니다. 여기에서는 2 + 3의 처리 결과인 5가 변수 a에 대입됩니다.


```
Calc c = new Calc();
int a = c.Add(2, 3)
```

반환값을 변수 a에 대입합니다

인수나 반환값을 사용하면 메서드의 안에서 여러 가지 처리를 시행할 수 있을 것입니다. 이러한 구조를 사용해서 클래스의 기능을 설계할 수 있으면 편리합니다.

> **중요 | 인수를 사용해서 메서드에 정보를 전달할 수 있다.**
> **반환값을 사용해서 메서드로부터 정보를 돌려줄 수 있다.**

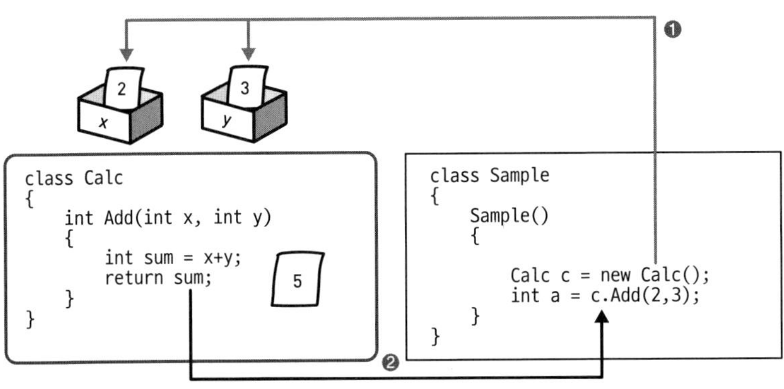

그림 5-5 반환값
반환값을 사용해서 메서드로부터 정보를 돌려줄 수 있습니다(❷).

인수와 반환값에 주의한다

메서드에는 인수를 여러 개 정의할 수 있으나 반환값은 하나밖에 돌려줄 수 없으므로 주의하세요.

또한 메서드는 반드시 인수와 반환값을 정의해야 하는 것은 아닙니다. Sample1에서 정의한 Car 클래스의 Move() 메서드는 인수와 반환값을 갖고 있지 않습니다. 이 경우, 반환값의 형은 void로 하고 인수의 형은 지정하지 않습니다.

또한, 컨스트럭터에도 인수를 정의할 수 있습니다. 다만 컨스트럭터는 오브젝트로의 참조를 돌려주므로 자신이 반환값을 정의할 수 없습니다. 컨스트럭터의 정의에는 반환값의 형을 정의하지 않으므로 주의하세요.

로컬 변수(지역 변수)

이 절에서 본 것처럼 클래스 내부의 메서드 밖에서 선언한 변수를 필드라고 합니다. 이에 반해 3장에서 본 것처럼 메서드 내부에서 선언되는 변수를 **로컬 변수**(local variable)라고 합니다. 메서드 내부의 가인수도 로컬 변수의 한 종류입니다.

로컬 변수는 그것을 선언한 메서드 내에서만 사용할 수 있습니다. 또한, 로컬 변수가 값을 저장해서 있을 수 있는 것은 그 메서드가 종료할 때까지입니다.

이에 반해 필드는 피리오드를 붙여서 클래스의 밖에서도 사용할 수 있습니다(다만 다음 절처럼 사용을 제한하는 경우가 있습니다). 또한 필드에는 오브젝트가 존재하고 있는 동안은 값을 저장해 둘 수가 있습니다.

5.2 접근의 제한

private으로 보호한다

오브젝트를 작성하고 이용했을 때의 클래스 내부에서의 처리에 대해서 이해가 되었나요?

그런데 클래스를 설계하는데 있어서 몇 가지 주의해야 할 것이 있습니다. 오브젝트를 이용하는 측이 오브젝트를 이용할 때에 자유롭게 클래스의 필드 값을 설정하면 곤란한 경우가 있습니다.

예를 들어, 자동차 캐릭터를 이용할 때를 생각해 봅시다. 이때 캐릭터에 맞지 않는 좌표 위치가 설정되면 문제가 발생할 수 있습니다. 자동차의 좌표 위치로 「−100, −100」과 같이 있을 수 없는 값이 설정되어 버리는 경우가 있습니다. 이처럼 실제로 있을 수 없는 값이 설정되면 자동차 캐릭터 클래스를 이용한 프로그램을 완성했을 때에 오류가 일어날 수도 있습니다.

그러므로 일반적으로 필드는

클래스의 외부로부터 직접 접근할 수 없도록 한다

는 설정을 해 두는 것이 보통입니다. 클래스 외부로부터 멤버에 직접 접근할 수 없도록 하려면 멤버의 선언·정의의 앞에 private라는 지정을 붙입니다.

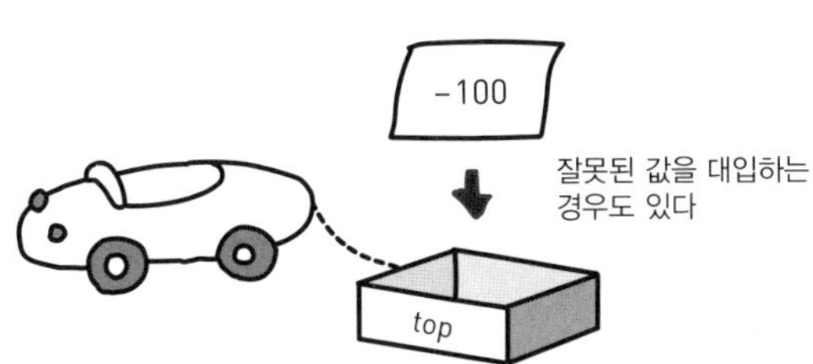
-100
잘못된 값을 대입하는
경우도 있다
top

```
class Car
{
    ...    // 클래스 외부로부터 접근할 수 없는 필드로 합니다
    private Image img;
    private int top;
    private int left;
    ...
}
```

이렇게 하면 필드인 이미지나 좌표 위치로 접근할 수 없습니다.

중요 | private을 지정하면 클래스의 외부로부터 접근을 할 수 없다

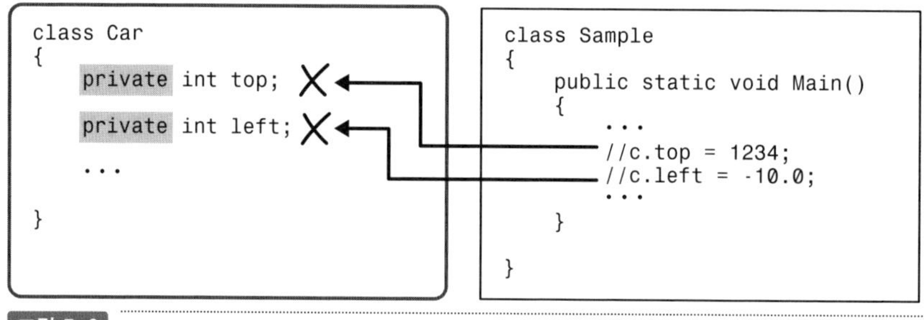

그림 5-6 private 접근 수식자
멤버로의 접근 범위는 private을 지정해서 한정할 수 있습니다

public으로 공개한다

private을 지정하면 클래스의 외부로부터 지정한 멤버에 접근할 수 없게 됩니다. 다만, 정말로 클래스 외부로부터 필드에 값이 대입할 수 없게 되는 것은 오브젝트를 이용하는 측에서도 곤란할 것입니다.

이에 일반적인 클래스를 설계하는데는

필드에 올바른 값을 설정하기 위한 메서드를 정의한다

가 시행됩니다. 필드에 값을 설정하기 위한 메서드를 준비하고, 이 안에서 올바른 값인지의 여부를 확인하는 처리를 시행하고 나서 필드에 값을 설정하도록 하는 것입니다.

따라서 Car 클래스에도 img 필드에 이미지를 설정하는 SetImage() 메서드, 이미지를 얻는 GetImage() 메서드를 추가하고, 이것들의 처리를 호출해서 클래스 외부로부터 접근할 수 있게 합시다.

```
public void SetImage(Image i)
{
    img = i;
}
public Image GetImage()
{
   return img;
}
```

클래스의 외부로부터 접근할 수 있는 메서드로 합니다

Lesson 5

SetImage() 메서드와 GetImage() 메서드에는 **public** 지정을 붙였습니다. public은

클래스의 외부로부터 접근할 수 있다

라는 의미의 지정입니다. 필드를 설정하는 메서드를 클래스의 외부로부터 이용할 수 있도록 한 것입니다. 여기서는 간단히 처리를 기술해 봤는데 통상 이러한 메서드의 내부에서는 필드에 올바른 값이 설정되도록 값의 확인을 하는 처리를 함께 사용하기도 합니다.

오브젝트를 작성하는 측에서는 이 메서드를 이용해서 이미지를 변경하거나 얻습니다.

```
c.SetImage(img);
img = c.GetImage();
```

메서드를 호출해서 값을 설정할 수 있습니다

메서드를 호출해서 값을 얻을 수 있습니다

private이나 public 지정을 **접근 수식자**(access modifier)라고 합니다. 접근 수식자는 필드·메서드에 접근할 수 있는 범위를 지정하는 것입니다.

또한, 클래스 내부에서 멤버에 접근 수식자를 지정하지 않은 경우는 자동으로 private을 지정한 것이 됩니다.

접근 수식자를 명시적으로 사용함으로써 필드에 직접 접근할 수 없도록 하고, 값을 확인하는 메서드만을 공개할 수 있습니다. 이로써 클래스 내부에 잘못된 값이 설정되는 것을 막을 수 있습니다.

이처럼 클래스 내부의 데이터를 보호하는 것을 **캡슐화**(encapsulation)라고 합니다. 이것은 오류가 잘 일어나지 않는 프로그램의 부품으로 클래스를 설계할 때 도움이 됩니다.

중요 | public을 지정하면 클래스의 외부로부터 접근할 수 있다.

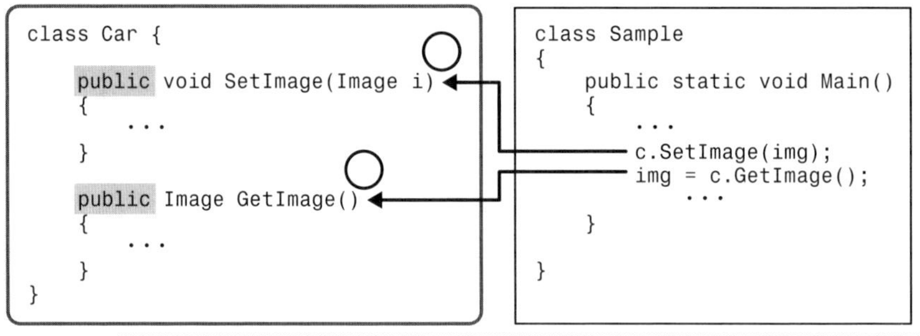

그림 5-7 public 접근 수식자
public을 지정해서 멤버를 공개할 수 있습니다.

프로퍼티의 구조를 안다

항상 Set…이나 Get…이라는 이름의 메서드를 정의하고 이것을 사용해서 필드에 값을 설정하도록 하면 오브젝트를 이용하는 프로그램이 번거롭고 복잡해지는 경우가 있습니다.

그래서 필드에 간결하게 접근하는 방법으로 준비되어 있는 것이 **프로퍼티**(property)라는 구조입니다. 우리는 지금까지 윈도나 픽처 박스 등 여러 클래스의 프로퍼티를 이용해 왔으므로 익숙할 것입니다.

프로퍼티는

set과 get이라는 이름의 필드 설정 · 얻기 전용의 처리를 준비해 둔다

라는 구조입니다. 이 처리는 **액세서**(accessor)라고 합니다.

예를 들어, 필드 top에 접근하는 Top 프로퍼티를 클래스 내부에서 다음과 같이 정의할 수 있습니다.

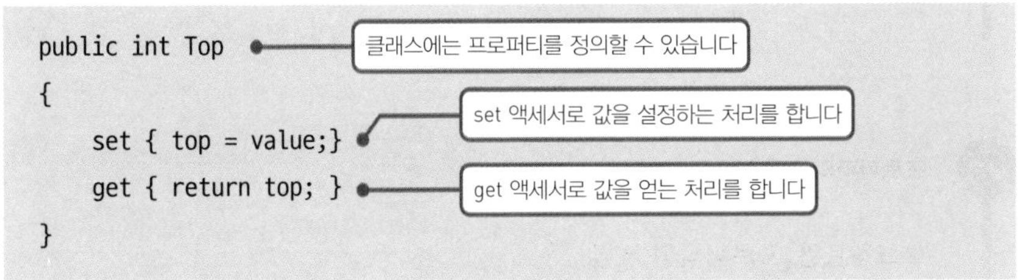

필드에 값을 설정하는 처리는 **set 액세서**의 블록 내에 기술합니다. 이 블록 내에서는 이용하는 측으로부터 전달된 값을 **value**라는 값으로 얻을 수 있습니다. 그래서 value 값을 필드 top에 대입하고 있습니다.

또한, 값을 얻는 처리는 **get 액세서**의 블록 내에 기술합니다. 이 안에서는 **return**을 사용해서 이용하는 측에 값을 돌려줄 수 있습니다.

프로퍼티의 처리 내에서도 통상적으로 설정되는 값이 올바른 것인지 여부를 확인하는 처리를 기술하게 됩니다.

이처럼 프로퍼티를 정의해 두면 오브젝트를 작성한 측에서는 다음과 같이 프로퍼티를 이용해서 필드 값을 쉽게 설정 · 얻을 수 있게 됩니다.

```
c.top = ...
... = c.Top
```

프로퍼티로 값을 설정할 수 있습니다

프로퍼티로 값을 얻을 수 있습니다

우리는 지금까지 다양한 클래스의 프로퍼티를 이용해 왔습니다. 정의된 프로퍼티를 이용함으로써 간단히 윈도 타이틀이나 이미지 위치 등을 설정할 수 있었습니다.

다음과 같이 프로퍼티의 정의와 이용 방법을 정리하였습니다.

구문 **프로퍼티의 정의**

```
접근 지정자 형 프로퍼티명
{
    set { 값을 설정하는 처리; }
    get { 값을 돌려주는 처리; }
}
```

구문 **프로퍼티의 이용**

```
오브젝트명.프로퍼티명 = 값;
오브젝트명.변수 = 프로퍼티명;
```

중요 | 프로퍼티에 의해 필드의 값을 설정 · 얻는다

그럼 private와 public을 구분해서 사용해 필드를 보호하는 클래스를 살펴봅시다.

Sample2.cs ▶ 접근 지정자를 사용한다

```
using System.Windows.Forms;
using System.Drawing;

class Sample2
{
    public static void Main()
```

```
    {
        Form fm = new Form();
        fm.Text = "샘플";
        fm.Width = 300; fm.Height = 200;

        PictureBox pb = new PictureBox();

        Car c = new Car();
        c.Move();
        c.Move();

        pb.Image = c.GetImage();
        pb.Top = c.Top;
        pb.Left = c.Left;

        pb.Parent = fm;

        Application.Run(fm);
    }
}
class Car
{
    private Image img;
    private int top;
    private int left;

    public Car()
    {
        img = Image.FromFile("c:₩₩car.bmp");
        top = 0;
        left = 0;
    }
    public void Move()
    {
        top = top + 10;
```

public한 메서드를 통해서 필드에 접근합니다

public한 프로퍼티를 통해서 필드에 접근합니다

private을 지정해서 클래스의 외부로부터 접근할 수 없게 합니다

public한 메서드를 정의할 수 있습니다

Lesson 5

```
        left = left + 10;
    }
    public void SetImage(Image i)        // public한 메서드를 정의할 수 있습니다
    {
        img = i;
    }
    public Image GetImage()        // public한 메서드를 정의할 수 있습니다
    {
        return img;
    }
    public int Top        // public한 프로퍼티를 정의할 수 있습니다
    {
        set { top = value; }
        get { return top; }
     }
    public int Left        // public한 프로퍼티를 정의할 수 있습니다
    {
        set { left = value; }
        get { return left; }
    }
}
```

Sample2의 실행 화면

public을 지정한 메서드나 프로퍼티를 이용함으로써 private을 지정한 필드에 직접 접근하지 않고 오브젝트를 이용할 수 있습니다.

이처럼 클래스의 안전성을 생각하면서 클래스를 설계해 나가는 것입니다. 우리는 다른 사람이 설계한 폼 클래스를 이용해서 윈도 프로그램을 작성해 왔습니다. 우리가 설계한 자동차 캐릭터를 다른 사람이 이용해서 프로그램을 작성할 수도 있습니다.

클래스는 부품을 조합하도록 프로그램을 설계할 때에 도움이 되는 구조입니다. 클래스는 그것을 정의하는 측과 이용하는 측이 다른 경우가 많습니다. 다른 사람에게 올바르게 클래스를 이용할 수 있게 하려면 사용법이 이상해지지 않게 주의해서 설계해야 합니다. 클래스의 안전성을 생각함으로써 다른 프로그램에서 쉽게 이용하는 클래스를 설계할 수 있는 것입니다.

5.3 정적 멤버

 정적인 필드 · 메서드

클래스의 기본을 알게 되었으니 클래스에서 이용되는 그 밖의 기능을 봐 둡시다.

지금까지 봐 온 필드는 개개의 오브젝트마다 값을 저장할 수 있었습니다. 하나의 윈도나 1대의 자동차를 나타내는 오브젝트마다 정보를 가질 수 있었던 것입니다. 즉 지금까지의 필드 · 메서드는

오브젝트에 연관 지어져 있다

입니다.

이에 반해 클래스 전체에서 값을 저장하거나 처리를 하고 싶은 경우가 있습니다. 예를 들어, Car 클래스 전체에서 몇 개 오브젝트가 있는지를 기억하고 싶은 경우 등에는 클래스 전체에서 값을 공유해서 가져야 합니다. 즉,

클래스 전체에 연관 지어진다

는 멤버를 정의하고 싶은 경우가 있습니다.

클래스 전체에 멤버를 연관 짓기 위해서는 필드 · 메서드의 앞부분에 static이라는 지정을 붙입니다. 이것을 정적 멤버라고 합니다.

```
class Car
{
    public Image img;
```

오브젝트마다 값이 존재합니다

```
    public int top;
    ...
    public static int Count = 0;
    ...                          클래스 전체에 하나의 값이 됩니다
}
```

이제까지의 필드에서는 오브젝트마다 값이 존재하지만 static을 붙인 정적 필드는 클래스에 하나만 존재하는 것입니다.

static을 붙인 정적 멤버는 「클래스명.」을 붙여서 이용합니다.

```
Car.count   클래스명을 붙여서 나타냅니다
```

Lesson 5

정적 멤버를 이용해 봅시다.

Sample3.cs ▶ 정적 멤버를 사용한다

```
using System.Windows.Forms;
using System.Drawing;

class Sample3
{
    public static void Main()
    {
        Form fm = new Form();
        fm.Text = "샘플";
        fm.Width = 250; fm.Height = 100;

        Label lb = new Label();

        Car c1 = new Car();
        Car c2 = new Car();   오브젝트를 2개 작성합니다

        lb.Width = 170;
```

```
        lb.Text = Car.CountCar();

        lb.Parent = fm;

        Application.Run(fm);
    }
}
class Car
{
    public static int Count = 0;
    private Image img;
    private int top;
    private int left;

    public Car()
    {
        Count++;
        img = Image.FromFile("c:\\car.bmp");
        top = 0;
        left = 0;
    }
    public static string CountCar()
    {
        return "자동차는 " + Count + "대 있습니다.";
    }
    public void Move()
    {
        top = top + 10;
        left = left + 10;
    }
    public void SetImage(Image i)
    {
        img = i;
    }
    public Image GetImage()
```

정적인 메서드를 호출합니다

정적인 필드의 정의입니다

컨스트럭터가 호출될 때 정적인 필드인 Count 값이 1 증가합니다

정적인 메서드의 정의입니다

```
    {
        return img;
    }
    public int Top
    {
        set { top = value; }
        get { return top; }
    }
    public int Left
    {
        set { left = value; }
        get { return left; }
    }
}
```

Sample3의 실행 화면

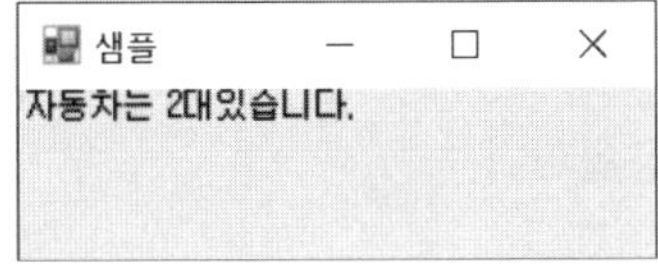

Car 클래스에서는 컨스트럭터 내에서 정적 필드의 Count를 증가하고 있습니다. 따라서 Car 클래스의 오브젝트를 2개 작성해서 Count 값은 2가 됩니다.

그래서 실행 화면에서는 「자동차가 2대」라고 표시되는 것입니다. 정적 멤버를 이용함으로써 클래스 전체에서 자동차의 대수를 관리할 수 있는 것을 알 수 있습니다.

중요 | 클래스 전체에서 관리되는 정적 멤버에는 static을 붙인다.

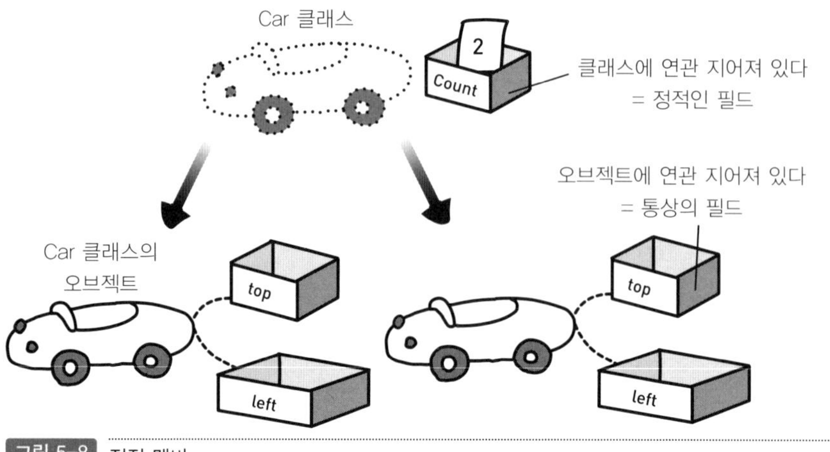

그림 5-8 정적 멤버
클래스에 연관 짓는 경우에 static을 지정합니다

이용되고 있는 정적 멤버

static이 붙은 정적인 멤버는 이제까지 우리가 이용해 온 여러 클래스에도 존재합니다. 예를 들어, 제1장이나 제2장에서 본 콘솔로의 출력에서는 Console 클래스의 정적 멤버인 WriteLine() 메서드를 사용합니다.

```
Console.WriteLine("어서 오세요");
```

또한, 이미지 읽어 들이기에서는 Image 클래스의 정적인 메서드인 FromFile() 메서드를 사용하고 있습니다.

```
Image.FromFile("파일명");
```

이것들은 Console 클래스나 Image 클래스에 정적 멤버로 설정돼 있는 것입니다. 클래스명을 붙여서 호출하고 있는 부분에 주목하세요.

또한, 프로그램의 자체인 Main() 메서드에도 static을 붙여야 합니다. 정적 멤버는 자주 이용되는 것을 알 수 있을 것입니다.

정적 멤버의 이용

통상의 멤버처럼 데이터나 기능이 오브젝트에 연관 지게 되면 프로그램의 독립한 부품으로써 도움이 되는 클래스를 설계할 수 있습니다. 그렇지만 오브젝트의 개수를 관리하는 경우처럼 그러한 구조만으로는 불편한 점도 있을 것입니다.

정적 멤버는 오브젝트 간에 데이터나 기능을 공유하기 위해 도움이 되는 구조입니다.

5.4 새로운 클래스

 상속의 구조를 안다

고도의 클래스 설계 방법에 대해서 살펴봅시다. 우리는 이미 정의한 클래스를 바탕으로 해서 새로운 클래스를 정의할 수 있습니다. 예를 들어, 자동차 캐릭터 클래스를 바탕으로 해서 보다 고도의 기능을 가진 레이싱카 캐릭터 클래스를 설계할 수 있습니다.

새로운 클래스를 설계하는 것을

클래스를 확장한다(extend)

라고 합니다.

기존의 새로운 클래스를 정의할 수 있으면 편리합니다. 새로운 클래스는 기존 클래스의 멤버 변수 · 메서드를 「상속받는다」는 구조입니다. 기존 클래스의 멤버 변수 · 메서드를 기술하지 않아도 됩니다. 기존 클래스에 새롭게 필요한 멤버 변수 · 메서드를 덧붙이듯이 코드를 적어 나갈 수 있는 것입니다.

새롭게 확장한 클래스가 기존의 클래스의 자산(멤버)을 상속받는 것을 **상속**(inheritance)이라고 합니다. 상속은 프로그램에 새롭게 기능을 추가할 때 편리한 구조입니다.

이때, 바탕이 되는 기존 클래스를 **기본 클래스**(base class)라고 합니다. 새로운 클래스를 **파생 클래스**(derived class)라고 합니다.

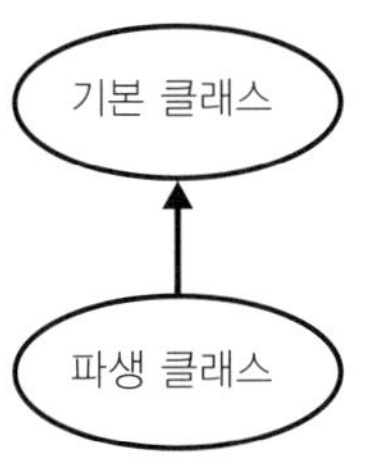

그림 5-9 클래스의 파생
기존 클래스(기본 클래스)로부터 새로운 클래스(파생 클래스)를 작성할 수 있습니다.

클래스를 확장한다

클래스의 확장 방법을 살펴봅시다. 파생 클래스는 다음과 같이 정의합니다.

구문 클래스의 확장

```
class 파생 클래스명 : 기본 클래스명
{
    새로운 필드;
    새로운 메서드(인수 목록)
    {
        ...
    }
}
```

기본 클래스를 확장해서…
파생 클래스를 정의할 수 있습니다

예를 들어, Car 클래스를 기본 클래스로 확장해서 다음과 같이 파생 클래스인 RacingCar 클래스를 정의할 수 있습니다.

```
class RacingCar : Car
{
    ...
    ... void Move()
    {
    }
}
```

Car 클래스를 확장해서 …
RacingCar 클래스를 설정할 수 있습니다
새로운 메서드를 정의할 수 있습니다
기본 클래스와 같은 이름으로 할 수도 있습니다

RacingCar 클래스는 클래스의 내부에 기술하지 않아도 Car 클래스의 Top 프로퍼티나 Left 프로퍼티를 가집니다. 또한, 클래스의 내부에 새로운 필드나 메서드를 덧붙이게 코드를 기술해 나갈 수 있습니다.

새로운 멤버를 정의하는 경우에는 기본 클래스와 같은 이름의 멤버를 정의할 수도 있습니다. 예를 들어, RacingCar 클래스에서는 더 크게 이동하는 Move( ) 메서드를 새롭게 정의하는 것을 생각할 수 있을 것입니다.

중요 | 기본 클래스를 확장해서 파생 클래스를 정의할 수 있다.
파생 클래스는 기본 클래스의 멤버를 상속받는다.

파생 관계가 있는 클래스는 합쳐서 다룬다

파생 클래스의 오브젝트는 매우 편리한 성질이 있습니다. 그것은

파생 클래스의 오브젝트는 기본 클래스의 오브젝트로도 다룬다

입니다. RacingCar 클래스는 일반적인 Car 클래스의 기능을 상속받고 있으며, RacingCar 클래스의 오브젝트는 Car 클래스의 오브젝트라고도 말할 수 있습니다. 그래서 파생 클래스의 오브젝트는 기본 클래스의 오브젝트로도 다룰 수 있는 것입니다.

```
Car c = new RacingCar();
```

기본 클래스의 오브젝트로 다룰 수도 있습니다.

특히 기본 클래스의 형의 배열을 작성해서 다루면 자동차나 레이싱카 같은 종류에 관계없이 오브젝트를 합쳐서 다룰 수 있게 됩니다. 이것은 매우 편리한 구조입니다.

```
Car[] c = new Car[2];        // 기본 클래스의 형의 배열에서…

c[0] = new Car();
c[1] = new RacingCar();

for(int i = 0; i < c.Length; i++)
{
    c[i].Move();             // 파생 클래스의 오브젝트를 합쳐서 다룰 수 있습니다
}
```


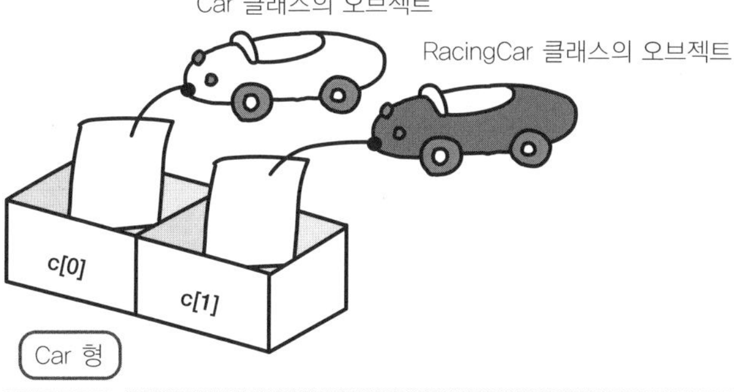

그림 5-10 오브젝트를 합쳐서 다룬다
기본 클래스의 형의 변수 · 배열에서 파생 클래스의 오브젝트를 다룰 수 있습니다.

파생 클래스로부터 기본 클래스에 접근한다

실제로 RacingCar 클래스에 새로운 메서드 Move()를 정의하는 것을 생각해 봅시다. 다만 이러한 클래스의 설계에 있어서는 몇 가지 주의해야 할 것이 있습니다.

먼저 주의해야 할 것은 Car 클래스의 private 멤버에는 파생 클래스로부터도 접근할 수 없다는 것입니다. 예를 들어, Sample2의 경우 private가 지정되어 있는 top· left 필드에는 접근할 수가 없습니다. 그러나 파생 클래스와 기본 클래스에는 밀접하게 관련하기 때문에 이것만으로는 불편한 점도 있습니다.

이럴 때,

기본 클래스의 멤버에 protected라는 접근 수식자를 붙여 둔다

를 시행합니다. **protected**를 지정함으로써 파생 클래스로부터만 접근할 수 있고, 그 밖의 클래스로부터는 접근할 수 없게 할 수 있습니다.

따라서 top·left 필드에 직접 접근하기 위해 Car 클래스의 정의에서 이것들을 protected 멤버로 둡시다. 이에 따라 RacingCar 클래스의 Move() 메서드 내에서는 이것들의 필드에 접근할 수 있게 됩니다.

```
class Car
{
    protected int top;
    protected int left;
    ...
}
class RacingCar : Car
{
    ...
    public void Move()
    {
        top = top + 100;
        left = left + 100;
    }
}
```

파생 클래스로부터 접근할 수 있는 멤버로 두면…

파생 클래스로부터 기본 클래스의 멤버에 접근할 수 있습니다

중요 | 기본 클래스의 protected 멤버에는 파생 클래스로부터 접근할 수 있다.

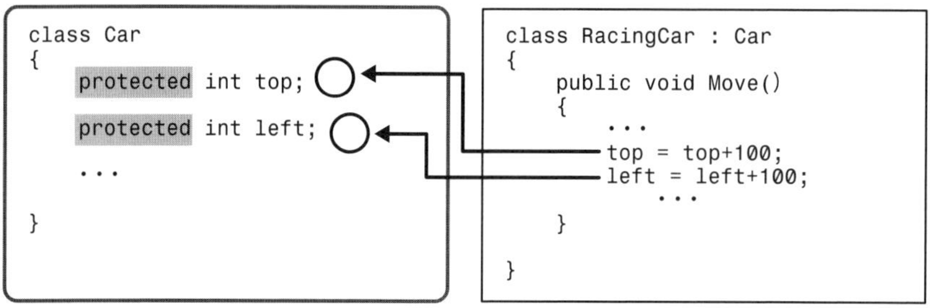

```
class Car
{
    protected int top;
    protected int left;
    ...
}
```

```
class RacingCar : Car
{
    public void Move()
    {
        ...
        top = top+100;
        left = left+100;
        ...
    }
}
```

그림 5-11 protected 멤버
파생 클래스로부터 기본 클래스의 protected 멤버에 접근할 수 있습니다.

Lesson 5

오버라이드가 시행되도록 한다

C#에서는 파생 클래스의 오브젝트를 기본 클래스의 오브젝트로 다룬 경우에 기본 클래스의 멤버가 호출됩니다.

즉, Car 클래스의 배열에서 RacingCar 클래스의 오브젝트를 다루면 파생 클래스에서 정의한 새로운 Move() 메서드가 아닌 기본 클래스에서 정의한 Move() 메서드가 호출되고 맙니다. 이렇게는 각각의 오브젝트에 적합한 Move() 메서드가 제대로 기능하지 않게 될 것입니다.

따라서 통상 기본 클래스에서 같은 이름으로 재정의될 예정이 있는 메서드에는 **virtual**이라는 키워드를 붙여 둡니다. 그리고 파생 클래스에서는 같은 이름으로 처리를 덮어쓰고 싶은 멤버에 **override**라는 키워드를 붙입니다.

```
class Car
{
    virtual void Move()        // 덮어써지는 기본 클래스의 멤버에 virtual을 붙여 둡니다
    {
    ...
    }
}
class RacingCar : Car
{
```

```
    override void Move()
    {        덮어쓰는 파생 클래스의 멤버에 override를 붙입니다
    ...
    }
}
```

이렇게 해 두면 기본 클래스의 형으로 파생 클래스의 오브젝트를 다뤘다고 해도 파생 클래스의 멤버의 처리 내용이 호출됩니다.

기본 클래스의 멤버에 대신해 파생 클래스의 멤버가 기능한다

인 것입니다. 즉, 새로운 파생 클래스의 멤버에 의해 본래 클래스의 멤버를 덮어쓸 수 있는 것입니다. 이 구조를 **오버라이드**(override)라고 합니다.

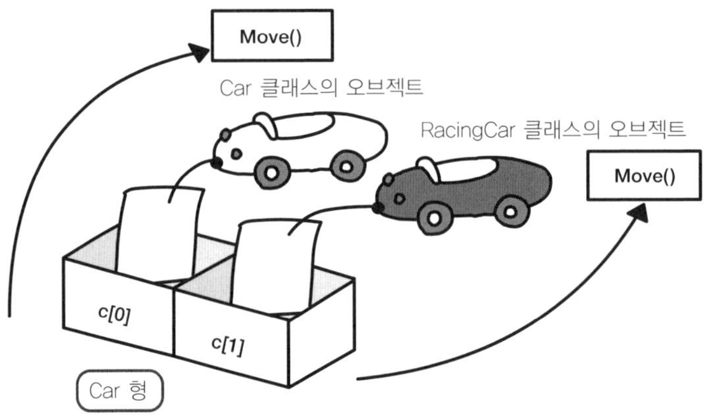

그림 5-12 오버라이드
파생 클래스의 메서드에 override를 붙이면 기본 클래스의 virtual 메서드를 덮어쓸 수 있습니다. 오버라이드에 의해 클래스에 맞는 메서드가 기능합니다

이처럼 주의할 점을 염두에 두고 실제로 클래스를 확장해서 확인해 봅시다.

Sample4.cs ▶ 클래스를 확장한다

```
using System.Windows.Forms;
using System.Drawing;
```

```
class Sample4
{
    public static void Main()
    {
        Form fm = new Form();
        fm.Text = "샘플";
        fm.Width = 300; fm.Height = 200;

        PictureBox[] pb = new PictureBox[2];

        for(int i = 0; i < pb.Length; i++)
        {
            pb[i] = new PictureBox();
            pb[i].Parent = fm;
        }

        Car[] c = new Car[2];          // 기본 클래스의 형에서…

        c[0] = new Car();              // 오브젝트를 합쳐서 다룰 수 있습니다
        c[1] = new RacingCar();

        for(int i = 0; i < c.Length;i++)
        {
            c[i].Move();
            pb[i].Image = c[i].GetImage();
            pb[i].Top = c[i].Top;      // protected 멤버로 둡니다
            pb[i].Left = c[i].Left;
        }

        Application.Run(fm);
    }
}
class Car
{
```

Lesson 5

```
    private Image img;
    protected int top;
    protected int left;

    public Car()
    {
        img = Image.FromFile("c:₩₩car.bmp");
        top = 0;
        left = 0;
    }
    virtual public void Move()
    {
        top = top + 10;
        left = left + 10;
    }
    public void SetImage(Image i)
    {
        img = i;
    }
    public Image GetImage()
    {
        return img;
    }
    public int Top
    {
        set { top = value; }
        get { return top; }
    }
    public int Left
    {
        set { left = value; }
        get { return left; }
    }
}
class RacingCar : Car
```

덮어 써지는 기본 클래스의 멤버에 virtual을 붙여 둡니다

```
{
    override public void Move()
    {
        top = top + 100;
        left = left + 100;
    }
}
```

덮어쓰는 파생 클래스의 멤버에 override를 붙입니다

protected 멤버에 접근할 수 있습니다

Sample4의 실행 화면

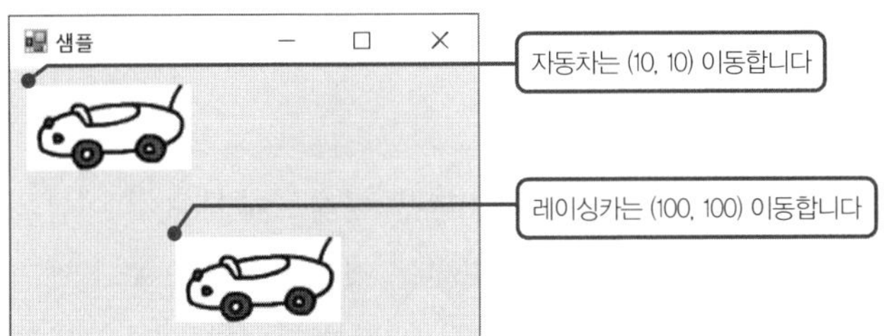

프로그램을 실행해 보면 Car 클래스의 오브젝트를 나타내는 이미지는 작게 이동하고, RacingCar 클래스의 오브젝트를 나타내는 이미지는 크게 이동합니다. 즉, 새로운 Move( ) 메서드가 기능하고 있는 걸 알 수 있습니다.

여기에서는 같은 이름의 Move( ) 메서드가 각각 실제 오브젝트의 클래스에 대응해 기능하고 있는 것입니다.

이처럼 같은 이름이 실제 오브젝트의 클래스에 대응해 기능하는 구조는 **다형성**(polymorphism)이라고 합니다.

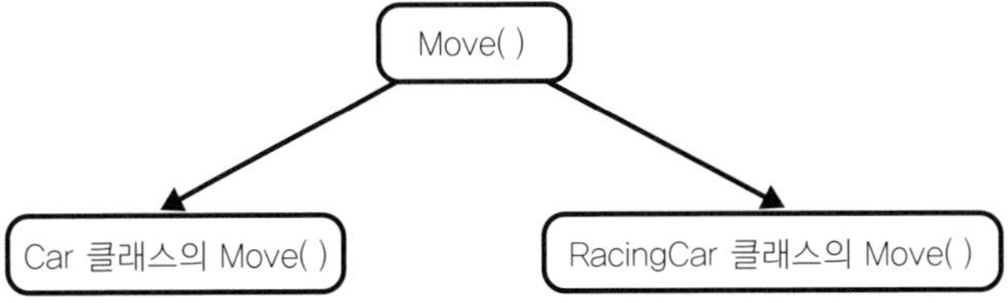

중요 | 파생 클래스의 메서드가 기본 클래스의 같은 이름의 메서드에 대신해서 기능하는 것을 오버라이드라고 한다.

오버라이드의 구조는 클래스를 이용할 때 편리합니다. 그것이 Car 클래스인지 RacingCar 클래스인지를 의식할 필요가 없이 이용할 수 있기 때문입니다. 원래부터 있는 Car 클래스도 새로운 RacingCar 클래스도 의식하지 않고 같은 방법(이름)으로 이용할 수 있습니다. 프로그램을 작성할 때 의식하지 않고 부품을 바꾸거나 추가할 수 있는 것입니다.

 추상 클래스와 인터페이스

기본 클래스에서는 virtual을 붙여서 여러 개의 파생 클래스에 대해서 이름을 제공하고, 파생 클래스의 오브젝트를 합쳐서 다루는 것만을 목적으로 설계되는 것도 있습니다. 이처럼 기본 클래스에서는 오브젝트를 작성하는 것은 반드시 필요하지는 않습니다.

그래서 오브젝트를 작성할 수 없도록 한 클래스를 **추상 클래스**(abstract class)라고 합니다. 이 추상 클래스에서는 메서드의 내용 자체를 정의할 수 없도록 할 수 있고, 이때 메서드의 맨 앞에는 **abstract**를 붙입니다.

그리고 모든 메서드의 원형을 선언만 하는 것을 **인터페이스**(interface)라고 합니다.

이처럼 추상 클래스나 인터페이스는 다양한 기능의 이름을 제공하기 위해서 사용되는 구조입니다. 클래스를 설계할 때에는 이러한 구조도 이용해서 설계를 시행해 나가게 됩니다. 기억해 두면 좋을 것입니다.

구문 추상 클래스

```
abstract class 클래스명
{
    virtual 반환값 메서드명(인수 목록)
    {
    }
    abstract 반환값 메서드명(인수 목록);
    ...
}
```

추상 클래스는 오브젝트를 작성할 수 없습니다

메서드의 내용을 정의할 수도 있습니다

구문 인터페이스

```
interface 인터페이스명
{
    반환값 메서드명(인수 목록);
    ...
}
```

인터페이스는 메서드의 내용을 정의할 수 없습니다

C#과 객체 지향

이 장에서 소개한 캡슐화·상속·다형성 등은 객체(오브젝트) 지향이라는 프로그램 설계 방법의 특징입니다.

C#은 객체 지향의 특징을 갖추고 있습니다. 캡슐화로 안전하고 오류가 쉽게 일어나지 않는 클래스를 설계할 수 있습니다. 상속으로 많은 클래스를 효율적으로 설계할 수 있습니다. 조합된 클래스는 다형성으로 기능하고, 더욱 대규모인 프로그램으로 구축할 수 있습니다.

5.5 클래스 라이브러리

폼 클래스를 확장한 프로그램으로 한다

이전 절에서는 클래스의 확장에 대해서 배웠습니다. 확장할 수 있는 클래스는 우리가 정의한 클래스만은 아닙니다. 지금까지도 사용한 윈도나 윈도에 올리는 부품을 다루는 클래스를 바탕으로 해서 확장을 할 수도 있습니다.

우리는 지금까지 개발 환경에 의해 제공되는 클래스로부터 오브젝트를 작성해서 윈도 프로그램을 작성해 왔습니다. 오브젝트를 작성할 뿐만 아니라 제공되고 있는 클래스를 확장해서 더욱 고기능인 프로그램을 작성해 나갈 수 있을 것입니다.

지금까지는 폼을 오브젝트로 작성하는 방법으로 프로그램을 작성해 왔습니다. 그러나 일반적으로 윈도 프로그램을 작성하는 경우에는 통상 Form 클래스를 확장한 프로그램으로 작성해 나가는 형식을 취합니다.

지금까지의 프로그램을 Form을 확장한 프로그램으로 살펴봅시다.

Sample5.cs ▶ 기존 클래스로부터 확장한다

```
using System.Windows.Forms;
using System.Drawing;

class Sample5 : Form
{
    public static void Main()
    {
        Application.Run(new Sample5());
```

Form을 확장한 클래스로 합니다

클래스로부터 오브젝트를 작성해서 윈도 프로그램을 실행합니다

```
    }
    public Sample5()          ● 컨스트럭터입니다
    {
        this.Text = "샘플";   ● 상속된 프로퍼티를 사용해 설정을 시행합니다
        this.Width = 400; this.Height = 200;
        this.BackgroundImage = Image.FromFile("c:\\car.bmp");
    }
}
```

Sample5의 실행 화면

이 코드에서는 우리가 작성하는 프로그램인 Sample5 클래스를, Form 클래스를 확장한 파생 클래스로 작성합니다. 컨트롤 프로퍼티의 설정은 Main() 메서드가 아닌 컨스트럭터 안에서 시행했습니다.

```
class Sample5 : Form      ● Form을 확장해서 …
{                          프로그램의 클래스를 정의합니다
    ...
    public Sample5()
    {
        this.Text = ...   ● 컨스트럭터 내에서 설정을 시행합니다
    }
}
```

우리가 설계한 Sample5 클래스는 기본 클래스인 Form 클래스의 메서드나 프

로퍼티를 상속받게 됩니다. 그래서 컨스트럭터 내에서 Form 클래스로부터 상속받은 프로퍼티를 사용해서 폭이나 높이 설정을 시행할 수 있습니다. 여기에서는 특히 폼의 배경 이미지를 나타내는 BackGroundImage 프로퍼티를 사용해서 미리 자동차의 이미지가 표시되게 했습니다.

다만 이처럼 Form을 상속한 스타일의 프로그램의 안에서는 다음과 같이 폼의 프로퍼티를 설정하고 있는 것에 주의하세요.

```
this.Width = 400; this.Height = 200;
```

this는 Sample5 클래스로부터 작성되는 오브젝트를 나타냅니다

여기에서는 폼의 프로퍼티에 **this**라는 지정을 붙이고 있습니다.

지금까지는 폼의 폭을 설정하기 위해서 작성된 폼을 나타내는 fm.에 이어서 Width 프로퍼티를 나타냈습니다.

그러나 이번 프로그램에서는 「자기 자신」이 폼이 됩니다. 그래서 자기 자신을 나타내는 이름을 사용해야 합니다.

this는

클래스 내에서 「자기 자신의 오브젝트」를 나타낸다

라는 지정입니다. 즉, 여기에서는 폼인 자기 자신의 오브젝트를 나타내고 있는 것입니다.

또한, 클래스 내에서 특히 아무것도 지정하지 않고 멤버명을 기술하면 자기 자신의 오브젝트의 멤버를 나타내게 됩니다. 즉, 이 코드에서는 this는 생략해도 됩니다. 다만 이 책에서는 this를 지정해 가는 것으로 합시다.

```
Width = 400; Height = 200;
```

Sample5 내에서는 Sample5의 프로퍼티를 나타냅니다

중요 | 클래스 내에서 자기 자신을 명시적으로 나타내는 경우에 this를 사용한다.

기존 클래스를 잘 활용하면 다기능인 프로그램을 효율적으로 작성해 나갈 수 있습니다.

C#의 개발 환경에서는 윈도 부품을 비롯한 수많은 클래스가 제공됩니다.

클래스를 합친 것을 **클래스 라이브러리**(class library)라고 합니다.

이제부터 이 제공된 클래스 라이브를 이용해서 다양한 프로그램을 작성해 나갑시다.

 클래스 라이브러리를 조사한다

클래스 라이브러리를 이용해서 프로그램을 작성할 때에는 클래스의 기능에 대해서 알아봐야 합니다.

샘플 안에서 모르는 클래스나 메서드가 등장한 경우에는 인터넷에서 「.NET Framework」의 레퍼런스를 조사해 보세요. 이 책 마지막에 있는 부록에도 리소스를 소개하고 있습니다.

「.NET Framework」는 C#의 표준적인 클래스 라이브러리를 포함하는 틀(프레임워크)의 명칭입니다. 다양한 클래스가 등장하는데 하나씩 끈기 있게 조사해 나가는 것이 중요합니다. 베리에이션이 풍부한 프로그램을 작성해 나갈 수 있게 됩니다.

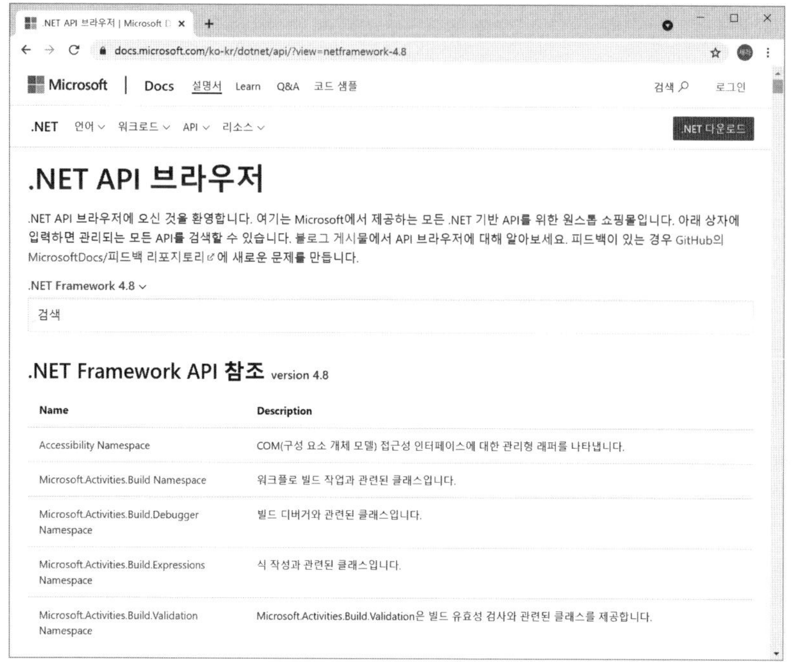

그림 5-13 클래스 라이브러리의 레퍼런스
클래스 라이브러리의 레퍼런스에서 클래스의 기능을 알아볼 수 있습니다.

이름 공간을 안다

클래스 라이브러리가 제공하는 클래스명은 **이름 공간**(namespace)이라는 개념으로 분류됩니다.

예를 들어, 폼을 나타내는 Form 클래스는 System.Windows.Form이라는 이름 공간으로 분류됩니다. 원래, 클래스명은 이름 공간을 붙여서 기술해야 합니다. 예를 들어 Form 클래스는 다음과 같이 지정해야 하는 것입니다.

```
System.Windows.Forms.Form
```

그러나 같은 이름 공간의 클래스를 많이 사용하고 싶을 때는 불편합니다. 그래서 이 이름 공간을 생략하고 이름을 직접 지정하고 싶을 때는 코드 맨 앞에 using 디렉티브를 기술해 둘 수 있습니다.

using System.Windows.Forms;
이름 공간을 지정해 둘 수가 있습니다

그러면 코드 안에서 Form 클래스는 「Form」이라는 이름으로 사용할 수 있게 됩니다. 우리는 지금까지의 코드 앞에서도 이러한 표기를 사용했습니다.

C#의 표준적인 클래스 라이브러리에 포함되는 대표적인 이름 공간에는 다음과 같은 것이 있습니다. 클래스 분류에 주의합시다.

표 5-1 이름 공간

이름 공간	설명
System	기본 기능을 제공한다
System.Windows.Forms	컨트롤을 제공한다
System.Drawing	기본의 그래픽 기능을 제공한다
System.Drawing.Imaging	고도의 그래픽 기능을 제공한다
System.Data	데이터 관련 기능을 제공한다
System.Xml	XML 관련 기능을 제공한다
System.Net	네트워크 관련 기능을 제공한다
System.Linq	LINQ 관련 기능을 제공한다
System.Xml.Linq	XML to LINQ를 제공한다

5.6 레슨의 정리

이 장에서는 다음을 배웠습니다.

- 클래스는 필드·메서드·컨스트럭터 등을 가집니다.
- 클래스로부터 오브젝트를 작성할 수 있습니다.
- private을 지정하면 클래스 밖에서 접근할 수 없습니다.
- public을 지정하여 클래스 밖에서 접근할 수 있습니다.
- 컨스트럭터는 오브젝트를 작성할 때 호출됩니다.
- 기본 클래스로부터 파생 클래스를 확장할 수 있습니다.
- 파생 클래스는 기본 클래스의 멤버를 상속받습니다.
- protected 멤버는 파생 클래스에서만 접근할 수 있습니다.
- 기본 클래스와 같은 메서드명을 가진 메서드를 파생 클래스로 정의하고, 오버라이드 할 수 있습니다.

이 장에서는 클래스의 설계에 대해서 배웠습니다. 클래스는 프로그램을 구축할 때에 활용됩니다. C#의 개발 환경에는 여러 개의 클래스가 준비되어 있습니다. 이 책에서도 이러한 클래스를 활용해 나갑시다.

연습문제

1. 볼을 나타내는 Ball 클래스를 정의하고 라벨에 위치를 표시하세요.

    - Top 프로퍼티
    - Left 프로퍼티
    - Move( ) 메서드

2. Label 클래스를 확장해서 배경이 흰색으로 초기화되는 WhiteLabel 클래스를 설계하고, 오브젝트를 2개 작성하세요.

    - BackColor 프로퍼티(배경색)
    - Color.White(흰색)

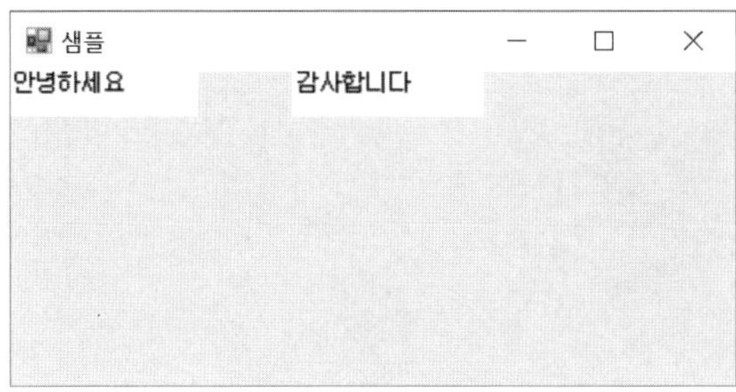

*역자 주: 책의 뒷부분에 정답이 있습니다.

Lesson 5

Lesson 6

이벤트

C#의 다양한 처리를 배웠습니다. 이 장에서는 사용자가 윈도를 조작했을 때의 처리를 하는 프로그램을 작성합니다. C#에서는 조작 등이 발생했을 때의 처리를 이벤트라는 개념으로 다룹니다. 이벤트 처리를 시행해서 마우스나 키의 조작에 반응하는 다채로운 프로그램을 작성할 수 있습니다.

Check Point!

- 이벤트
- 소스
- 이벤트 핸들러
- 델리게이트

6.1 이벤트의 기본

움직임이 있는 프로그램을 작성한다

지금까지 여러 프로그램을 작성했습니다. 클래스에 대해서도 깊게 이해할 수 있게 되었나요? 그러나 이제까지 작성한 프로그램에서는 프로그램의 동작 후에 무언가 눈에 보이는 움직임이 일어나는 것은 없었습니다. 클래스의 기능을 이용해서 더욱 베리에이션이 풍부한 프로그램을 작성해 나가도록 합니다.

이 절에서는

사용자가 윈도를 조작했을 때
무언가 처리를 하는 프로그램

을 작성해 나가도록 합시다.

예를 들어,

사용자가 폼을 클릭했을 때
라벨의 텍스트가 바뀌는 프로그램

과 같은 움직임이 있는 프로그램을 작성하는 것입니다.

이벤트 처리의 구조를 안다

「사용자가 조작을 했을 때 무언가 처리를 한다」라는 프로그램의 구조에 대해서 배웁시다.

윈도를 가진 프로그램에서는 통상 「폼을 클릭했다」라는 사용자의 조작을 **이벤트**(event)라는 개념으로 다룹니다. 이벤트의 발생처가 되는 컨트롤은 **소스**(source)라고 합니다. 즉, 「폼을 클릭했다」와 같은 이벤트를 생각할 때는 폼이 소스가 되는 것입니다.

발생한 이벤트는 **이벤트 핸들러**(event handler)라는 메서드에서 처리합니다.

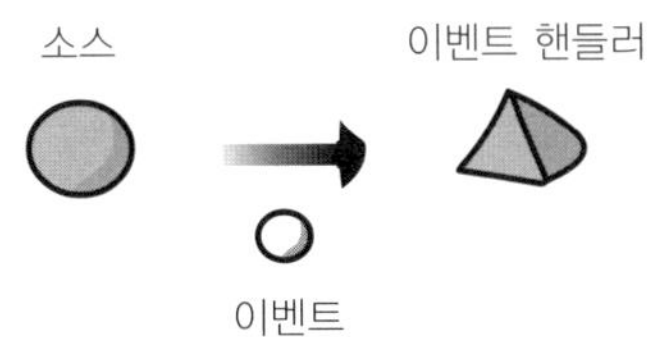
소스
이벤트 핸들러
이벤트

그림 6-1 이벤트 처리
이벤트 처리는 소스, 이벤트, 이벤트 핸들러에 의해 시행합니다.

Lesson 6

중요 | 사용자로부터의 입력 조작 등을 나타내는 클래스를 이벤트라고 한다.
이벤트를 발행하는 클래스를 소스라고 한다.
이벤트를 처리하는 메서드를 이벤트 핸들러라고 한다.

이벤트 처리를 기술한다

우리는 다음과 같은 코드를 기술해서 이벤트를 처리하는 프로그램을 작성합니다.

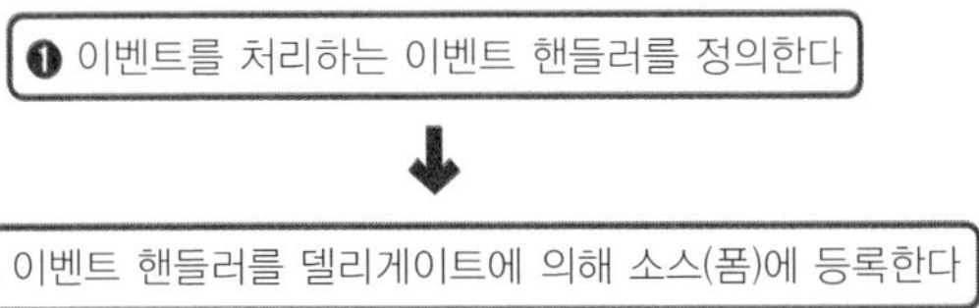
❶ 이벤트를 처리하는 이벤트 핸들러를 정의한다
❷ 그 이벤트 핸들러를 델리게이트에 의해 소스(폼)에 등록한다

❶에서는 이벤트 핸들러에 적당한 이름을 붙여서 정의합니다. 예를 들어, fm_Click()이라는 이름으로 메서드를 정의합니다. 폼을 클릭했을 때에 처리

를 한다는 의미의 이름으로 합니다.

이름은 식별자로부터 적당히 선택해도 되나, 이 이벤트 핸들러에는 Object와 EventArgs라는 두 종류의 정해진 클래스의 인수를 갖게 해야 합니다.

```
public static void fm_Click(Object sender, EventArgs e)
{
    lb.Text = "안녕하세요";
}
```

❶ 이벤트 핸들러를 설계합니다

이벤트가 일어났을 때에 시행하는 처리를 정의합니다

다음에 ❷로서 이벤트 핸들러를 소스에 등록하는 처리를 시행합니다. 이 등록은 **델리게이트**(delegate)라는 구조를 사용해서 시행합니다. EventHandler( )라는 이름의 델리게이트를 작성해서 등록을 시행하는 것입니다.

```
this.Click += new EventHandler(fm_Click);
```

❷ 이벤트 핸들러를 델리게이트에 의해 소스에 등록합니다

델리게이트를 작성할 때에는 인수로는 설계한 이벤트 핸들러의 이름을 건넵니다. 이 델리게이트를 소스인 폼의 Click 이벤트에 += 연산자를 사용해서 추가하는 형식으로 등록하는 것입니다.

이 ❶·❷의 코드를 기술해 두면 실제로 「폼을 클릭했다」는 이벤트가 일어났을 때에

이벤트 핸들러가 소스로부터 호출되고 이벤트가 처리된다

는 구조로 됩니다.

중요 | 이벤트를 처리하기 위해서는 이벤트 핸들러를 정의한다.
델리게이트에 의해 소스에 이벤트 핸들러를 등록한다.

그럼 이벤트 처리의 구조를 다음의 코드에서 확인해 봅시다.

Sample1.cs ▶ 이벤트 처리를 한다

```
using System;
using System.Windows.Forms;

class Sample1 : Form
{
    private Label lb;

    public static void Main()
    {
        Application.Run(new Sample1());
    }
    public Sample1()
    {
        this.Text = "샘플";
        this.Width = 250; this.Height = 200;

        lb = new Label();
        lb.Text = "어서 오세요";

        lb.Parent = this;

        this.Click += new EventHandler(fm_Click);
    }
    public void fm_Click(Object sender, EventArgs e)
    {
        lb.Text = "안녕하세요";
    }
}
```

❷ 이벤트 핸들러를 등록합니다

❶ 이벤트 핸들러를 설계합니다

폼이 클릭되었을 때 이 이벤트 핸들러가 호출되어 처리됩니다

Lesson 6

Sample1의 실행 화면

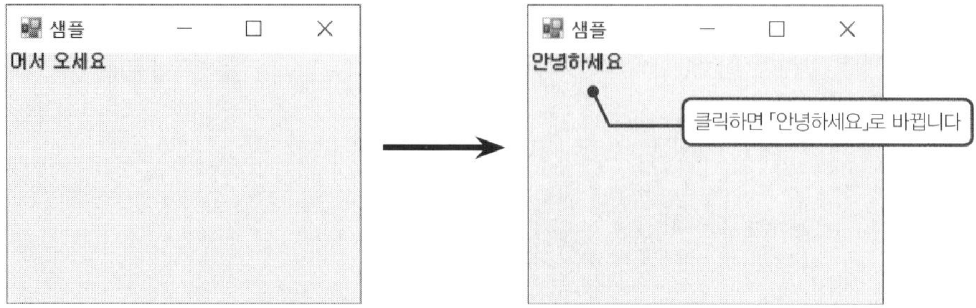

이 프로그램을 실행하고 사용자가 폼을 클릭하면 「클릭했다」를 나타내는 Click 이벤트가 발생합니다. 그러면 이벤트 핸들러로서 설계·등록해 둔 fm_Click() 메서드가 소스로부터 호출되어 그 처리가 이뤄지는 것입니다.

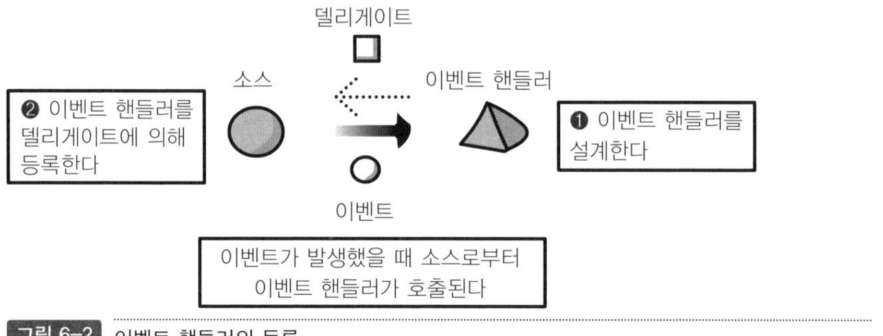

그림 6-2 이벤트 핸들러의 등록
❶ 이벤트 핸들러를 설계하고, ❷ 이벤트 핸들러를 델리게이터에 의해 등록해 두면 이벤트가 발생했을 때 이벤트 핸들러에서 이벤트 처리가 이뤄집니다.

Sample1의 fm_Click() 이벤트 핸들러에는 라벨의 텍스트를 변경하는 처리를 기술했습니다. 이에 사용자가 폼을 클릭했을 때에 화면의 표시가 「안녕하세요」로 바뀌는 것입니다.

우리는 이제부터 여러 종류의 컨트롤을 사용해 나갑니다. 이벤트나 소스의 종류에 따라 사용되는 클래스 이름은 다르지만 이벤트 처리의 구조는 같습니다. 여기에서 개념을 익혀 두세요.

델리게이트의 구조를 안다

이 이벤트 처리의 구조는 클래스 라이브러리 내에 다음과 같이 기술되어 있습니다.

먼저 이벤트는 소스로 정의되어 발생시킬 수 있습니다. 델리게이트에 의해 이 이벤트를 처리해야 하는 이벤트 핸들러의 인수 목록이 선언됩니다.

구문 **델리게이트의 선언**

```
public void delegate 델리게이트명(이벤트 핸들러의 인수 목록);   ← 델리게이트를 선언합니다

class 소스 클래스명
{
    public event 델리게이트명 이벤트명;   ← 이벤트의 선언입니다
    public 형 이벤트가 발생하는 메서드명()
    {
        이벤트명(this, 인수 목록);   ← 소스가 이벤트를 발생시킵니다
        ...
    }
}
```

우리는 이 중에서 정해져 있는

소스명

이벤트명

델리게이트명

이벤트 핸들러의 인수

에 따라서 이벤트 핸들러를 설계·등록함으로써 이벤트 처리를 할 수 있게 되는 것입니다.

이벤트 처리에 있어서는 소스인 폼과 이벤트를 처리하는 이벤트 핸들러가 다

른 코드로 되어 있는 것이 특징입니다. 소스에서 발생한 이벤트의 처리를 이벤트 핸들러에 「의뢰」해서 처리하는 것입니다. 이 구조를 사용하면 윈도에서 많이 발생하는 다양한 이벤트 중, 필요한 이벤트만을 등록한 이벤트 핸들러에만 의뢰해서 처리하기 때문에 효율적인 처리가 이뤄집니다.

어떤 클래스가 다른 부분에 처리를 의뢰하는 구조를 일반적으로 **델리게이트**(위임, deletgate)라고 하기도 합니다. C#의 델리게이트는 이 의뢰의 구조를 등록하는 역할을 갖고 있는 것입니다.

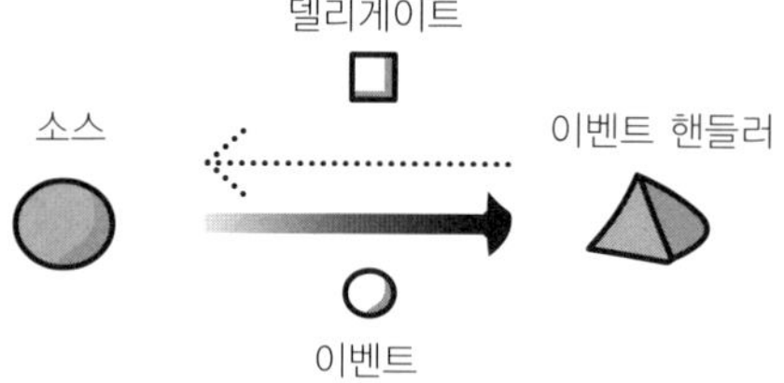

그림 6-3 **델리게이트**
소스에 의뢰되어 다른 부분이 처리하는 것을 델리게이트라고 합니다. C#의 델리게이트는 이 의뢰의 구조를 등록합니다.

6.2 여러 가지 이벤트

버튼을 클릭했을 때 처리를 한다

이벤트 처리를 하나 더 살펴봅시다. 이번은 「폼을 클릭했을 때」가 아닌, 「버튼을 클릭했을 때」라는 이벤트를 처리합니다. 다음 코드를 보세요.

Sample2.cs ▶ 버튼을 클릭했을 때에 처리를 한다

```
using System;
using System.Windows.Forms;

class Sample2 : Form
{
    private Label lb;
    private Button bt;

    public static void Main()
    {
        Application.Run(new Sample2());
    }
    public Sample2()
    {
        this.Text = "샘플";
        this.Width = 250; this.Height = 100;

        lb = new Label();
        lb.Text = "어서 오세요";
        lb.Width = 150;
```

```
        bt = new Button();
        bt.Text = "구입";
        bt.Top = this.Top + lb.Height;
        bt.Width = lb.Width;

        bt.Parent = this;
        lb.Parent = this;

        bt.Click += new EventHandler(bt_Click);   // 소스에 이벤트 핸들러를 등록합니다
    }
    public void bt_Click(Object sender, EventArgs e)   // 버튼을 클릭했을 때에 처리됩니다
    {
        lb.Text = "고맙습니다.";
    }
}
```

Sample2의 실행 화면

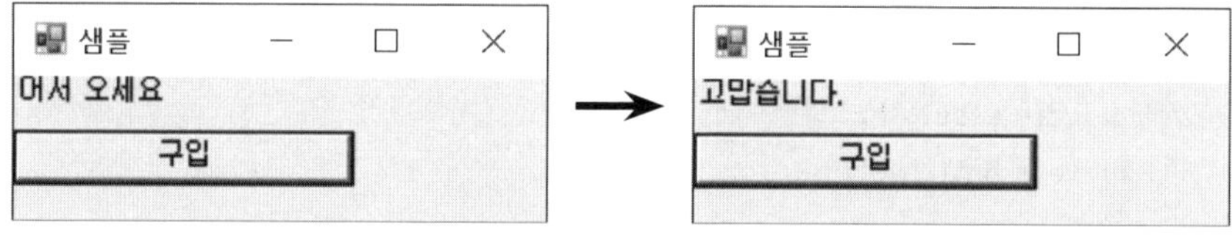

이 프로그램에서는 버튼을 클릭하면 라벨의 텍스트가 변경됩니다. 이 코드에서는 버튼을 클릭했다는 조작을 이벤트로서 다루고 있기 때문입니다.

커서가 드나들 때의 코드를 기술한다

또 다른 이벤트 처리를 살펴봅시다. 이번은 「마우스의 커서가 폼상에 들어갔다」「나왔다」는 이벤트에 대응하는 프로그램을 작성합니다.

Sample3.cs ▶ 커서가 드나들 때에 처리를 한다

```
using System;
using System.Windows.Forms;

class Sample3 : Form
{
    private Label lb;

    public static void Main()
    {
        Application.Run(new Sample3());
    }
    public Sample3()
    {
        this.Text = "샘플";
        this.Width = 250; this.Height = 200;

        lb = new Label();
        lb.Text = "어서 오세요";

        lb.Parent = this;
                                        소스에 이벤트 핸들러를 등록합니다
        this.MouseEnter += new EventHandler(fm_MouseEnter);
        this.MouseLeave += new EventHandler(fm_MouseLeave);

    }                                   커서가 들어갔을 때에 이 메서드가 호출됩니다
    public void fm_MouseEnter(Object sender, EventArgs e)
    {
        lb.Text = "안녕하세요";
    }
    public void fm_MouseLeave(Object sender, EventArgs e)
    {                                       커서가 나왔을 때에 이 메서드가 호출됩니다
        lb.Text = "안녕히 가세요";
    }
}
```

Sample3의 실행 화면

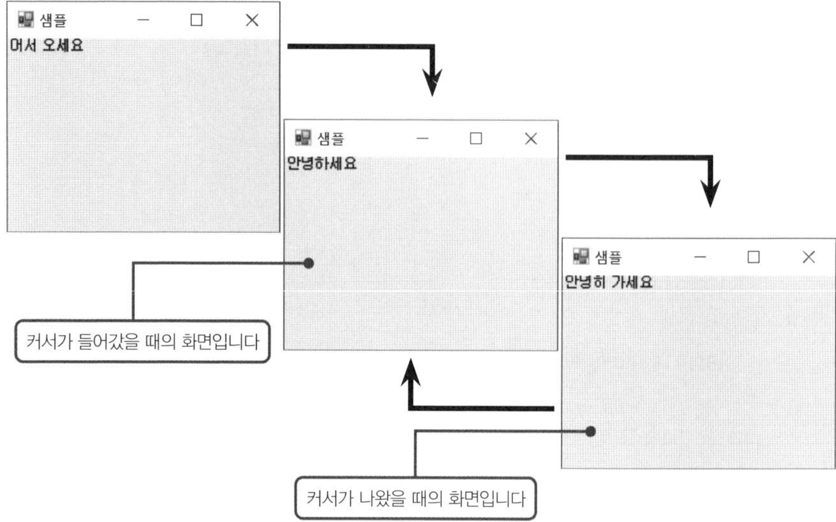
샘플
어서 오세요
샘플
안녕하세요
샘플
안녕히 가세요
커서가 들어갔을 때의 화면입니다
커서가 나왔을 때의 화면입니다

프로그램에서는 폼상에 마우스의 커서가 들어왔을 때에 「안녕하세요」, 커서가 나왔을 때에 「안녕히 가세요」로 바뀝니다.

이번은 fm_MouseEnter() 이벤트 핸들러와 fm_MouseLeave() 이벤트 핸들러가 호출됩니다.

키를 입력했을 때에 처리를 한다

지금까지의 프로그램에서는 마우스로 조작했을 때의 이벤트를 처리했습니다. 그러나 그중에는 키보드로부터 입력을 했을 때 처리를 시행하고 싶은 경우도 있을 수 있습니다. 이번에는 키를 입력했을 때의 이벤트 처리를 시행해 보겠습니다.

Sample4.cs ▶ 키를 입력했을 때에 처리를 한다

```
using System;
using System.Windows.Forms;
```

```
class Sample4 : Form
{
    private Label lb1, lb2;

    public static void Main()
    {
        Application.Run(new Sample4());
    }
    public Sample4()
    {
        this.Text = "샘플";
        this.Width = 250; this.Height = 100;

        lb1 = new Label();
        lb1.Text = "방향키로 선택하세요.";
        lb1.Width = this.Width;

        lb2 = new Label();
        lb2.Top = lb1.Bottom;

        lb1.Parent = this;
        lb2.Parent = this;

        this.KeyDown += new KeyEventHandler(fm_KeyDown);


    }
    public void fm_KeyDown(Object sender, KeyEventArgs e)
    {
        String str;
        if(e.KeyCode == Keys.Up)
        {
           str = "위쪽";
        }
        else if(e.KeyCode == Keys.Down)
```

소스에 이벤트 핸들러를 등록합니다

키가 눌렸을 때에 이 이벤트 핸들러가 호출됩니다

Lesson 6

```
        {
            str = "아래쪽";
        }
        else if(e.KeyCode == Keys.Right)
        {
            str = "오른쪽";
        }
        else if(e.KeyCode == Keys.Left)
        {
            str = "왼쪽";
        }
        else
        {
            str = "다른 키";
        }
        lb2.Text = str + "입니다.";
    }
}
```

누른 방향키의 종류가 표시됩니다

Sample4의 실행 화면

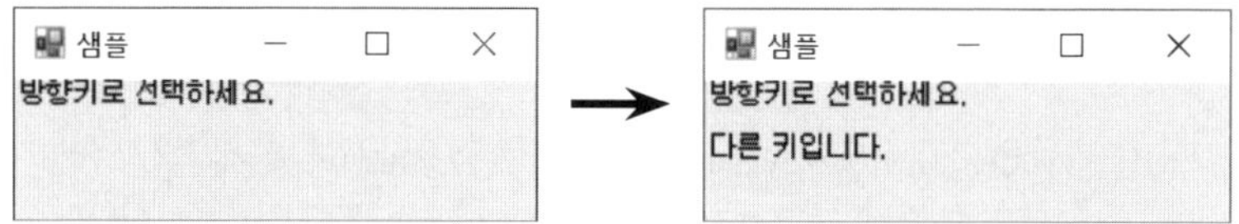

화살키를 눌렀을 때 키의 방향을 표시하는 프로그램을 작성했습니다.

여기에서는 이벤트 핸들러의 등록에 KeyEventHandler() 델리게이트를 사용합니다. 입력한 키의 종류는 인수로서 전달된 e의 KeyCode 프로퍼티를 조사하면 알 수 있습니다. 조사하는 키의 종류는 keys.XX로 지정할 수 있습니다. 다음과 같은 키를 지정할 수 있습니다.

표 6-1 주요 키의 종류(System.Windows.Forms.Keys 열거체)

종류	설명
Up	↑
Down	↓
Left	←
Right	→
Enter	Enter 키
Space	Space 키
A~Z	A키~Z키
D0~D9	0키~9키

Lesson 6

열거체의 구조를 안다

여기에서 사용한 Keys의 이름으로 정리된 값은 **열거체**(enumeration)라고 합니다. 열거체는 「열거체명.멤버」로 값을 나타낼 수 있도록 값을 정리한 것으로 기억하기 힘든 값을 알기 쉬운 멤버명으로 나타낼 수 있습니다.

열거체는 **enum** 키워드로 정의됩니다. 여기에서는 enum으로 정의되어 있는 Keys 열거체의 Up 멤버의 값을 Keys.Up으로 지정할 수 있는 것입니다.

구문 **열거체의 정의**

```
enum 열거체명{멤버1 = 값, 멤버2 = 값...};
```

구문 **열거체의 이용**

```
열거체명.멤버명;
```

 이벤트 처리의 종류를 안다

이처럼 이벤트 처리를 시행하는 코드를 기술하면 프로그램에 다양한 움직임을 붙일 수 있습니다.

표 6-2에 대표적인 이벤트를 소개합니다. 앞으로의 샘플에서도 다양한 이벤트 처리를 시행해 나갑니다. 잘 모를 때는 이 표로 돌아와서 확인하면 좋을 것입니다.

표 6-2 주요 이벤트 처리

<table>
<tr><th>소스</th><th>이벤트</th><th>설명</th><th>등록하는 델리게이트 · 이벤트 핸들러의 인수</th></tr>
<tr><td rowspan="10">Form 등
각종 컨트롤</td><td>Click</td><td>클릭했다</td><td>EventHandler
(Object sender, EventArgs e)</td></tr>
<tr><td>MouseEnter</td><td>마우스 커서가 들어왔다</td><td rowspan="2">EventHandler
(Object sender, EventArgs e)</td></tr>
<tr><td>MouseLeave</td><td>마우스 커서가 나왔다</td></tr>
<tr><td>MouseUp</td><td>마우스를 뗐다</td><td rowspan="3">MouseEventHandler
(Object sender,
MouseEventArgs e)</td></tr>
<tr><td>MouseDown</td><td>마우스를 눌렀다</td></tr>
<tr><td>MouseMove</td><td>마우스를 움직였다</td></tr>
<tr><td>KeyUp</td><td>키를 뗐다</td><td rowspan="2">KeyEventHandler(Object sender,
KeyEventArgs e)</td></tr>
<tr><td>KeyDown</td><td>키를 눌렀다</td></tr>
<tr><td>KeyPress</td><td>키를 눌렀다(문자 키 등)</td><td>KeyPressEventHandler
(Object sender, KeyEventArgs e)</td></tr>
<tr><td>Paint</td><td>그려야 할 일이 생겼다</td><td>PaintEventHandler
(Object sender, PaintEventArgs e)</td></tr>
<tr><td>CheckBox</td><td>CheckedChanged</td><td>체크가 변경되었다</td><td>EventHandler
(Object sender, EventArgs e)</td></tr>
<tr><td>ListBox,
ComboBox</td><td>SelectedIndex-
Changed</td><td>선택 항목이 변경되었다</td><td>EventHandler
(Object sender, EventArgs e)</td></tr>
<tr><td>Timer</td><td>Tick</td><td>일정 시간이 경과했다</td><td>EventHandler
(Object sender, EventArgs e)</td></tr>
</table>

이벤트 처리의 여러 가지 기술 방법

이 책에서는 소스인 윈도 부품에 이벤트 핸들러를 등록하는 방법으로 이벤트 처리를 시행했습니다. 다만, 간단한 이벤트 처리를 위해 이벤트 핸들러의 등록을 기술하는 것은 번거로운 경우도 있습니다. 이에 다양한 간결 기술법이 준비되어 있습니다.

❶

```
        ...
        this.Click += fm_Click;
    }
    public void fm_Click(Object sender, EventArgs e)
    {
        lb.Text = "안녕하세요";
    }
}
```

이벤트 핸들러명을 생략할 수 있습니다

❷

```
        ...
        this.Click += delegate(Object sender, EventArgs e)
    {
         lb.Text = " 안녕하세요";
    };
}
```

익명 메서드로 기술할 수 있습니다

❸

```
        ...
        this.Click += (sender, e)
                => { lb.Text = " 안녕하세요"; };
}
```

람다식으로 기술할 수 있습니다

❶은 이벤트 핸들러의 클래스명을 생략한 것입니다. ❷는 **익명 메서드**라는 클래스명뿐만 아니라 메서드명도 생략하고, 메서드의 내용만을 정의하는 방법입니다. ❸은 **람다식**이라는 더욱 간결한 기술법으로 (메서드의 인수) => {메서드의 정의}로 이벤트 핸들러를 기술할 수 있습니다. 실전에서는 이러한 기술법이 사용된다는 것도 기억해 두면 좋을 것입니다.

6.3 레슨의 정리

이 장에서는 다음을 배웠습니다.

- 사용자가 시행하는 조작 등은 이벤트로 처리됩니다.
- 이벤트 처리는 소스·이벤트 핸들러에 의해 시행됩니다.
- 이벤트 핸들러를 델리게이트에 의해 소스에 등록합니다.
- 이벤트 핸들러를 미리 소스에 등록해 놓으면 이벤트가 발생했을 때 소스로부터 이벤트 핸들러에 이벤트가 전달되어 처리됩니다.

이벤트 처리를 시행해서 프로그램에 움직임을 붙이는 방법을 배웠습니다. 마우스나 키 조작에 의해 움직이는 프로그램을 작성할 수 있으면 편리합니다. 이 장에서의 지식을 바탕으로 더욱 높은 기능의 프로그램을 작성해 나갑시다.

연습문제

1. 버튼을 클릭했을 때 버튼의 표시가 바뀌는 프로그램을 작성하세요.

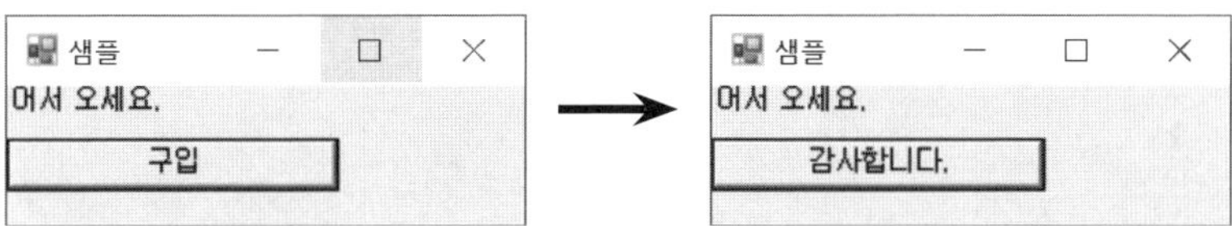

2. 버튼의 위에 마우스 커서가 나왔을 때 라벨의 표시가 바뀌는 프로그램을 작성하세요.

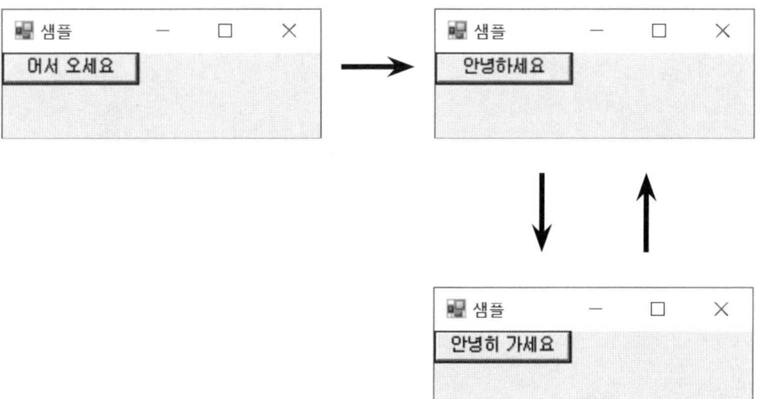

Lesson 6

*역자 주: 책의 뒷부분에 정답이 있습니다.

Lesson 7

컨트롤

C#의 개발 환경에는 윈도를 가진 프로그램을 작성하기 위한 기능이 포함되어 있습니다. 우리는 지금까지 폼이나 라벨 등 다양한 윈도 부품을 이용해 왔습니다. 이 장에서는 더욱 많은 컨트롤을 배워서 그래픽컬한 프로그램을 작성합시다.

Check Point!

- 패널
- 라벨
- 버튼
- 체크박스
- 라디오박스
- 텍스트박스
- 리스트박스
- 메뉴

7.1 패널

패널의 구조를 안다

윈도에는 다양한 컨트롤을 배치할 수 있습니다. 이때 컨트롤을 잘 배치하는 것은 중요합니다. 컨트롤을 배치하는 **패널**(panel)이라는 컨트롤이 존재합니다. 이 절에서는 패널을 배웁시다.

먼저 「라벨」과 「버튼」이라는 2개 컨트롤을 **플로우 레이아웃 패널**(FlowLayoutPanel)이라는 패널에 배치해 봅시다.

Sample1.cs ▶ 플로우 레이아웃 패널을 사용한다

```
using System;
using System.Windows.Forms;

class Sample1 : Form
{
    private Button[] bt = new Button[6];
    private FlowLayoutPanel flp;

    public static void Main()
    {
        Application.Run(new Sample1());
    }
    public Sample1()
    {
        this.Text = "샘플";
        this.Width = 600; this.Height = 100;
```

```
        flp = new FlowLayoutPanel();        ← 플로우 레이아웃 패널을 작성합니다
        flp.Dock = DockStyle.Fill;

        for(int i = 0; i < bt.Length; i++)  ← 버튼을 6개 작성합니다
        {
            bt[i] = new Button();           ← 패널에 버튼을 추가합니다
            bt[i].Text = Convert.ToString(i);
            bt[i].Parent = flp;
        }

        flp.Parent = this;
    }
}
```

Lesson 7

Sample1의 실행 화면

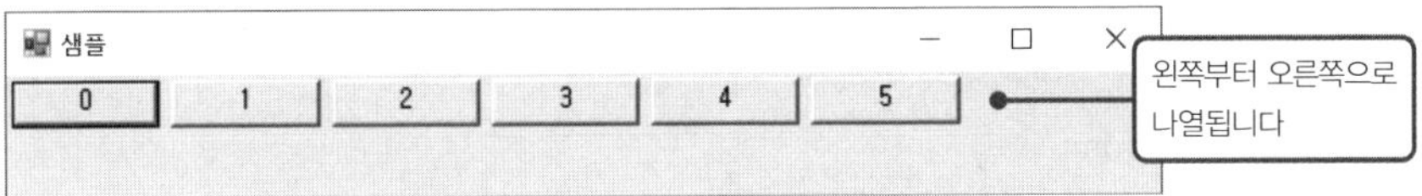

플로우 레이아웃 패널은 컨트롤을 직접적으로 나열하는 패널입니다. 이 패널을 부모로서 컨트롤을 설정하면 컨트롤은 왼쪽부터 오른쪽으로 나열됩니다.

또한, 여기에서는 플로우 아웃 패널의 Docks 프로퍼티를 DocksStyle.Fill이라는 값으로 지정합니다. Dock 프로퍼티는 그것이 배치되는 컨트롤에 어떻게 도킹되는지를 나타내는 것입니다. DockStyle.Fill은 크기가 가득 차는 값입니다. 즉, 여기에서는 폼 가득 플로우 레이아웃 패널이 달라붙게 됩니다.

표 7-1 컨트롤의 도킹(System.Windows.Forms.DockStyle 열거체)

종류	설명
Fill	크기 가득 도킹된다
Top	위쪽으로 도킹된다
Bottom	아래쪽으로 도킹된다
Left	왼쪽으로 도킹된다
Right	오른쪽으로 도킹된다

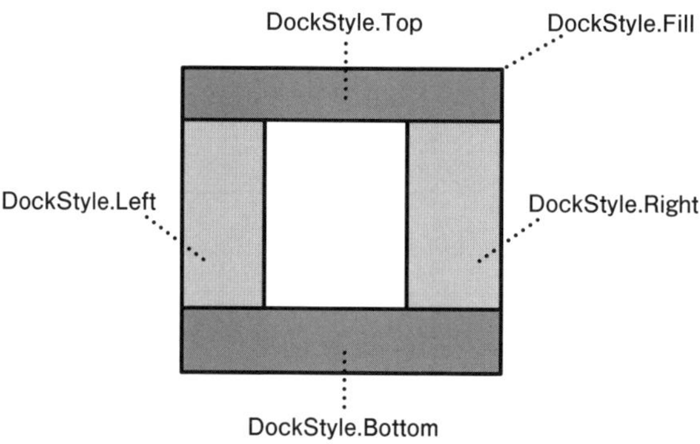

그림 7-1 DockStyle
컨트롤의 도킹 방법을 지정할 수 있습니다.

Sample1의 관련 클래스

클래스	설명
System.Windows.Forms.FlowLayoutPanel 클래스	
FlowLayoutPanel() 컨스트럭터	플로우 레이아웃 패널을 작성한다
System.Windows.Forms.Control 클래스	
Dock 프로퍼티	부모 컨트롤로의 도킹 방법을 설정한다
System.Convert 클래스	
static string toString(int i) 메서드	정수를 문자열로 변환한다

중요 | 플로우 레이아웃 패널은 컨트롤을 가로로 나열한다.

Dock과 Anchor

Dock 프로퍼티와 비슷한 프로퍼티로서 Anchor 프로퍼티가 사용되기도 합니다.

Anchor 프로퍼티에서는 AnchorStyles 열거체의 값을 지정해서 컨트롤의 끝을 부모 컨트롤 안의 어느 끝에 고정할지를 지정합니다. Anchor 프로퍼티는 「오른쪽 위」(AnchorStyles.Right | AnchorStyles.Top)처럼 여러 개의 끝을 지정해서 배치할 수 있습니다. AnchorStyles.None을 지정하면 컨트롤의 끝은 고정되지 않고 중앙에 배치됩니다.

또한, Dock 프로퍼티와 Anchor 프로퍼티는 동시에 지정할 수 없습니다.

격자형으로 레이아웃한다

계속해서 **테이블 레이아웃 패널**(TableLayoutPanel)을 배웁시다. 이 레이아웃 패널을 사용하면 가로 세로의 컨트롤 수를 정해서 격자형으로 컨트롤을 배치할 수 있습니다. 다음 코드를 입력하세요.

Sample2.cs ▶ 테이블 레이아웃 패널을 사용한다

```
using System;
using System.Windows.Forms;

class Sample2 : Form
{
    private Button[] bt = new Button[6];
    private TableLayoutPanel tlp;

    public static void Main()
    {
        Application.Run(new Sample2());
    }
    public Sample2()
```

```
    {
        this.Text = "샘플";
        this.Width = 300; this.Height = 200;

        tlp = new TableLayoutPanel();   ← 테이블 레이아웃 패널을 작성합니다
        tlp.Dock = DockStyle.Fill;
        tlp.ColumnCount = 3;   ← 열을 3으로 합니다
        tlp.RowCount = 2;   ← 행을 2로 합니다

        for (int i = 0; i < bt.Length; i++)
        {
            bt[i] = new Button();
            bt[i].Text = Convert.ToString(i);
            bt[i].Parent = tlp;
        }

        tlp.Parent = this;
    }
}
```

Sample2의 실행 화면

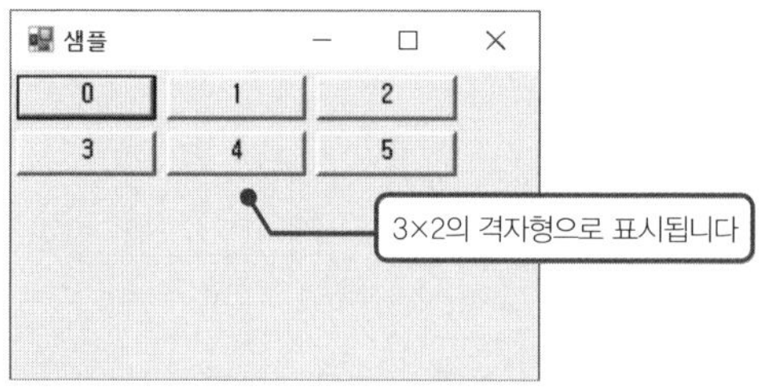

테이블 레이아웃 패널은 ColumnCount 프로퍼티와 RowCount 프로퍼티에 가로 세로로 배치하는 컨트롤의 수를 지정할 수 있습니다.

여기에서는 3x2의 컨트롤을 배치할 수 있게 합니다. 수를 변경해서 여러 레이아웃을 확인해 보세요.

Sample2의 관련 클래스

클래스	설명
System.Windows.Forms.TableLayoutPanel 클래스	
TablePanel() 컨스트럭터	테이블 레이아웃 패널을 작성한다
ColumnCount 프로퍼티	열수를 지정·얻는다
RowCount 프로퍼티	행수를 지정·얻는다

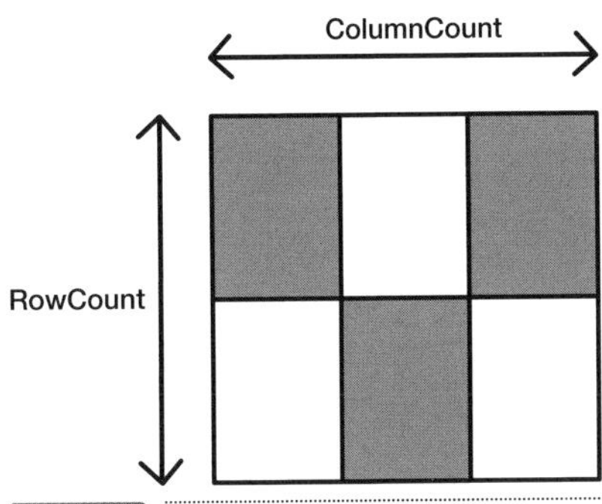
ColumnCount
RowCount

그림 7-2 테이블 레이아웃 패널의 배치
테이블 레이아웃 패널을 사용해서 컨트롤을 격자형으로 배치할 수 있습니다.

중요 | 테이블 레이아웃 패널에서 격자형으로 레이아웃할 수 있다.

여러 개 열·행의 컨트롤로 하려면

테이블 레이아웃 패널에서는 setColumnSpan() 메서드와 setRowSpan() 메서드에 의해 컨트롤을 여러 개 열·행에 걸치도록 할 수 있습니다. 컨트롤의 배치를 보다 자유롭게 시행할 수 있을 것입니다.

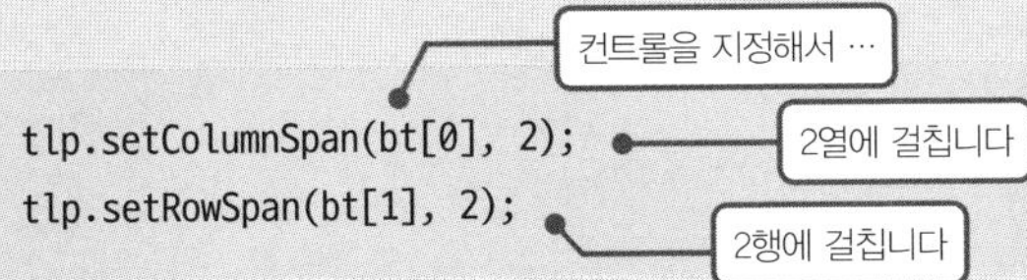
컨트롤을 지정해서 …
2열에 걸칩니다
2행에 걸칩니다

```
tlp.setColumnSpan(bt[0], 2);
tlp.setRowSpan(bt[1], 2);
```

7.2 라벨

라벨의 설정을 한다

이 절부터 기본적인 컴포넌트에 대해서 하나씩 사용법을 살펴봅시다. 처음으로 이제까지 사용해 온 라벨(Label)에 대해서 살펴봅시다. 라벨에는 다양한 설정을 할 수 있습니다. 다음 코드를 입력하세요.

Sample3.cs ▶ 라벨에 텍스트를 설정한다

```
using System.Windows.Forms;
using System.Drawing;

class Sample3 : Form
{
    private Label[] lb = new Label[3];
    private TableLayoutPanel tlp;

    public static void Main()
    {
        Application.Run(new Sample3());
    }
    public Sample3()
    {
        this.Text = "샘플";
        this.Width = 250; this.Height = 200;

        tlp = new TableLayoutPanel();
        tlp.Dock = DockStyle.Fill;
```

```
        tlp.ColumnCount = 1;
        tlp.RowCount = 3;

        for (int i = 0; i < lb.Length; i++)
        {
            lb[i] = new Label();
            lb[i].Text = i + "호 자동차";
        }

        lb[0].ForeColor = Color.Black;
        lb[1].ForeColor = Color.Black;
        lb[2].ForeColor = Color.Black;

        lb[0].BackColor = Color.White;
        lb[1].BackColor = Color.Gray;
        lb[2].BackColor = Color.White;

        lb[0].TextAlign = ContentAlignment.TopLeft;
        lb[1].TextAlign = ContentAlignment.MiddleCenter;
        lb[2].TextAlign = ContentAlignment.BottomRight;

        lb[0].BorderStyle = BorderStyle.None;
        lb[1].BorderStyle = BorderStyle.FixedSingle;
        lb[2].BorderStyle = BorderStyle.Fixed3D;

        for (int i = 0; i < lb.Length; i++)
        {
            lb[i].Parent = tlp;
        }

        tlp.Parent = this;
    }
}
```

❶ 전경색을 설정합니다

❷ 배경색을 설정합니다

❸ 위치 정렬을 설정합니다

❹ 경계선을 설정합니다

Sample의 실행 화면

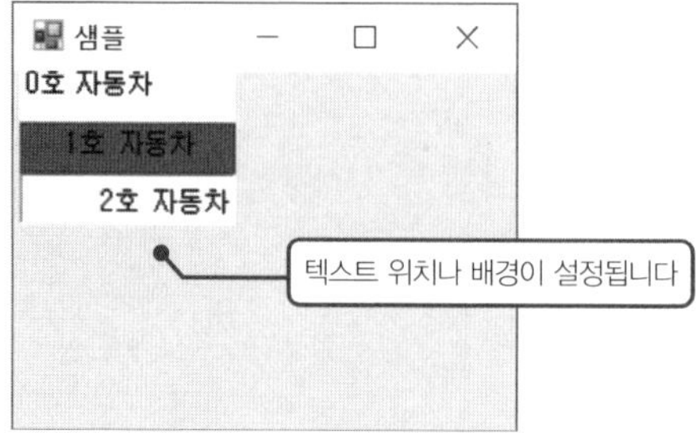

여기에서는 3개 라벨에 여러 가지 프로퍼티의 설정을 합니다.

❶ 전경색(ForeColor)을 설정한다

❷ 배경색(BackColor)을 설정한다

❸ 텍스트 위치(TextAlign)를 설정한다

❹ 경계선(BorderStyle)을 설정한다

❶·❷의 프로퍼티는 다른 컨트롤로도 지정할 수 있습니다. 레퍼런스를 참고로 확인해 보면 좋겠죠?

Sample3의 관련 클래스

클래스	설명
System.Windows.Forms.Label 클래스	
Label( ) 컨스트럭터	라벨을 작성한다
TextAlign 프로퍼티	텍스트의 위치를 설정·얻는다
BorderStyle 프로퍼티	경계선을 설정·얻는다
System.Windows.Forms.Control 클래스	
ForeColor 프로퍼티	전경색을 설정·얻는다
BackColor 프로퍼티	배경색을 설정·얻는다

구조체의 구조를 안다

여기에서 색을 나타내기 위해 사용하는 Color는 **구조체**(structure)라고 하며, **struct** 키워드를 사용해서 정의되어 있는 것입니다.

구조체의 정의

```
struct 구조체명
{
    필드의 선언;
    메서드(인수 목록)의 정의
    프로퍼티의 정의...
}
```

Lesson 7

구조체의 이용

```
구조체명.멤버
```

구조체는 클래스와 동일하게 이용할 수 있습니다. 여기에서는 「Color.White」라는 지정으로 흰색을 지정하는 프로퍼티를 나타내는 것입니다.

다만, 구조체는 클래스와 달리, 참조형이 아닌 값형으로 되어 있으므로 new로 작성하지 않습니다.

색을 지정할 때는 사용할 수 있는 Color 참조형의 주요 프로퍼티를 소개합니다. 이 밖에도 DarkOrchid, DeepPink, SlateBlue… 등의 이름을 가진 여러 가지 중간색을 이용할 수 있습니다.

표 7-2 주요 색(System.Drawing.Color 구조체)

종류	설명
White	흰색
Black	검정색
Gray	회색
Red	빨간색
Green	녹색
Blue	파란색
Cyan	시안
Yellow	노란색
Magenta	마젠타

중요 | 구조체를 이용할 수 있다.

컨트롤에 폰트를 설정한다

라벨은 텍스트를 표시하는 것이므로 표시되어 있는 문자의 폰트를 바꿀 수 있으면 편리합니다. 이번에는 라벨의 폰트를 변경해 봅시다.

Sample4.cs ▶ 컨트롤에 폰트를 설정한다

```
using System.Windows.Forms;
using System.Drawing;

class Sample4 : Form
{
    private Label[] lb = new Label[3];
    private TableLayoutPanel tlp;
```

```
    public static void Main()
    {
        Application.Run(new Sample4());
    }
    public Sample4()
    {
        this.Text = "샘플";
        this.Width = 250; this.Height = 200;

        tlp = new TableLayoutPanel();
        tlp.Dock = DockStyle.Fill;
        tlp.ColumnCount = 1;
        tlp.RowCount = 3;

        for (int i = 0; i < lb.Length; i++)
        {
            lb[i] = new Label();
            lb[i].Text = "This is a Car.";
            lb[i].Width = 200;
        }
                                              폰트를 설정합니다
        lb[0].Font = new Font("Arial", 12,FontStyle.Bold);
        lb[1].Font = new Font("Times New Roman", 14 ,FontStyle.Bold);
        lb[2].Font = new Font("Courier New", 16, FontStyle.Bold);

        for (int i = 0; i < lb.Length; i++)
        {
            lb[i].Parent = tlp;
        }
        tlp.Parent = this;
    }
}
```

Sample4의 실행 화면

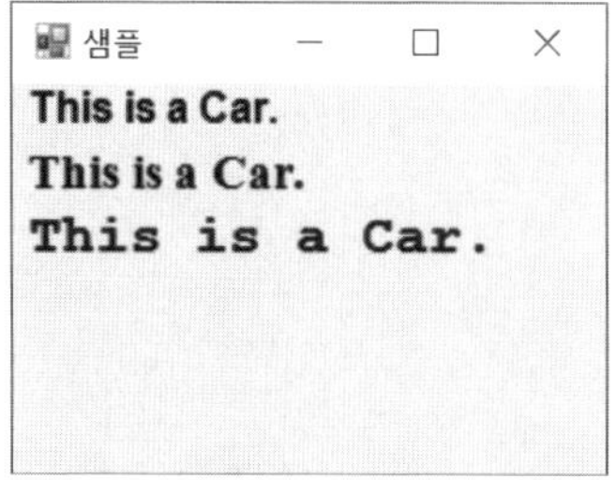

여기에서는

폰트를 작성해서 라벨에 설정한다

는 코드를 작성합니다. 이 코드에서는 3종류의 폰트를 사용합니다.

또한, 폰트 패밀리명과 크기, 스타일을 지정합니다.

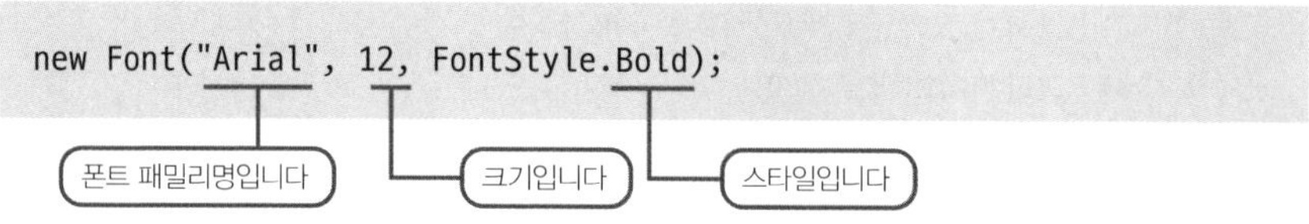

Windows의 대표적인 폰트 패밀리명에는 다음과 같은 것이 있습니다. 지정해 보면 좋겠죠?

표 7-3 폰트 패밀리명

종류	설명
Arial	고딕체의 한 종류
Times New Roman	명조체의 한 종류
Courier New	폭이 같은 서체의 한 종류

또한, 지정할 수 있는 스타일에는 다음이 있습니다.

표 7-4 폰트 스타일(System.Drawing.FontStyle 열거체)

종류	설명
Regular	기본
Bold	굵은
Italic	이탤릭
Underline	아래선
Strikeout	취소선

조금 전의 샘플에서 배운 문자를 덧붙여서 표시되는 텍스트의 위치를 바꿀 수도 있습니다. 확인해 보세요.

Sample4의 관련 클래스

클래스	설명
System.Drawing.Font 클래스	
Font(FontFamily ff, float s, FontStyle fs) 컨스트럭터	폰트 패밀리명 · 크기 · 스타일을 지정해서 폰트를 초기화한다
System.Windows.Forms.Control 클래스	
Font 프로퍼티	폰트를 설정 · 얻는다

크기의 자동 변경

여기에서는 라벨의 폭을 지정해서 라벨에 긴 텍스트를 표시하도록 합니다.

이 방법 외에도 라벨의 크기를 텍스트에 맞춰서 자동으로 변경할 수 있습니다. 이를 위해서는 라벨의 AutoSize 프로퍼티를 true로 설정합니다. 목적에 맞춰서 이용해 보면 좋을 것입니다.

또한, 다른 각종 컨트롤도 AutoSize 프로퍼티를 true로 해서 컨트롤의 크기를 내용에 대응해 자동으로 변경할 수 있습니다. 다만, 픽처 박스를 이미지의 크기에 대응해 자동 변경을 할 때에는 SizeMode 프로퍼티의 값을 PictureBoxMode.Autosize로 설정합니다.

7.3 버튼

버튼의 종류를 안다

이 절에서는 버튼(Button)에 대해서 더욱 자세히 배워봅시다. 버튼에는 여러 가지 종류가 있습니다.

표 7-5 버튼의 종류

종류	설명	이미지
버튼(Button)	일반적인 버튼	확인
체크박스(CheckBox)	「예」 또는 「아니오」의 선택을 할 때 사용하는 버튼	☑ 트럭
라디오버튼(RadioButton)	여러 항목으로부터 하나만을 선택할 때 사용하는 버튼	◉ 트럭

이중에서 지금까지는 일반적인 버튼(Button)을 사용해 왔습니다.

먼저 일반적인 버튼을 복습하기 위해서 다음의 코드를 입력해 봅시다.

Sample5.cs ▶ 버튼을 사용한다

```
using System;
using System.Windows.Forms;

class Sample5 : Form
{
    private Label lb;
    private Button bt;
```

```
    public static void Main()
    {
        Application.Run(new Sample5());
    }
    public Sample5()
    {
        this.Text = "샘플";
        this.Width = 250; this.Height = 100;

        lb = new Label();
        lb.Text = "어서 오세요";
        lb.Dock = DockStyle.Top;

        bt = new Button();
        bt.Text = "구입";
        bt.Dock = DockStyle.Bottom;

        bt.Click += new EventHandler(bt_Click);

        lb.Parent = this;
        bt.Parent = this;
    }
    public void bt_Click(Object sender, EventArgs e)
    {
        lb.Text = "구입해 주셔서 고맙습니다.";
        bt.Enabled = false;        // 버튼을 무효로 설정합니다
    }
}
```

Sample5의 실행 화면

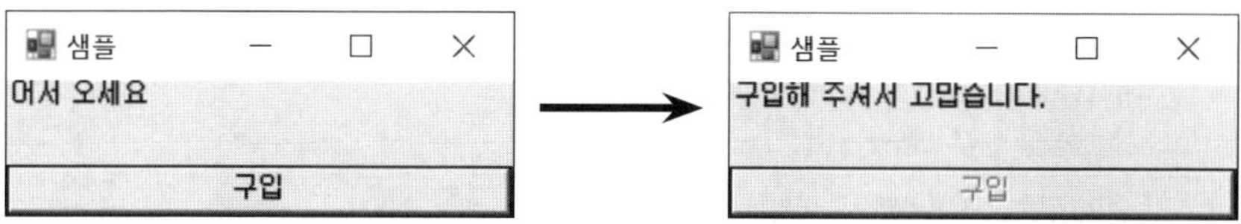

여기에서는

버튼을 무효로 해서 사용할 수 없게 한다

라는 설정을 합니다. 버튼에 한하지 않고 컨트롤에서는 사용자가 잘못된 조작을 하지 않도록 컨트롤을 무효로 설정하는 경우가 있습니다. 기억해 두면 편리하겠죠?

Sample5의 관련 클래스

클래스	설명
System.Windows.Forms.Button 클래스	
Button()의 컨스트럭터	버튼을 작성한다
System.Windows.Forms.Control 클래스	
Enabled 프로퍼티	유효/무효를 설정 · 얻는다

체크박스의 구조를 안다

이번은 다른 종류의 버튼을 소개합시다. 먼저 처음으로 **체크박스**(CheckBox)를 소개합니다. 체크박스는 어떤 항목에 대해서 「예」 또는 「아니오」 대답을 입력하기 위한 버튼입니다.

Sample6.cs ▶ 체크박스를 사용한다

```
using System;
using System.Windows.Forms;

class Sample6 : Form
{
    private Label lb;
    private CheckBox cb1, cb2;
    private FlowLayoutPanel flp;
```

```
public static void Main()
{
    Application.Run(new Sample6());
}
public Sample6()
{
    this.Text = "샘플";
    this.Width = 250; this.Height = 200;

    lb = new Label();
    lb.Text = "어서 오세요";
    lb.Dock = DockStyle.Top;

    cb1 = new CheckBox();
    cb2 = new CheckBox();

    cb1.Text = "자동차";
    cb2.Text = "트럭";

    flp = new FlowLayoutPanel();
    flp.Dock = DockStyle.Bottom;

    cb1.Parent = flp;
    cb2.Parent = flp;

    lb.Parent = this;
    flp.Parent = this;

    cb1.CheckedChanged += new EventHandler(cb_CheckedChanged);
    cb2.CheckedChanged += new EventHandler(cb_CheckedChanged);
}
public void cb_CheckedChanged(Object sender, EventArgs e)
{
    CheckBox tmp = (CheckBox)sender;
    if(tmp.Checked == true)
    {
```

체크가 변경되었을 때 호출됩니다

체크 마크를 넣었을 때에…

Lesson 7

```
            lb.Text =  tmp.Text + "을(를) 선택했습니다";
        }
        else if (tmp.Checked == false)
        {
            lb.Text = tmp.Text + "을(를) 해제했습니다";
        }
    }
}
```

텍스트를 변경합니다

체크 마크를 뺐을 때도…

텍스트를 변경합니다

Sample6의 실행 화면

여기에서는 CheckBox 클래스의 CheckedChanged 이벤트를 처리합니다. 이 이벤트는 체크박스의 체크 마크를 변경했을 때 발생합니다. CheckedChanged 이벤트를 처리함으로써 체크 마크를 넣었을 때 · 뺐을 때에 라벨의 텍스트를 변경하는 처리를 시행하는 것입니다.

Sample6의 관련 클래스

클래스	설명
System.Windows.Forms.CheckBox 클래스	
CheckBox() 컨스트럭터	지정한 텍스트를 가진 체크박스를 작성한다
Checked 프로퍼티	체크를 설정 · 얻는다
CheckedChanged 이벤트	체크가 변경되는 이벤트
System.Windows.Forms.ButtonBase 클래스	
Text 프로퍼티	버튼의 텍스트를 반환한다

캐스트를 시행한다

여기에서는 체크박스를 판별하기 위해서 이벤트 핸들러 내에서 인수 sender로서 전달된 소스를 체크박스형으로 변경합니다.

```
public void cb_CheckedChanged(Object sender, EventArgs e)
{
    CheckBox tmp = (CheckBox)sender;
    ...
}
```

Object 클래스의 오브젝트를…
CheckBox 클래스로 형변환합니다

sender 형은 「Object」로 되어 있습니다. Object는 컨트롤이나 윈도를 나타내는 클래스의 기본 클래스입니다. 기본 클래스의 오브젝트로 전달된 소스를 체크박스 등의 구체적인 컨트롤로서 다루기 위해서는 **형변환(캐스트)**이라는 처리를 시행해야 합니다.

캐스트를 하려면 () 안에 변환하려는 형을 나타냅니다. 여기에서는 CheckBox 클래스로 변환하는 처리입니다.

이처럼 기본 클래스의 형을 파생 클래스의 형으로 하는 경우에는 형변환을 시행하기도 합니다. 형변환을 시행하는 경우는 한정되어 있습니다. 예를 들어, 다음과 같은 경우에 캐스트를 시행할 수 있습니다.

- 기본 클래스를 파생 클래스로 변환한다
- 수치형에서 다른 수치형으로 변환한다

다만, 형변환을 시행하면 변환하려는 형에 의해 표현할 수 없는 정보가 상실되는 경우도 있습니다.

중요 | 캐스트에 의해 형을 변환할 수 있는 경우도 있다.

라디오버튼의 구조를 안다

라디오버튼(RadioButton)을 배웁시다. 라디오버튼은 여러 개의 선택지 중에서 하나의 항목을 선택하기 위한 컨트롤입니다. 하나를 선택하면 다른 항목의 선택이 자동으로 제외됩니다.

라디오버튼에는 여러 개의 선택지를 그룹화하기 위해서 **그룹박스**(GroupBox)라는 컨트롤과 함께 사용합니다. 바로 코드를 입력해 봅시다.

Sample7.cs ▶ 라디오버튼을 사용한다

```
using System;
using System.Windows.Forms;

class Sample7 : Form
{
    private Label lb;
    private RadioButton rb1, rb2;
    private GroupBox gb;

    public static void Main()
    {
        Application.Run(new Sample7());
    }
    public Sample7()
    {
        this.Text = "샘플";
        this.Width = 300; this.Height = 200;

        lb = new Label();
        lb.Text = "어서 오세요";
        lb.Dock = DockStyle.Top;

        rb1 = new RadioButton();
        rb2 = new RadioButton();
```

```
        rb1.Text = "자동차";
        rb2.Text = "트럭";
        rb1.Checked = true;

        rb1.Dock = DockStyle.Left;
        rb2.Dock = DockStyle.Right;

        gb = new GroupBox();       ●── 그룹박스를 작성합니다
        gb.Text = "종류";
        gb.Dock = DockStyle.Bottom;

        rb1.Parent = gb; ─┐
        rb2.Parent = gb; ─┘── 그룹박스에 라디오버튼을 추가합니다

        lb.Parent = this;
        gb.Parent = this;

        rb1.Click += new EventHandler(rb_Click);
        rb2.Click += new EventHandler(rb_Click);
    }
    public void rb_Click(Object sender, EventArgs e)
    {
        RadioButton tmp = (RadioButton)sender;
        lb.Text = tmp.Text + "을(를) 선택했습니다";
    }
}
```

Sample7의 실행 화면

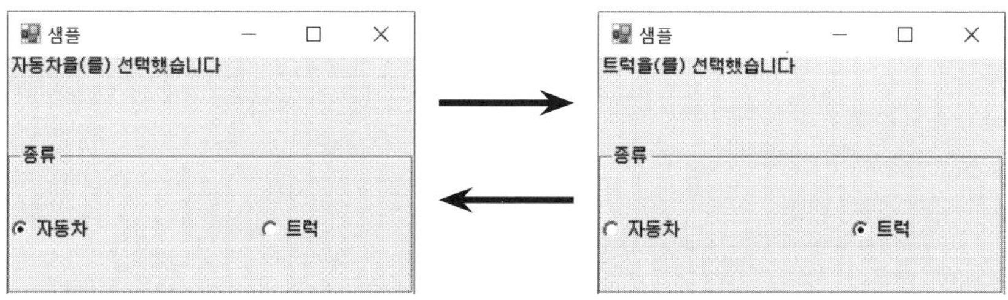

여기에서는 「트럭」 항목에 체크를 하면 같은 그룹 내의 「자동차」 항목의 체크가 제외됩니다.

이처럼 여러 개의 라디오버튼을 하나의 그룹으로 하기 위해서

라디오버튼을 그룹박스에 추가한다

는 처리를 합니다. 다른 것은 일반적인 버튼을 다루는 경우와 같습니다.

Sample7의 관련 클래스

클래스	설명
System.Windows.Forms.RadioButton 클래스	
RadioButton() 컨스트럭터	라디오버튼을 작성한다
System.Windows.Forms.GroupBox 클래스	
GroupBox() 컨스트럭터	그룹박스를 작성한다

Object

이벤트 핸들러의 인수로서 사용되는 Object는 C#에서는 「object」로 표시할 수도 있습니다. 이 책에서는 「Object」의 표기를 사용합니다.

7.4 텍스트박스와 리스트박스

텍스트박스의 구조를 안다

이 절에서는 텍스트박스(TextBox)라는 컨트롤을 사용해 봅시다.

지금까지 문자열을 표시하는 컨트롤인 라벨을 사용한 것을 떠올려 보세요. 텍스트박스를 사용하면 텍스트를 표시하는 것뿐만 아니라 사용자로부터의 입력을 받을 수도 있습니다.

Lesson 7

Sample8.cs ▶ 텍스트박스를 사용한다

```
using System;
using System.Windows.Forms;

class Sample8 : Form
{
    private Label lb;
    private TextBox tb;

    public static void Main()
    {
        Application.Run(new Sample8());
    }
    public Sample8()
    {
        this.Text = "샘플";
        this.Width = 250; this.Height = 200;
```

```
        lb = new Label();
        lb.Text = "어서 오세요";
        lb.Dock = DockStyle.Top;

        tb = new TextBox();
        tb.Dock = DockStyle.Bottom;

        lb.Parent = this;
        tb.Parent = this;

        tb.KeyDown += new KeyEventHandler(tb_KeyDown);
    }
    public void tb_KeyDown(Object sender, KeyEventArgs e)
    {
        TextBox tmp = (TextBox)sender;
        if (e.KeyCode == Keys.Enter)
        {
            lb.Text = tmp.Text + "을(를) 선택했습니다";
        }
    }
}
```

텍스트박스를 작성합니다

Enter 키가 입력되면…

텍스트박스의 텍스트를 얻습니다

Sample8의 실행 화면

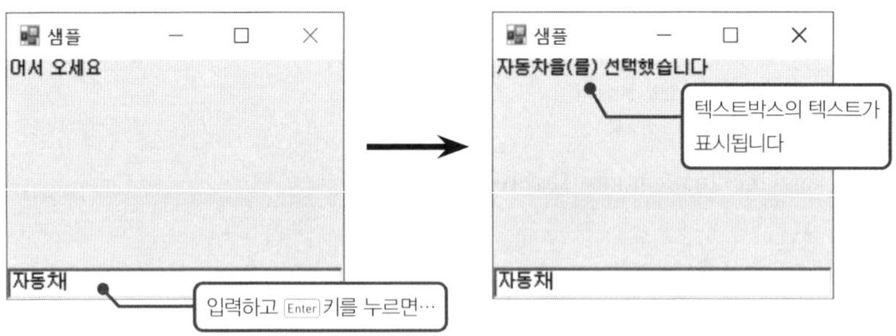

이 샘플을 실행하면 텍스트박스에 「자동차」나 「트럭」 등 텍스트를 입력할 수가 있습니다. 텍스트를 입력하고 Enter 키를 누르면 그 내용이 라벨에 설정됩니다.

Enter 키의 눌림을 알아보기 위해 KeyDown 이벤트를 처리합니다.

Sample8의 관련 클래스

클래스	설명
System.Windows.Forms.TextBox 클래스	
TextBox() 컨스트럭터	텍스트박스를 작성한다
System.Windows.Forms.TextBoxBase 클래스	
Text 프로퍼티	텍스트박스 계열 컨트롤의 텍스트를 설정·얻는다

리스트박스의 구조를 안다

리스트박스(ListBox)는

여러 개의 항목 중에서 어떤 항목을 선택한다

는 컨트롤입니다.

바로 다음의 코드를 입력하세요.

Sample9.cs ▶ 리스트를 이용한다

```
using System;
using System.Windows.Forms;

class Sample9 : Form
{
    private Label lb;
    private ListBox lbx;

    public static void Main()
    {
        Application.Run(new Sample9());
```

```
    }
    public Sample9()
    {
        string[] str = {"승용차", "트럭", "오픈카",
                        "택시", "스포츠카", "미니카",
                        "자동차", "이륜차", "바이크",
                        "비행기", "헬리콥터", "로켓"};

        this.Text = "샘플";
        this.Width = 250; this.Height = 200;

        lb = new Label();
        lb.Text = "어서 오세요";
        lb.Dock = DockStyle.Top;

        lbx = new ListBox();

        for (int i = 0; i < str.Length; i++)
        {
            lbx.Items.Add(str[i]);
        }
        lbx.Top = lb.Bottom;

        lb.Parent = this;
        lbx.Parent = this;

        lbx.SelectedIndexChanged += new EventHandler(lbx_
SelectedIndexChanged);
    }
    public void lbx_SelectedIndexChanged(Object sender, EventArgs e)
    {
        ListBox tmp = (ListBox)sender;

        lb.Text = tmp.Text + "을(를) 선택했습니다";
    }
}
```

❶ 리스트박스의 데이터를 준비합니다

❷ 리스트박스를 작성합니다

항목을 선택했을 때 이 메서드가 호출되어 처리됩니다

Sample9의 실행 화면

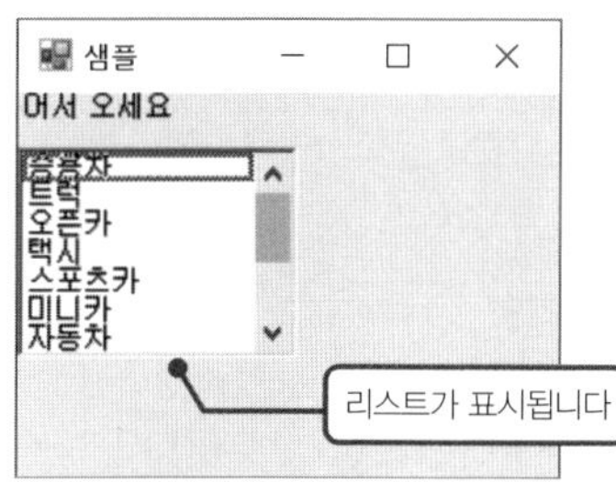

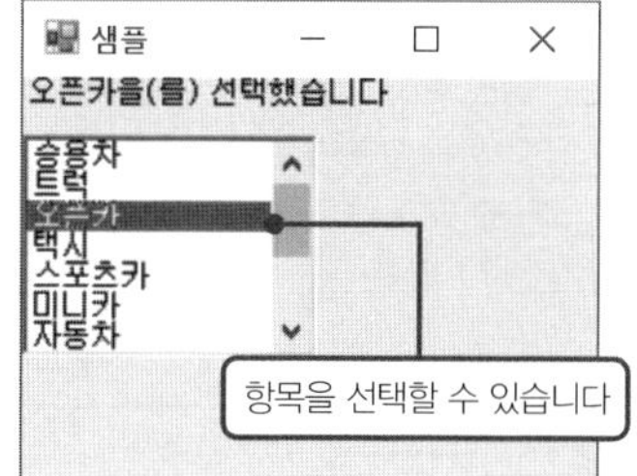

이 샘플에서는 리스트박스의 항목을 선택했을 때 그 이름이 라벨에 표시됩니다.

여기에서는 리스트박스의 SelectedIndexChanged 이벤트를 처리합니다.

이 이벤트를 처리하는 이벤트 핸들러를 EventHandler(Object sender, EventArgs e)에 의해 등록함으로써 리스트 항목을 선택했을 때에 처리를 시행하는 프로그램을 작성할 수 있는 것입니다.

Sample9의 관련 클래스

클래스	설명
System.Windows.Forms.ListBox 클래스	
ListBox() 컨스트럭터	리스트박스를 작성한다
Items 프로퍼티	리스트박스의 아이템을 얻는다
SelectedIndexChanged 이벤트	리스트의 선택이 변경되는 이벤트
System.Windows.Forms.ListBox.ObjectCollection 클래스	
int Add(Objectitem) 메서드	아이템을 추가한다

콤보박스

리스트박스와 비슷한 컨트롤로 **콤보박스**(ComboBox)가 있습니다. 콤보박스는 리스트와 사용법이 같으나, 표시되는 것은 1행뿐이며 다른 항목은 오른쪽 끝의 버튼을 클릭했을 때에 드롭다운됩니다.

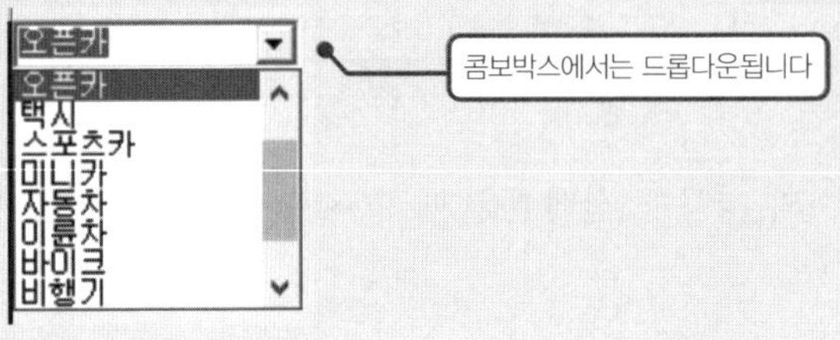

7.5 메뉴

메뉴의 구조를 안다

지금까지 여러 가지 컨트롤을 배웠습니다. 다음으로 보조적인 역할을 가진 컨트롤에 대해서 배웁시다.

윈도에는 메뉴를 붙일 수 있습니다. 바로 확인해 봅시다.

Lesson 7

Sample10.cs ▶ 메뉴를 사용한다

```
using System;
using System.Windows.Forms;

class Sample10 : Form
{
    private Label lb;
    private MenuStrip ms;
    private ToolStripMenuItem[] mi = new ToolStripMenuItem[10];

    public static void Main()
    {
        Application.Run(new Sample10());
    }
    public Sample10()
    {
        this.Text = "샘플";
        this.Width = 250; this.Height = 200;
```

```
lb = new Label();
lb.Text = "어서 오세요";
lb.Dock = DockStyle.Bottom;

ms = new MenuStrip();
mi[0] = new ToolStripMenuItem("메인1");
mi[1] = new ToolStripMenuItem("메인2");
mi[2] = new ToolStripMenuItem("서브1");
mi[3] = new ToolStripMenuItem("서브2");
mi[4] = new ToolStripMenuItem("승용차");
mi[5] = new ToolStripMenuItem("트럭");
mi[6] = new ToolStripMenuItem("오픈카");
mi[7] = new ToolStripMenuItem("택시");
mi[8] = new ToolStripMenuItem("스포츠카");
mi[9] = new ToolStripMenuItem("미니카");

mi[0].DropDownItems.Add(mi[4]);
mi[0].DropDownItems.Add(mi[5]);

mi[1].DropDownItems.Add(mi[2]);
mi[1].DropDownItems.Add(new ToolStripSeparator());
mi[1].DropDownItems.Add(mi[3]);
mi[2].DropDownItems.Add(mi[6]);
mi[2].DropDownItems.Add(mi[7]);
mi[3].DropDownItems.Add(mi[8]);
mi[3].DropDownItems.Add(mi[9]);

ms.Items.Add(mi[0]);
ms.Items.Add(mi[1]);

this.MainMenuStrip = ms;

ms.Parent = this;
lb.Parent = this;
```

❶ 메인 메뉴를 작성합니다

❷ 메뉴 항목을 작성합니다

❸ 드롭다운 항목을 설정합니다

세퍼레이터입니다

❹ 가장 위의 메뉴를 설정합니다

❺ 폼의 메뉴를 설정합니다

메뉴가 표시됩니다

```
        for (int i = 4; i < mi.Length; i++)
        {
            mi[i].Click += new EventHandler(mi_Click);
        }
    }
    public void mi_Click(Object sender, EventArgs e)
    {
        ToolStripMenuItem mi = (ToolStripMenuItem)sender;
        lb.Text = mi.Text + "입니다";
    }
}
```

Sample10의 실행 화면

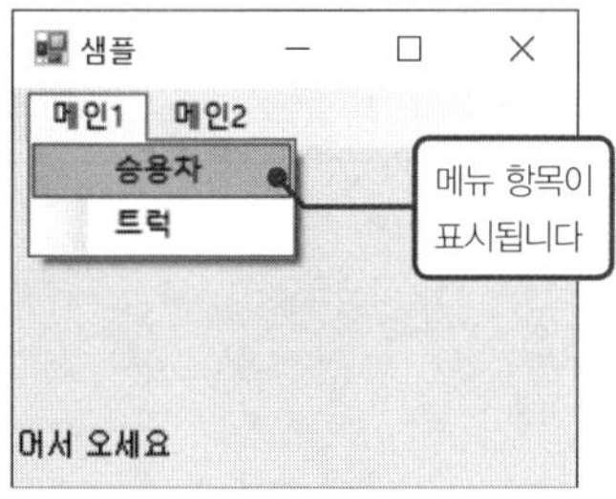

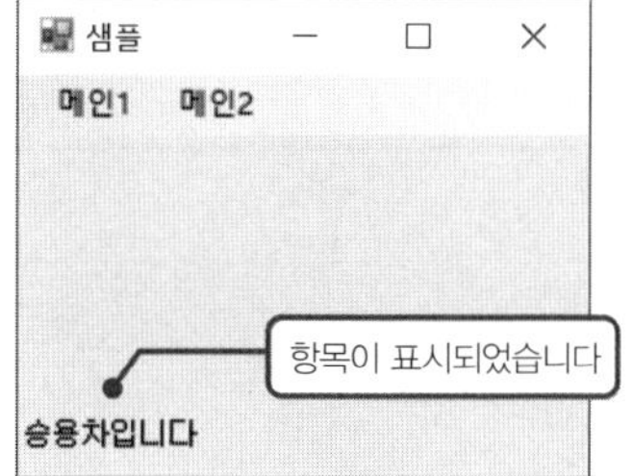

이 샘플에서는 메뉴를 선택했을 때 라벨의 표시가 변경되게 했습니다. 메뉴는 다음과 같은 순서로 작성됩니다.

❶ 메인 메뉴(MenuStrip)를 작성한다

❷ 메뉴 아이템(ToolStripMenuItem)을 작성한다

❸ 드롭다운하는 메뉴 아이템을 부모 메뉴 아이템에 추가한다

❹ 드롭다운하지 않는 최상위의 메뉴 아이템을 메인 메뉴에 추가한다

❺ 메인 메뉴를 폼에 추가한다

메뉴 아이템(ToolStipMenuItem)이 메뉴의 각 항목에 대응합니다. 코드와 실제 프로그램을 비교해서 확인해 보면 좋을 것입니다.

또한 **세퍼레이터**는 메뉴 사이에 넣는 칸막이입니다. ToolStripSeparator() 컨스트럭터를 사용할 수 있습니다.

Sample10의 관련 클래스

클래스	설명
System.Windows.Forms.MenuStrip 클래스	
MenuStrip() 컨스트럭터	메인 메뉴를 작성한다
System.Windows.Forms.ToolStripMenuItem 클래스	
ToolStripMenuItem() 컨스트럭터	메뉴를 작성한다
DropDownItems 프로퍼티	드롭다운 항목을 설정한다
System.Windows.Forms.ToolStripSeparator 클래스	
ToolStripSeparator() 컨스트럭터	세퍼레이터를 작성한다
System.Windows.Forms.Form 클래스	
MainMenuStrip 프로퍼티	메인 메뉴를 설정한다

7.6 다이얼로그(대화상자)

메시지박스를 표시한다

이 절에서는 메시지를 표시하기 위한 새로운 윈도에 대해서 배웁시다.

메시지를 표시하는 작은 윈도는 **메시지박스**(MessageBox)라고 합니다. 먼저 다음 코드를 입력하세요.

Lesson 7

Sample11.cs ▶ 메시지박스를 표시한다

```
using System;
using System.Windows.Forms;

class Sample11 : Form
{
    private Label lb;
    private Button bt;

    public static void Main()
    {
        Application.Run(new Sample11());
    }
    public Sample11()
    {
        this.Text = "샘플";
        this.Width = 250; this.Height = 200;

        lb = new Label();
```

```
        lb.Text = "어서 오세요";
        lb.Dock = DockStyle.Top;

        bt = new Button();
        bt.Text = "구입";
        bt.Dock = DockStyle.Bottom;

        lb.Parent = this;
        bt.Parent = this;

        bt.Click += new EventHandler(bt_Click);
    }
    public void bt_Click(Object sender, EventArgs e)
    {
        MessageBox.Show("구입해 주셔서 고맙습니다", "구입");
    }
}
```

메시지박스를 표시합니다

Sample11의 실행 화면

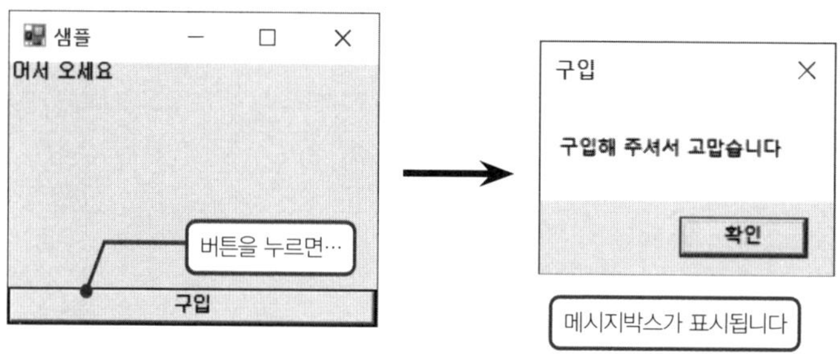

타이틀과 메시지를 가진 간단한 메시지박스가 표시됩니다. 타이틀과 메시지를 인수로서 지정합니다.

중요 | 간단한 메시지를 표시하는 데는 MessageBox 클래스를 사용한다.

Sample11의 관련 클래스

클래스	설명
System.Windows.Forms.MessageBox 클래스	
DialogResult Show(strings,stringt) 메서드	메시지박스에 메시지와 타이틀을 표시한다

메시지박스를 변경한다

메시지박스에는 「확인」이라는 하나의 버튼이 표시되었습니다. 메시지박스를 표시할 때에는 표시되는 버튼의 종류, 아이콘을 지정할 수 있습니다. 이번에는 이벤트 핸들러만을 다음과 같이 바꿔보세요.

Lesson 7

Sample12.cs ▶ 메시지박스를 변경한다

```
...
    public void bt_Click(Object sender, EventArgs e)
    {
        DialogResult dr = MessageBox.Show("정말로 구입하시나요?", "확인",
                             MessageBoxButtons.YesNo, MessageBoxIcon.Question);
        if (dr == DialogResult.Yes)
        {
            MessageBox.Show("구입해 주셔서 고맙습니다", "구입",
                                 MessageBoxButtons.OK,
                                 MessageBoxIcon.Information);
        }
    }
}
```

버튼을 지정합니다

아이콘을 지정합니다

Sample12의 실행 화면

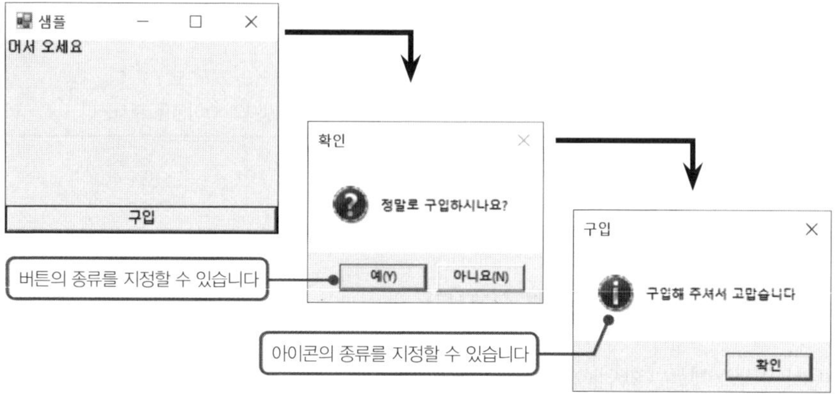

이 샘플에서는 버튼이 눌렸을 때에 다음의 처리를 시행합니다.

❶ 「예」「아니오」 버튼을 가진 메시지박스를 표시한다

❷ 사용자가 「예」를 눌렀을 때만 「확인」 버튼을 누르는 메시지박스를 표시한다

❶에서는 「예」「아니오」 버튼을 표시하고, ❷에서는 「확인」 버튼을 표시합니다.

「예」 버튼을 눌렀을 때, MessageBox 클래스의 Show() 메서드는 DialogResult 형의 값 DialogResult.YES를 반환합니다. 그래서 사용자가 「예」를 눌렀을 때만 다음의 메시지박스를 표시하는 것입니다.

또한, Show() 메시지의 3번째 인수로서 지정할 수 있는 버튼의 종류는 다음과 같습니다.

표 7-6 주요 메시지박스의 버튼 종류(System.Windows.Forms.MessageButtons 열거체)

종류	표시
OK	확인
OKCancel	확인 취소
YesNo	예(Y) 아니요(N)
YesNoCancel	예(Y) 아니요(N) 취소

또한, Show() 메서드의 4번째 인수의 지정에 의해 메시지박스에 표시되는 아이콘도 바뀝니다. 여기에서는 오류, 정보, 경고, 질문의 아이콘을 표시할 수 있습니다. 메시지 내용에 맞는 아이콘을 사용하면 좋을 것입니다.

표 7-7 아이콘의 종류(System.Windows.Forms.MessageBoxIcon 열거체)

종류	내용	표시
Error	오류 아이콘	
Information	정보 아이콘	
Warning	경고 아이콘	
Question	질문 아이콘	

폼을 모달로 표시한다

메시지박스는 간단하게 메시지를 전달하고 싶을 때에 편리합니다. 그러나 더욱 많은 정보를 자유롭게 전달하고 싶을 때가 있습니다. 이번에는 버튼을 눌렀을 때 새로운 폼을 작성하고, 표시해 봅시다.

Sample13.cs ▶ 모달로 표시한다

```
using System;
using System.Windows.Forms;

class Sample13 : Form
{
    private Label lb;
    private Button bt;

    public static void Main()
```

```
    {
        Application.Run(new Sample13());
    }
    public Sample13()
    {
        this.Text = "샘플";
        this.Width = 250; this.Height = 200;

        lb = new Label();
        lb.Text = "어서 오세요";
        lb.Dock = DockStyle.Top;

        bt = new Button();
        bt.Text = "구입";
        bt.Dock = DockStyle.Bottom;

        lb.Parent = this;
        bt.Parent = this;

        bt.Click += new EventHandler(bt_Click);
    }
    public void bt_Click(Object sender, EventArgs e)
    {
       SampleForm sf = new SampleForm();    ← ❷ 새로운 폼을 작성합니다
       sf.ShowDialog();    ← ❸ 새로운 폼을 모달로 표시합니다
    }
}

class SampleForm : Form    ← ❶ 새로운 폼의 정의입니다
{
    public SampleForm()
    {
        Label lb = new Label();
        Button bt = new Button();
```

```
        this.Text = "사례";
        this.Width = 250; this.Height = 200;

        lb.Text = "고맙습니다";
        lb.Dock = DockStyle.Top;

        bt.Text = "OK";
        bt.DialogResult = DialogResult.OK;
        bt.Dock = DockStyle.Bottom;

        lb.Parent = this;
        bt.Parent = this;
    }
}
```


Sample13의 실행 화면

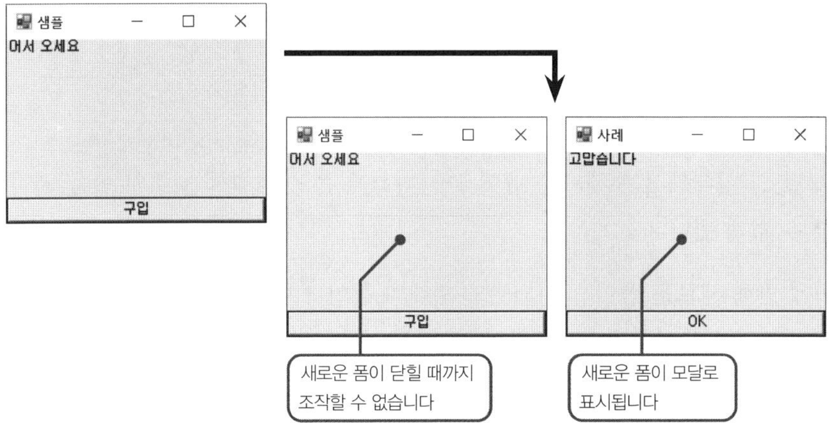

이번은 새로운 폼을 정의해 둡니다. 여기에서는 SampleForm이라는 새로운 폼을 정의합니다. 이 폼은 이제까지 작성한 폼과 마찬가지로 Form 클래스를 확장한 클래스입니다(❶).

이 SampleForm을 작성하고 나서(❷), Form 클래스의 **ShowDialog( ) 메서지**

를 호출해서 폼을 표시합니다(❸).

다만, 이 새로운 폼은 사용자가 「OK」 버튼을 누르거나 폼의 「닫는다」 버튼을 누를 때까지는 다른 윈도 조작을 할 수 없는 상태가 됩니다. 이 상태는 **모달**(modal)이라고 합니다.

중요 | ShowDialog() 메서드로 모달인 폼을 표시할 수 있다.

Sample13의 관련 클래스

클래스	설명
System.Windows.Forms.Form 클래스	
DialogResult ShowDialog() 메서드	폼을 모달로 표시한다
System.Windows.Forms.Button 클래스	
DialogResult 프로퍼티	부모 폼에 반환하는 값을 설정·얻는다

 폼을 모달리스로 표시한다

「모달」인 상태에서는 새로운 폼이 표시되고 있는 상태에서 원래의 폼을 조작할 수 없게 됩니다.

이에 반해 새로운 폼이 표시되어도 원래의 폼이나 다른 폼의 입력도 할 수 있는 경우가 있습니다. 이 상태를 **모달리스**(modeless)라고 합니다.

모달리스로 폼을 표시하려면 표시할 때 **Show() 메서드**를 사용합니다.

Sample14.cs ▶ 모달리스로 표시한다

```
using System;
using System.Windows.Forms;

class Sample14 : Form
```

```
{
    private Label lb;
    private Button bt;

    public static void Main()
    {
        Application.Run(new Sample14());
    }
    public Sample14()
    {
        this.Text = "샘플";
        this.Width = 250; this.Height = 200;

        lb = new Label();
        lb.Text = "어서 오세요";
        lb.Dock = DockStyle.Top;

        bt = new Button();
        bt.Text = "구입";
        bt.Dock = DockStyle.Bottom;

        lb.Parent = this;
        bt.Parent = this;

        bt.Click += new EventHandler(bt_Click);
    }
    public void bt_Click(Object sender, EventArgs e)
    {
        SampleForm sf = new SampleForm();   // 새로운 폼을 작성합니다
        sf.Show();   // 새로운 폼을 모달리스로 표시합니다
    }
}

class SampleForm : Form   // 새로운 폼의 정의입니다
{
```

Lesson 7

```
    public SampleForm()
    {
        Label lb = new Label();
        Button bt = new Button();

        this.Text = "신규";
        this.Width = 250; this.Height = 200;

        lb.Text = "새로운 가게를 시작했습니다";
        lb.Dock = DockStyle.Top;

        bt.Text = "OK";
        bt.Dock = DockStyle.Bottom;

        lb.Parent = this;
        bt.Parent = this;

        bt.Click += new EventHandler(bt_Click);
    }
    public void bt_Click(Object sender, EventArgs e)
    {
        this.Close();
    }
}
```

Sample14의 실행 화면

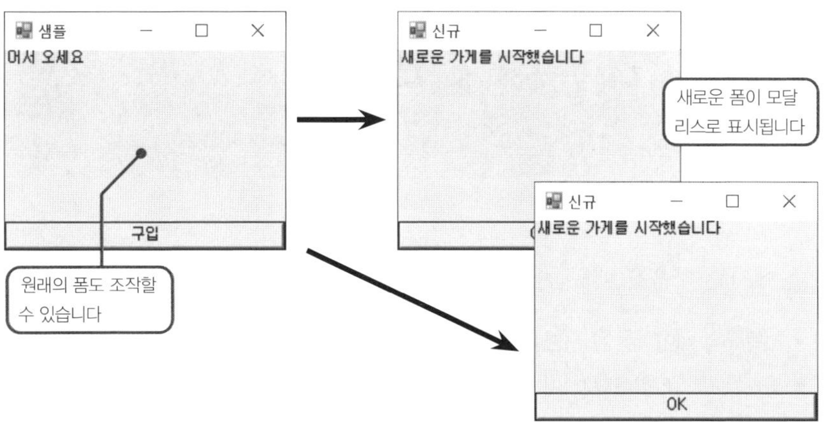
샘플
어서 오세요
구입
원래의 폼도 조작할 수 있습니다
신규
새로운 가게를 시작했습니다
새로운 폼이 모달리스로 표시됩니다
신규
새로운 가게를 시작했습니다
OK

이번은 새로운 폼이 표시되어도 원래의 폼을 조작할 수 있습니다. 새로운 폼을 2개 이상 표시할 수도 있습니다.

중요 | show() 메서드로 모달리스인 폼을 표시할 수 있다.

Sample14의 관련 클래스

클래스	설명
System.Windows.Forms.Control 클래스	
void Show() 메서드	컨트롤을 모달리스로 표시한다

모달과 모달리스

모달에서는 다이얼로그 박스를 닫지 않으면 다음 조작을 할 수 없기 때문에 프로그램의 코드가 간결해집니다. 한편, 모달리스에서는 다음 조작을 할 수 있기 때문에 코드의 작성이 복잡해지지만 사용자의 조작에는 유연성이 생깁니다. 차이점에 주의해서 구분해 사용하면 좋겠죠?

7.7 레슨의 정리

이 장에서는 다음을 배웠습니다.

- 컨트롤의 레이아웃을 시행하는 패널을 사용할 수 있습니다.
- 라벨은 텍스트를 표시하기 위한 컨트롤입니다.
- 버튼은 사용자의 조작을 받아들이기 위한 컨트롤입니다.
- 버튼의 일종으로서 체크박스, 라디오버튼이 있습니다.
- 텍스트박스는 텍스트를 입력하기 위한 컨트롤입니다.
- 리스트박스는 여러 개의 데이터를 표시하는 컨트롤입니다.
- 윈도에 메뉴를 붙일 수 있습니다.
- 메시지를 표시하는 다이얼로그 박스를 만들 수 있습니다.

이 장에서는 컨트롤에 대해서 배웠습니다. 이러한 지식을 이용하면 보기 좋은 프로그램을 작성할 수 있습니다. 사용자가 사용하기 쉬운 프로그램을 작성해야 합니다. 다양한 컨트롤을 잘 사용할 수 있게 합시다.

연습문제

1. 라디오버튼을 체크하면 라벨의 색이 변화하는 프로그램을 작성하세요.

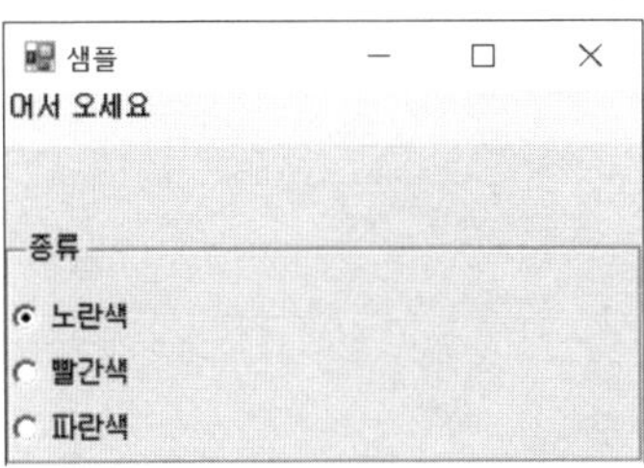

2. 라디오버튼을 체크하면 라벨의 폰트가 변화하는 프로그램을 작성하세요.

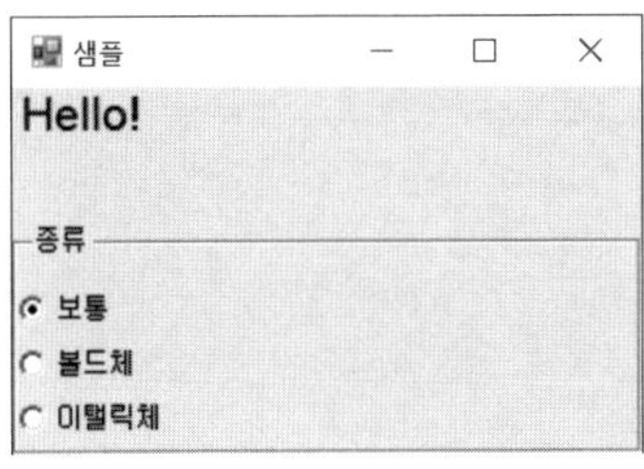

*역자 주: 책의 뒷부분에 정답이 있습니다.

Lesson 8

그래픽

프로그램의 처리 중에 이미지에 관한 처리를 시행하고자 할 때가 있습니다. 이미지 처리를 시행하려면 다양한 방법으로 이미지를 그려야 합니다. 이 장에서는 이미지 처리에 관한 기법을 배웁시다. 또한 수학·날짜·시각 등에 관한 처리도 소개합니다.

Check Point!

- Paint 이벤트
- Graphics 클래스
- 수학 클래스
- Timer 클래스
- 날짜 클래스

8.1 그래픽의 기본

이미지를 처리한다

이 장에서는 그리기에 관한 처리에 대해서 살펴봅시다.

우리는 픽처 박스를 사용해서 이미지를 읽어 들여 표시합니다. 그러나 이제까지의 프로그램은 프로그램의 처리 중에도 변화하지 않는 이미지를 표시하는 것에 지나지 않습니다. 윈도 상에서 고도의 이미지 처리를 하며 동작하는 프로그램을 작성해 나가기 위해서는 이제까지의 지식만으로는 충분하지 않습니다. 고도의 이미지 처리를 시행하기 위해서는 프로그램 처리 중에 여러 가지 방법으로 이미지를 그려야 합니다.

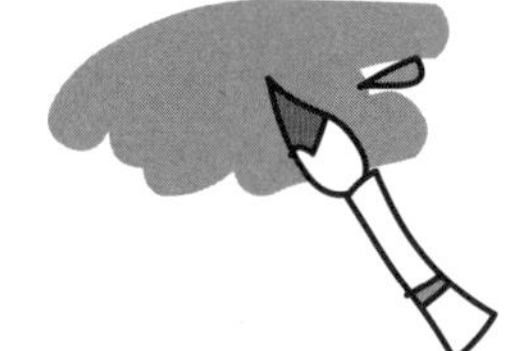

폼에 그리기를 한다

그리기를 시행하려면 이제까지 컨트롤을 다룰 때에 이용해 온 이벤트 처리의 구조를 이용합니다.

이번에는

Paint 이벤트

를 처리합니다. 이것은 소스를 그리는 이벤트입니다.

예를 들어, 폼에 그리고 싶은 경우에는 PaintEventHandler(Object sender, PaintEventArgs e) 델리게이터에 의해 이벤트 핸들러를 설계 · 등록해야 합니다.

```
this.Paint += new PaintEventHandler(fm_Paint);
```

Paint 이벤트를 처리하는 이벤트 핸들러를 등록합니다

이 이벤트 핸들러 내에서 **Graphics 클래스**의 오브젝트를 얻습니다. 이 오브젝트의 메서드를 사용해서 여러 가지 이미지 처리를 시행하는 것입니다. 또한 이벤트 핸들러의 두 번째 인수는 PaintEventArgs로 해야 합니다.

```
public static void fm_Paint(Object sender, PaintEventArgs e)
{
    Graphics g = e.Graphics;
    g.DrawImage(im, 0, 0);
}
```

그래픽 오브젝트를 얻습니다

그리기를 시행합니다

중요 | 그리기를 시행하려면 Paint 이벤트를 처리하는 이벤트 핸들러를 설계한다.

Lesson 8

이미지를 그리기 · 회전한다

어떤 이미지 처리를 시행할 수 있는 것일까요? 실제로 코드를 작성하며 살펴봅시다.

Sample1.cs ▶ 이미지를 회전한다

```
using System;
using System.Windows.Forms;
using System.Drawing;

class Sample1 : Form
{
    private Image im;
```

```
    public static void Main()
    {
        Application.Run(new Sample1());
    }
    public Sample1()
    {
        this.Text = "샘플";
        this.Width = 250; this.Height = 200;

        im = Image.FromFile("c:₩₩car.bmp");

        this.Click += new EventHandler(fm_Click);
        this.Paint += new PaintEventHandler(fm_Paint);
    }
    public void fm_Click(Object sender, EventArgs e)
    {
        im.RotateFlip(RotateFlipType.Rotate90FlipNone);
        this.Invalidate();
    }
    public void fm_Paint(Object sender, PaintEventArgs e)
    {
        Graphics g = e.Graphics;

        g.DrawImage(im, 0, 0);
    }
}
```

그리기 이벤트 핸들러를 등록합니다

회전합니다

회전 후의 상태에서 다시 그립니다

그리기 이벤트 핸들러입니다

이미지를 그립니다

Sample1의 실행 화면

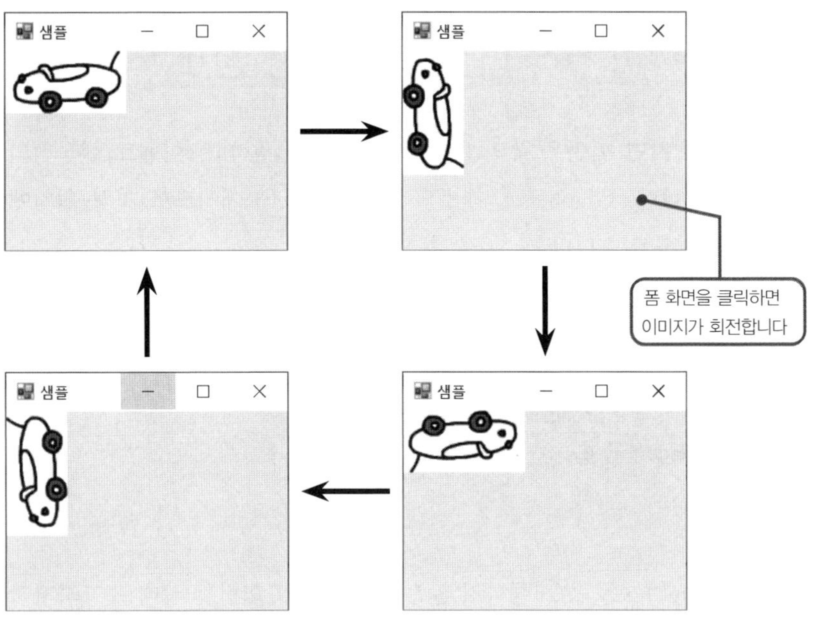

여기에서는 클릭한 경우에 처리되는 이벤트 핸들러 내에서 이미지의 회전을 시행합니다.

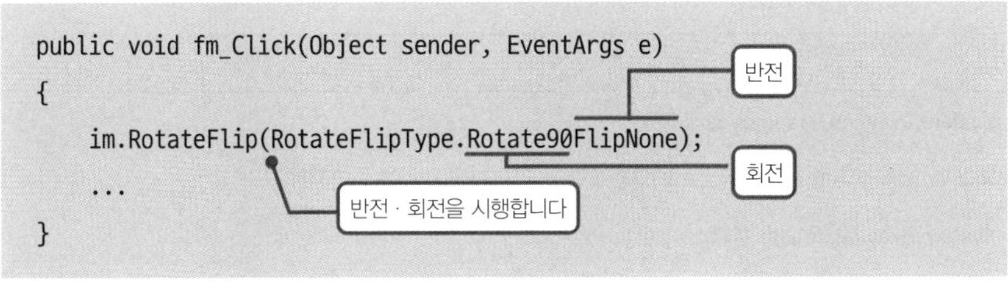

```
public void fm_Click(Object sender, EventArgs e)
{
    im.RotateFlip(RotateFlipType.Rotate90FlipNone);
    ...
}
```


RotateFlipType 열거체의 멤버명으로서 Rotate「회전」, Flip「반전」 지정을 할 수 있습니다.

- **회전** … None, 90, 180, 270
- **반전** … None, X, XY, Y

회전을 시행했다면 폼 화면을 회전 후의 상태에서 다시 그려야 합니다.

그래서 폼을 다시 그리는 메서드인 Invalidate( ) 메서드를 호출합니다.

```
this.Invalidate();  ← 자기 자신(폼)의 다시 그리기를 시행합니다
```

이 호출이 이뤄지면 이번은 폼의 Paint 이벤트가 발생하고, 이벤트 핸들러의 처리가 이뤄집니다. Graphics 클래스의 DrawImage( ) 메서드로 지정 위치에 이미지를 그릴 수 있습니다.

```
public void fm_Paint(Object sender, PaintEventArgs e)   ← 폼을 그리는 이벤트 핸들러입니다
{
    Graphics g = e.Graphics;
    g.DrawImage(im, 0, 0);   ← 이미지를 그립니다
}
```

또한, Invalidate( ) 호출을 시행하지 않으면 이미지가 회전한 상태로 그려지지 않으므로 주의하세요. 이미지를 변경한 타이밍에서(클릭했을 때) 그리기를 시행해야 하는 것입니다.

Sample1의 관련 클래스

클래스	설명
System.Drawing.Graphics 클래스	
void DrawImage(Image i, int x, int y) 메서드	지정 위치에 이미지를 그린다
System.Drawing.Image 클래스	
void RotateFlip(RotateFlipType t) 메서드	이미지를 회전 · 반전한다
System.Windows.Forms.Control 클래스	
void Invalidate( ) 메서드	컨트롤을 다시 그린다

중요 | 이미지의 회전 · 반전을 시행할 수 있다.
이미지가 변경된 타이밍에서 다시 그리기를 시행한다.

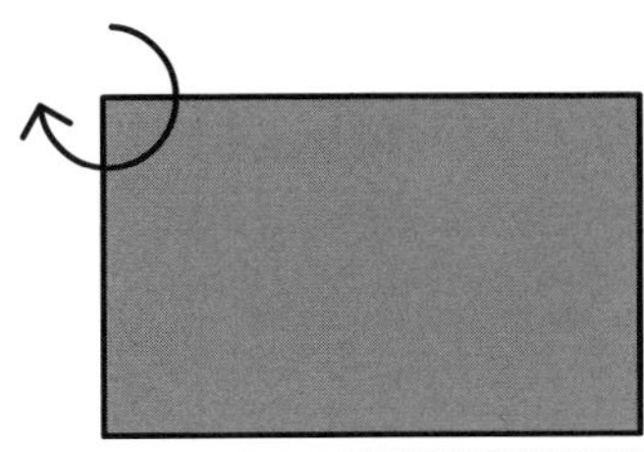

그림 8-1 이미지의 회전 · 반전
이미지를 회전 · 반전시킬 수 있습니다.

이미지를 확대 · 축소한다

다음에 이미지의 확대 · 축소를 시행해 봅시다. 이번은 확대 · 축소의 선택을 시행하는 라디오버튼을 사용해서 처리합니다.

Sample2.cs ▶ 이미지의 확대 · 축소

```
using System;
using System.Windows.Forms;
using System.Drawing;

class Sample2 : Form
{
    private Image im;
    private RadioButton rb1, rb2, rb3;
    private GroupBox gb;
    private int i;

    public static void Main()
    {
        Application.Run(new Sample2());
    }
    public Sample2()
    {
        this.Text = "샘플";
        this.Width = 300; this.Height = 300;
```

Lesson 8

```
        im = Image.FromFile("c:\\car.bmp");

        rb1 = new RadioButton();
        rb2 = new RadioButton();
        rb3 = new RadioButton();
        rb1.Text = "보통";
        rb2.Text = "확대";
        rb3.Text = "축소";
        rb1.Dock = DockStyle.Bottom;
        rb2.Dock = DockStyle.Bottom;
        rb3.Dock = DockStyle.Bottom;
        rb1.Checked = true;

        gb = new GroupBox();
        gb.Text = "종류";
        gb.Dock = DockStyle.Bottom;

        rb1.Parent = gb;
        rb2.Parent = gb;
        rb3.Parent = gb;
        gb.Parent = this;

        rb1.Click += new EventHandler(rb_Click);
        rb2.Click += new EventHandler(rb_Click);
        rb3.Click += new EventHandler(rb_Click);
        this.Paint += new PaintEventHandler(fm_Paint);
    }
    public void rb_Click(Object sender, EventArgs e)
    {
        RadioButton tmp = (RadioButton)sender;
        if (tmp == rb1)
            i=1;
        else if(tmp == rb2)
            i=2;
        else if(tmp == rb3)
```

```
            i=3;
        this.Invalidate();
    }
    public void fm_Paint(Object sender, PaintEventArgs e)
    {
        Graphics g = e.Graphics;

        if (i == 1)
            g.DrawImage(im, 0, 0);
        else if(i == 2)
            g.DrawImage(im, 0, 0, im.Width * 2, im.Height * 2);
        else if(i == 3)
            g.DrawImage(im, 0, 0, im.Width / 2, im.Height / 2);
    }
}
```

확대를 시행합니다

축소를 시행합니다

Sample2의 실행 화면

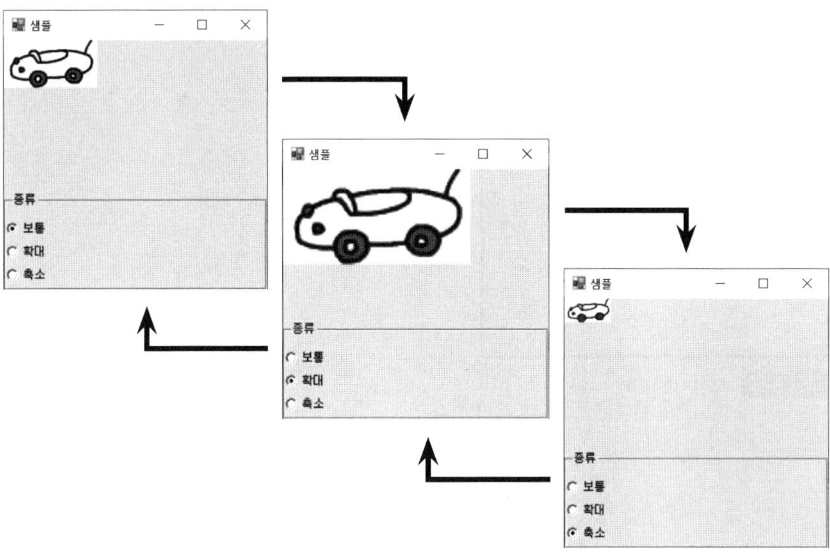

여기에서는 보통 · 확대 · 축소 중 어느 것이 표시되는지를 변수 i에서 관리합니다. DrawImage() 메서드에서 필요한 인수를 지정하면 필요한 크기로 그릴 수 있습니다.

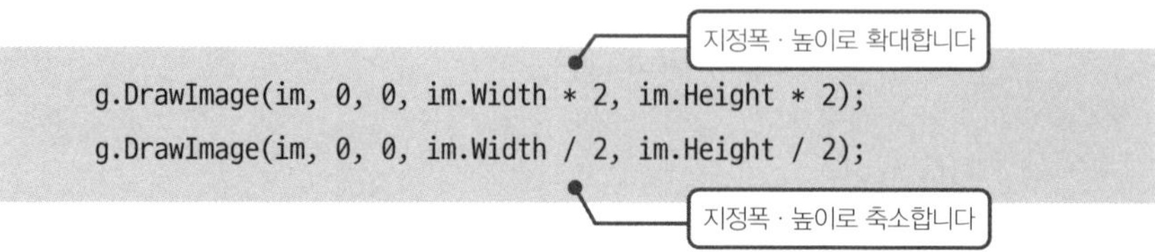

```
g.DrawImage(im, 0, 0, im.Width * 2, im.Height * 2);
g.DrawImage(im, 0, 0, im.Width / 2, im.Height / 2);
```

지정폭 · 높이로 확대합니다
지정폭 · 높이로 축소합니다

중요 | 이미지의 확대 · 축소를 시행할 수 있다.

Sample2의 관련 클래스

클래스	설명
System.Drawing.Graphics 클래스	
void DrawImage(Image i, int x, int y, int w, int h) 메서드	지정 위치에 지정 폭 · 높이로 이미지를 그린다

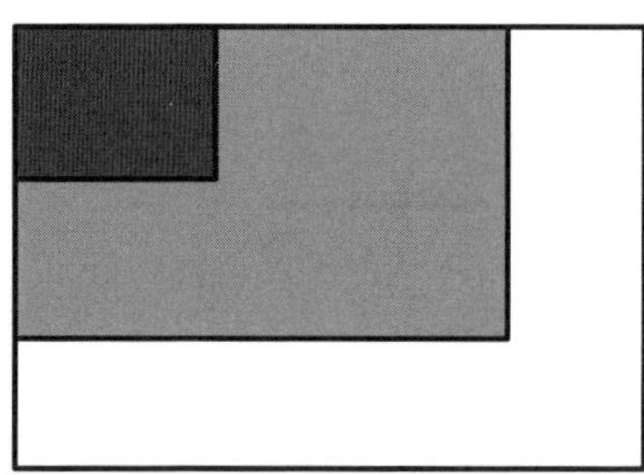

그림 8-2 이미지의 확대 · 축소
이미지의 확대 · 축소를 할 수 있습니다.

그리는 방법

Graphics 클래스의 DrawImage() 메서드에는 여기에서 소개한 것처럼 위치 등을 인수로 지정해서 그리는 종류 외에도 크기 등 여러 가지 값을 인수로서 지정하는 종류가 준비되어 있습니다. 자세한 지정 방법은 클래스 라이브러리의 레퍼런스를 참조하세요.

표 8-1 주요 DrawImage() 메서드의 종류

종류	설명
DrawImage(Image im, int x, int y)	지정 위치에 원래 크기로 이미지를 그린다
DrawImage(Image im, Point p)	지정 위치(좌표)에 원래 크기로 이미지를 그린다
DrawImage(Image im, Rectangle rc)	지정 위치에 지정 크기(직사각형)로 그림을 그린다

Lesson 8

8.2 그래픽의 응용

이미지를 조작한다

이 절에서는 그리기의 응용에 대해서 살펴봅시다. Bitmap 클래스의 메서드를 사용하면 이미지를 1픽셀씩 얻고 설정할 수 있습니다. 이것을 이용해서 이미지의 색을 처리해 봅시다. 여기에서는 c 드라이브 아래에 「tea.jpg」라는 400×300 픽셀의 이미지 파일을 저장하고 나서 실행합니다.

Sample3.cs ▶ 이미지의 조작

```
using System;
using System.Windows.Forms;
using System.Drawing;

class Sample3 : Form
{
    private Bitmap bm1, bm2;
    private int i;

    public static void Main()
    {
        Application.Run(new Sample3());
    }
    public Sample3()
    {
        this.Text = "샘플";
        this.Width = 400; this.Height = 300;
```

```
        bm1 = new Bitmap("c:₩₩tea.jpg");
        bm2 = new Bitmap("c:₩₩tea.jpg");

        i = 0;

        this.Click += new EventHandler(fm_Click);
        this.Paint += new PaintEventHandler(fm_Paint);
    }
    public void convert()
    {
        for (int x = 0; x < bm1.Width; x++)
        {
            for (int y = 0; y < bm1.Height; y++)
            {
                Color c = bm1.GetPixel(x, y);
                int rgb = c.ToArgb();
                int a = (rgb >> 24) & 0xFF;
                int r = (rgb >> 16) & 0xFF;
                int g = (rgb >>  8) & 0xFF;
                int b = (rgb >>  0) & 0xFF;
                switch(i)
                {
                    case 1:
                        r>>=2; break;
                    case 2:
                        g>>=2; break;
                    case 3:
                        b>>=2; break;
                }
                rgb = (a << 24)|(r << 16)|(g << 8)|(b << 0);

                c = Color.FromArgb(rgb);

                bm2.SetPixel(x, y, c);
```

이미지를 1픽셀씩 처리합니다

❶ 픽셀의 색을 구합니다

❷ RGB 값으로 변환합니다

❸ RGB 값을 꺼냅니다

❹ 빨간색 성분의 값을 작게 합니다

❹ 녹색 성분의 값을 작게 합니다

❹ 파란색 성분의 값을 작게 합니다

❺ RGB 값으로 변환합니다

❻ 픽셀의 값을 설정합니다

```
            }
        }
    }
    public void fm_Click(Object sender, EventArgs e)
    {
        i++;
        if (i >= 4)
            i = 0;
        convert();  ●—— 이미지 변환을 시행합니다
        this.Invalidate();
    }
    public void fm_Paint(Object sender, PaintEventArgs e)
    {
        Graphics g = e.Graphics;

        g.DrawImage(bm2, 0, 0, 400, 300);
    }
}
```

Sample3의 실행 화면

여기에서는 이미지의 변환을 convert()라는 이름의 메서드에 합치고 있습니다.

먼저 가로·세로에 대해서 중첩으로 한 반복문을 사용해서 픽셀의 색을 구합니다(❶).

이 픽셀의 색은 ToArbg( ) 메서드로 투명도 · 빨간색 · 녹색 · 파란색 성분을 나타내는 정수값으로 변환됩니다(❷). 이 정수값을 >> 연산자와 비트 연산자를 사용해서 각 성분으로 나눠서 추출합니다(❸).

그리고 클릭에 의해 바뀌는 i 상태에 따라 특정 성분의 비트를 작게 해서 변환합니다(❹).

변환이 끝나면 다시 이 색을 RGB 정수값으로 변환하고(❺), Color로서 픽셀로 돌아갑니다(❻).

이 결과, 이미지의 빨간색 성분 · 녹색 성분 · 파란색 성분이 빠진 이미지가 되는 것입니다.

Sample3의 관련 클래스

클래스	설명
System.Drawing.Bitmap 클래스	
Bitmap( )의 컨스트럭터	비트맵 이미지를 작성한다
Color GetPixel(int x, int y) 메서드	색을 얻는다
void SetPixel(int x, int y, Color c) 메서드	색을 설정한다
System.Drawing.Color 클래스	
int ToArgb(Color c) 메서드	Color로부터 RGB 값을 얻는다
Color FromArgb(int rgb) 메서드	RGB 값으로부터 Color를 얻는다

중요 | 이미지의 색을 얻고 변환할 수 있다.

마우스로 클릭한 위치에 원을 그린다

이번은 마우스로 클릭한 위치에 원을 그려봅시다.

Sample4.cs ▶ 원을 그린다

```
using System;
using System.Windows.Forms;
using System.Drawing;
using System.Collections.Generic;

class Sample4 : Form
{
    private List<Point> ls;

    public static void Main()
    {
        Application.Run(new Sample4());
    }
    public Sample4()
    {
        this.Text = "샘플";

        ls = new List<Point>();  ● 클릭한 위치를 저장하는 리스트를 작성합니다

        this.MouseDown += new MouseEventHandler(fm_MouseDown);
        this.Paint += new PaintEventHandler(fm_Paint);
    }
    public void fm_MouseDown(Object sender, MouseEventArgs e)
    {                                   마우스로 클릭했을 때에…
        Point p = new Point();
        p.X = e.X;
        p.Y = e.Y;              위치를 기록하고…
        ls.Add(p);
        this.Invalidate();  ● 그리기를 시행합니다
    }
    public void fm_Paint(Object sender, PaintEventArgs e)
    {
        Graphics g = e.Graphics;
        Pen dp = new Pen(Color.Black,1);
```

```
            foreach(Point p in ls)
            {
                g.DrawEllipse(dp, p.X, p.Y, 10, 10);   ← 원을 그립니다
            }
        }
    }
```

Sample4의 실행 화면

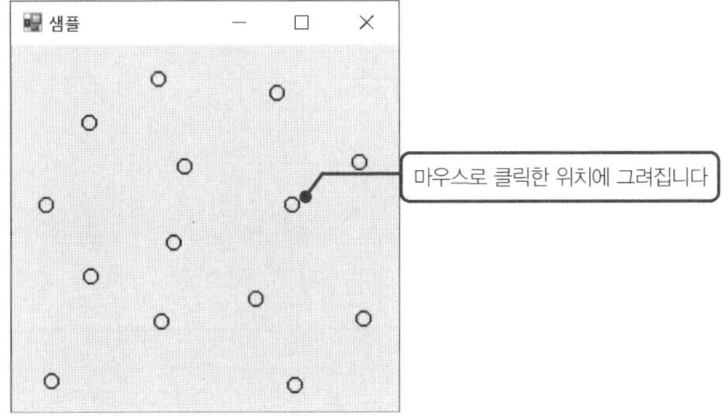

MouseDown 이벤트를 처리하는 이벤트 핸들러에서 마우스를 클릭한 위치를 기록하고, 그리기 처리를 시행합니다.

Paint 이벤트를 처리하는 이벤트 핸들러에서는 이것을 받아서 그리기를 시행합니다. 여기에서는 DrawEllipse() 메서드를 사용해서 선그림의 원을 그립니다. 이 밖에도 표 8-2와 같은 그리기를 실행할 수 있습니다.

또한, 선그림을 그리기 위해서는 선의 색과 굵기를 정하는 Pen 클래스의 오브젝트(펜)를 준비해야 합니다. 펜은 DrawEllipse() 메서드 등의 첫 번째 인수로서 지정합니다. 또한, 채우기를 시행할 때는 펜 대신에 브러시라는 채우기 색상을 정해서 브러시 오브젝트를 준비합니다.

표 8-2 주요 도형 그리기의 종류

메서드명	설명
DrawEllipse()	타원형을 그린다
DrawLine()	선을 그린다
DrawLines()	선의 모임을 그린다
DrawRectangle()	사각형을 그린다
DrawRectangles()	사각형의 모임을 그린다
DrawPie()	부채꼴을 그린다
DrawString()	문자열을 그린다
FillEllipse()	채운 타원형을 그린다
FillLine()	채운 선을 그린다
FillLines()	채운 선의 모임을 그린다
FillRectangle()	채운 사각형을 그린다
FillRectangles()	채운 사각형의 모임을 그린다
FillPie()	채운 부채꼴을 그린다

표 8-3 주요 펜의 종류

메서드명	설명
Pen(Color c)	색을 지정한 펜
Pen(Brush b)	브러시를 지정한 펜
Pen(Color c, Single s)	색과 굵기를 지정한 펜
Pen(Brush b, Single s)	브러시와 굵기를 지정한 펜

표 8-4 주요 브러시의 종류

메서드 명	설명
SolidBrush(Color c)	색을 사용한 브러시
TextureBrush(Image i)	이미지를 사용한 브러시

HatchStyleBrush(HatchStyle h, Color c)	해치 스타일을 사용한 브러시
LinearGradientBrush()	선형 그라데이션 브러시
PathGradientBrush(GraphicsPath gp)	패스의 내부를 그라데이션하는 브러시

Sample4의 관련 클래스

클래스	설명
System.Drawing.Graphics 클래스	
void DrawEllipse(Pen p, int x, int y, int w, int h) 메서드	지정 펜 · 좌표 · 폭 · 높이로 타원형을 그린다

중요 | 도형을 그릴 수 있다.

Lesson 8

컬렉션 클래스의 구조를 안다

Sample4의 코드에서 사용되는 C#의 여러 가지 구조에 대해서 살펴봅시다.

Sample4의 다음 부분에서는 클릭한 위치를 저장하는 리스트를 작성합니다.

```
private List<Point> ls;
...
ls = new List<Point>();
```

Point 형의 값을 다루는 리스트를 작성합니다

이것은 좌표를 나타내는 Point 구조체의 값을 저장하는 **리스트**(list)입니다. 리스트는 배열과 비슷하게 여러 개의 요소를 통합해서 다루기 위한 구조이지만 배열과 달리 나중에 요소를 추가하는 것이 전제입니다.

이와 같이 요소의 집합을 다루는 클래스를 **컬렉션**(Collection) **클래스**라고 합니다.

또한, 클래스 내에서 다루는 형을 〈형〉으로 지정할 수 있는 클래스는 제네릭(Generic) 클래스라고 합니다. 제네릭 클래스에서는 다루는 형을 지정해서 오류가 잘 발생하지 않는 안전한 코드를 기술할 수 있게 설계됩니다.

표 8-5 주요 제네릭 콜렉션 클래스(System.Collections.Generic 이름 공간)

클래스(〈T〉는 다루는 형)	설명
List〈T〉	리스트를 관리한다
Queue〈T〉	큐(선입선출의 구조)를 관리한다
Stack〈T〉	스택(선입후출의 구조)를 관리한다
Dictionary〈Tkey, TValue〉	키와 값의 짝을 관리한다

중요 | 컬렉션 클래스를 이용할 수 있다.

 인덱서의 구조를 안다

Sample4의 마지막 부분에서는 위치 정보를 저장하는 리스트를 foreach 문으로 다뤄서 그리기를 시행합니다.

다만, 이 List〈Point〉형의 변수 ls에는 다음과 같이 [ ]에 첨자를 기술해서 리스트 구조의 요소에 접근할 수도 있습니다.

```
Point p0 = ls[0]
Point p1 = ls[1]
...
```

배열처럼 리스트의 요소에 접근할 수도 있습니다

이 구조를 인덱서(indexer)라고 합니다. 클래스에 인덱서가 정의되어 있으면 오브젝트를 배열처럼 다룰 수 있는 것입니다. 리스트의 구성 요소처럼 집합적인 클래스가 작은 구조로부터 구성되는 경우에는 인덱서를 정의하는 경우가 있습니다. List⟨T⟩ 클래스에는 인덱서가 제공되는 것입니다.

통상 인덱서는 다음과 같이 정의됩니다. 프로퍼티와 마찬가지로 set 액세서와 get 액세서가 정의되는데 첨자와 값의 지정에 의해 배열에 값을 설정하고 얻게 됩니다.

구문 인덱서의 정의

```
class 클래스명<T>
{
    배열의 선언과 작성;
    public T this [int i]
    {
        set{배열[i]에 값을 대입;}
        get{배열[i]의 값을 반환한다;}
    }
}
```

집합적인 클래스입니다

개개의 형입니다

인덱서는 오브젝트명 [i]의 표기로, i번째의 요소(T형)를 설정 · 얻을 수 있게 합니다

중요 | 클래스가 집합의 기능으로서 제공되는 경우에는 개개의 요소에 액세스하기 위해서 인덱서를 이용하는 경우가 있다

클리핑의 구조를 안다

폼을 표시하거나 Invalidate()를 사용하면 통상 폼 전체가 그려집니다. 이때, 그리기를 시행하는 범위를 지정할 수 있습니다. 이것을 **클리핑**(clipping)이라고 합니다. 클리핑 등의 범위를 지정하는 개념을 **리젼**(region)이라고 합니다. 리젼을 다루는 코드를 작성해 봅시다.

Sample5.cs ▶ 클리핑을 시행한다

```
using System;
using System.Windows.Forms;
using System.Drawing;
using System.Drawing.Drawing2D;

class Sample5 : Form
{
    private Image im;

    public static void Main()
    {
        Application.Run(new Sample5());
    }
    public Sample5()
    {
        im = Image.FromFile("c:₩₩tea.jpg");

        this.Text = "샘플";
        this.ClientSize = new Size(400, 300);
        this.BackColor = Color.Black;

        this.Paint += new PaintEventHandler(fm_Paint);
    }
    public void fm_Paint(Object sender, PaintEventArgs e)
    {
        Graphics g = e.Graphics;
        GraphicsPath gp = new GraphicsPath();    // 그래픽 패스를 작성하고…

        gp.AddEllipse(new Rectangle(0,0,400,300));    // ❶ 그래픽 패스에 원을 추가합니다
        Region rg = new Region(gp);    // ❷ 그래픽 패스로부터 리젼을 작성합니다
        g.Clip = rg;    // ❸ 클리핑을 시행합니다

        g.DrawImage(im, 0, 0, 400, 300);
    }
}
```

Sample5의 실행 화면

여기에서는 리젼을 작성하기 위해서 먼저 GraphicsPath 클래스의 패스를 작성하고, 여기에 원의 패스를 추가합니다(❶). 그리고 이 패스를 지정하고 리젼을 작성합니다(❷).

리젼이 작성되었으면 리젼을 지정하고 폼의 클리핑 영역을 지정합니다(❸).

이 결과 클리핑된 영역에만 이미지가 그려지게 됩니다. 클리핑의 효과를 확인할 수 있나요?

Sample5의 관련 클래스

클래스	설명
System.Drawing.Drawing2D.GraphicsPath 클래스	
GraphicsPath( ) 컨스트럭터	그래픽 패스를 작성한다
void AddEllipse(Rectangle r) 메서드	원의 패스를 추가한다
System.Drawing.Region 클래스	
Region( ) 컨스트럭터	리젼을 작성한다
System.Windows.Forms.Control 클래스	
ClientSize 프로퍼티	클라이언트 영역의 크기를 설정·얻는다
System.Drawing.Size 클래스	
Width 프로퍼티	폭을 설정·얻는다
Height 프로퍼티	높이를 설정·얻는다

중요 | 영역을 지정하기 위해서 Region 클래스를 이용할 수 있다.
클리핑을 시행할 수 있다.

8.3 수학 관련 클래스

수학 관련 클래스를 이용한다

클래스 라이브러리에는 수학 관련의 처리가 통합되어 있습니다. 그리기에 관한 기능과 합하면 더욱 고도의 처리를 할 수 있습니다. 먼저 랜덤한 수(난수)를 반환하는 Random 클래스를 이용해 봅시다.

Sample6.cs ▶ 랜덤으로 원을 표시

```
using System;
using System.Windows.Forms;
using System.Drawing;
using System.Collections.Generic;

class Sample6 : Form
{
    private List<Ball> ls;

    public static void Main()
    {
        Application.Run(new Sample6());
    }
    public Sample6()
    {
        this.Text = "샘플";
        this.Paint += new PaintEventHandler(fm_Paint);

        ls = new List<Ball>();
```

Lesson 8

```
    Random rn = new Random();

    for (int i = 0; i < 30; i++)
    {
        Ball bl = new Ball();

        int x = rn.Next(this.Width);
        int y = rn.Next(this.Height);

        int r = rn.Next(256);
        int g = rn.Next(256);
        int b = rn.Next(256);

        Point p = new Point(x, y);
        Color c = Color.FromArgb(r, g, b);

        bl.Point = p;
        bl.Color = c;

        ls.Add(bl);
    }
}
public void fm_Paint(Object sender, PaintEventArgs e)
{
    Graphics g = e.Graphics;

    foreach (Ball bl in ls)
    {
        Point p = bl.Point;
        Color c = bl.Color;
        SolidBrush br = new SolidBrush(c);

        g.FillEllipse(br, p.X, p.Y, 10, 10);
    }
```

폼의 폭 미만의 난수값을 반환합니다

폼의 높이 미만의 난수값을 반환합니다

0~255의 난수값을 반환합니다

랜덤한 빨간색 · 녹색 · 파란색으로부터 색을 작성합니다

```
    }
}
class Ball
{
    public Color Color;
    public Point Point;
}
```

Sample6의 실행 화면

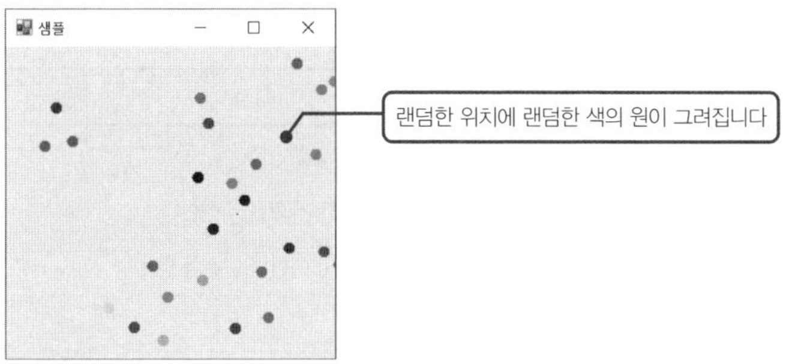
샘플
랜덤한 위치에 랜덤한 색의 원이 그려집니다

여기에서는 랜덤한 수(난수)를 작성하는 Random 클래스를 사용합니다. 이 Next( ) 메서드를 사용하면 0 이상 인수 미만의 난수값이 반환됩니다. 그래서 랜덤한 위치와 랜덤한 색을 얻고 있는 것입니다. 이것을 FillEllipse( )로 칠하고 원으로 그리고 있습니다.

이 밖에도 수학 관련의 클래스에는 다음과 같은 기능이 있습니다.

표 8-6 주요 수학 관련의 클래스(System 이름 공간)

클래스	설명
Random 클래스	
Next( ) 메서드	난수값을 얻는다
Math 클래스	
Abs( ) 메서드	절댓값을 얻는다

Max( ) 메서드	최댓값을 얻는다
Min( ) 메서드	최솟값을 얻는다
Pow( ) 메서드	거듭제곱을 얻는다
Sqrt( ) 메서드	제곱근을 얻는다
Sin( ) 메서드	사인을 얻는다
Cos( ) 메서드	코사인을 얻는다
Tan( ) 메서드	탄젠트를 얻는다

Sample6의 관련 클래스

클래스	설명
System.Random 클래스	
Random( ) 컨스트럭터	난수 클래스의 오브젝트를 작성한다
int Next(inti) 메서드	지정값보다 작은 0 이상의 난수를 얻는다
System.Drawing.Graphics 클래스	
void FillEllipse(Brush b, int x, int y, int w, int h) 메서드	지정 브러시 · 좌표 · 폭 · 높이로 타원형을 그린다

중요 | 수학 관련 클래스의 기능을 이용할 수 있다.

8.4 타이머

타이머의 구조를 안다

이 절에서는 **타이머**(Timer)에 대해서 소개합시다. 타이머는 지정 간격마다 **Tick 이벤트**라는 이벤트를 발생시키는 클래스입니다.

이 클래스의 이벤트를 이용하면 일정 시간마다 Tick 이벤트가 발생하고, 이 이벤트를 처리하기 위해 등록된 이벤트 핸들러가 호출됩니다. 즉, 일정 시간마다 이미지를 움직이는 처리를 할 수 있습니다.

Lesson 8

Tick Tick Tick ・・・

그림 8-3 타이머
타이머는 Tick 이벤트를 발생시키는 클래스입니다.

애니메이션을 시행한다

타이머와 이미지를 사용하면 애니메이션을 할 수 있습니다. 바로 코드를 살펴봅시다.

Sample7.cs ▶ 애니메이션을 시행한다

```
using System;
using System.Windows.Forms;
using System.Drawing;
```

```
class Sample7 : Form
{
    private Ball bl;
    private int dx, dy;

    public static void Main()
    {
        Application.Run(new Sample7());
    }
    public Sample7()
    {
        this.Text = "샘플";
        this.ClientSize = new Size(250, 100);

        bl = new Ball();

        Point p = new Point(0, 0);
        Color c = Color.Blue;

        bl.Point = p;
        bl.Color = c;

        dx = 2;
        dy = 2;

        Timer tm = new Timer();          // 타이머 오브젝트를 작성합니다
        tm.Interval = 100;               // 간격을 밀리 초로 지정합니다
        tm.Start();                      // 타이머를 시작합니다

        this.Paint += new PaintEventHandler(fm_Paint);
        tm.Tick += new EventHandler(tm_Tick);    // 이벤트 핸들러를 등록합니다
    }
    public void fm_Paint(Object sender, PaintEventArgs e)
    {
        Graphics g = e.Graphics;
```

```
        Point p = bl.Point;
        Color c = bl.Color;
        SolidBrush br = new SolidBrush(c);

        g.FillEllipse(br, p.X, p.Y, 10, 10);
    }
    public void tm_Tick(Object sender, EventArgs e)
    {
        Point p = bl.Point;

        if (p.X < 0 || p.X > this.ClientSize.Width-10) dx = -dx;
        if (p.Y < 0 || p.Y > this.ClientSize.Height-10) dy = -dy;

        p.X = p.X + dx;
        p.Y = p.Y + dy;

        bl.Point = p;
        this.Invalidate();
    }
}
class Ball
{
    public Color Color;
    public Point Point;
}
```

지정 밀리 초마다 이벤트 핸들러가 처리됩니다

벽에 닿으면 반전시킵니다

이동시킵니다

다시 그려집니다

Sample7의 실행 화면

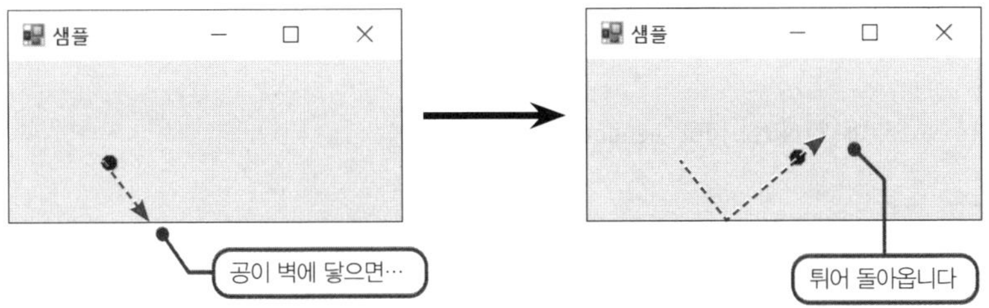

타이머 이벤트를 이용하는 방법도 이제까지의 이벤트 처리의 구조와 같습니다. 먼저 Timer 클래스로부터 오브젝트를 작성합니다. 그리고 이 Tick 이벤트를 처리하기 위한 이벤트 핸들러를 설계하고 등록합니다.

이벤트 핸들러 내에서는 공의 위치를 이동시키는 처리를 기술합니다. 그리고 그리는 Invalidate()를 기술하는 것입니다. 페인트 이벤트 핸들러 내에서는 공을 그리는 처리를 기술합시다.

프로그램이 실행되어 타이머 오브젝트의 Start() 메서드가 처리되면 일정 시간마다 Tick 이벤트가 발생합니다. 그럴 때마다 공의 위치가 바뀌며 폼을 다시 그립니다. 이 결과 공을 애니메이션 하는 프로그램이 되는 것입니다.

타이머를 설정하려면

Tick 이벤트의 발생 간격을 타이머 클래스의 Interval 프로퍼티에서 밀리 초 단위로 설정할 수 있습니다. 이 값을 바꿈으로써 속도를 변화시킬 수 있으므로 확인해 보면 좋을 것입니다.

```
tm.Interval = 100;    // 이벤트 발생 간격을 0.1초로 설정합니다
```

또한, 타이머를 정지할 때는 타이머 오브젝트의 Stop() 메서드를 사용할 수 있습니다.

타이머 이벤트 안에서는 메서드에 전달되는 인수를 타이머로 받음으로써 Stop()을 지정할 수 있습니다.

```
public void tm_Tick(Object sender, EventArgs e)
{
    ...
    Timer tm = (Timer)sender;    // 타이머로 받고…
    tm.Stop();    // 정지합니다
}
```

Sample7의 관련 클래스

클래스	설명
System.Windows.Forms.Timer 클래스	
Timer() 컨스트럭터	타이머를 작성한다
void Start() 메서드	타이머를 시작한다
void Stop() 메서드	타이머를 멈춘다
Interval 프로퍼티	타이머 이벤트의 발생 간격을 설정한다

중요 | 타이머는 일정 간격마다 이벤트를 발생한다.

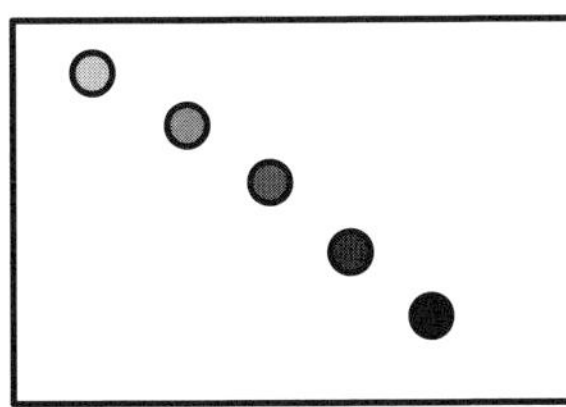

Tick Tick Tick Tick Tick ···

그림 8-4 타이머와 애니메이션
타이머를 사용해서 애니메이션을 할 수 있습니다.

Lesson 8

이미지를 사용한 애니메이션

이미지를 사용해서 다른 애니메이션을 만들 수도 있습니다. 이번은 가로로 조금씩 슬라이드 되며 표시되는 이미지 애니메이션을 작성합시다.

Sample8.cs ▶ 이미지를 사용한 애니메이션

```
using System;
using System.Windows.Forms;
using System.Drawing;
```

```
class Sample8 : Form
{
    private Image im;
    private int i;

    public static void Main()
    {
        Application.Run(new Sample8());
    }
    public Sample8()
    {
        this.Text = "샘플";
        this.Width = 400; this.Height = 300;
        this.DoubleBuffered = true;  ●─ 더블 버퍼를 이용합니다

        im = Image.FromFile("c:₩₩tea.jpg");

        i = 0;

        Timer tm = new Timer();
        tm.Start();

        tm.Tick += new EventHandler(tm_Tick);
        this.Paint += new PaintEventHandler(fm_Paint);
    }
    public void tm_Tick(Object sender, EventArgs e)
    {
        if (i > im.Width+200)
        {
            i = 0;  ●─ 전부 그려지면 그리는 폭을 0으로 되돌립니다
        }
        else
        {
            i = i+10;  ●─ 그려지는 이미지의 폭을 크게 합니다
        }
```

```
            this.Invalidate();
        }
        public void fm_Paint(Object sender, PaintEventArgs e)
        {
            Graphics g = e.Graphics;

            g.DrawImage(im, new Rectangle(0, 0, i, im.Height), 0, 0, i,
    im.Height, GraphicsUnit.Pixel);
        }
    }
```

지정폭만큼 그립니다

Sample8의 실행 화면

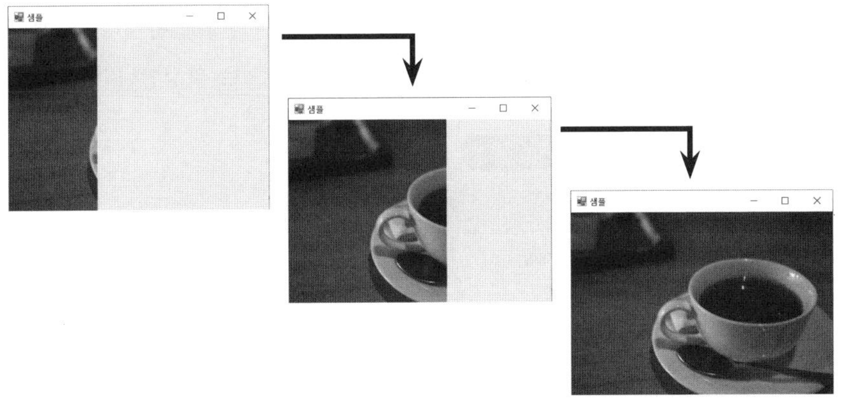

이번에는 이미지 안의 지정된 직사각형 범위를 그립니다. 이 직사각형 범위를 타이머 이벤트가 발생할 때마다 커지게 해서 조금씩 이미지가 커지도록 이미지를 표시하고 있는 것입니다.

그리고 이러한 애니메이션을 그대로 처리하면 그릴 때에 폼의 배경색으로 화면이 다시 그려지기 때문에 화면에 깜빡거림이 발생합니다. 이럴 때 그려지는 컨트롤에 **더블 버퍼**(DoubleBuffered)를 사용하도록 지정합니다. 이 설정을 시행하면 깜빡거림이 적어집니다.

Sample8의 관련 클래스

클래스	설명
System.Drawing.Graphics 클래스	
void DrawImage(Image i, Rectangle r, int x, int y, int w, int h, GraphicsUnit u) 메서드	지정 위치에 지정폭 · 높이로 지정 직사각형 범위의 이미지를 그린다
System.Windows.Forms.Form 클래스	
DoubleBuffered 프로퍼티	더블 버퍼를 설정한다

 디지털 시계를 작성한다

마지막으로 타이머와 라벨을 사용해서 디지털 시계를 작성해 봅시다. 라벨을 사용해서 1초마다 시각을 변경하므로 Interval은 1000으로 설정합니다.

Sample9.cs ▶ 디지털 시계를 작성한다

```
using System;
using System.Windows.Forms;
using System.Drawing;

class Sample9 : Form
{
    private Label lb;

    public static void Main()
    {
        Application.Run(new Sample9());
    }
    public Sample9()
    {
        this.Text = "샘플";
        this.Width = 250; this.Height = 100;
```

```
        Timer tm = new Timer();
        tm.Interval = 1000;        // 1초로 설정합니다
        tm.Start();

        lb = new Label();
        lb.Font = new Font("Courier", 20, FontStyle.Regular);
        lb.Dock = DockStyle.Fill;

        lb.Parent = this;

        tm.Tick += new EventHandler(tm_Tick);
    }
    public void tm_Tick(Object sender, EventArgs e)
    {
        DateTime dt = DateTime.Now;        // 현재 시각을 설정합니다

        lb.Text = dt.ToLongTimeString();
    }
}
```

Sample9의 실행 화면

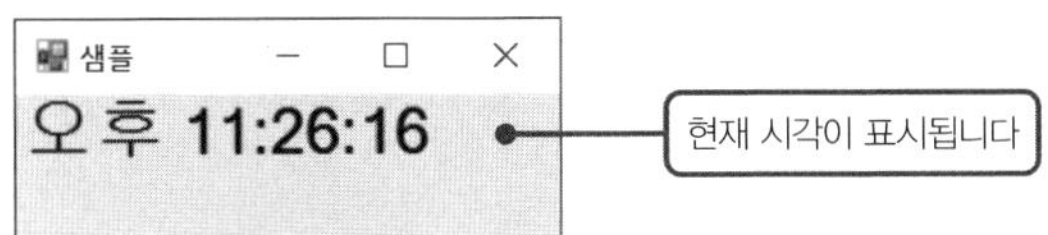
샘플
오후 11:26:16
현재 시각이 표시됩니다

Date Time 구조체의 Now 프로퍼티에 의해 현재 시간을 얻을 수 있습니다. 이 ToLongTimeString() 메서드에 의해 「시:분:초」의 형식으로 하고, 라벨의 텍스트로서 설정합니다. 1초마다 표시가 변경되므로 디지털 시계로 표시됩니다.

또한, DateTime 구조체에서는 다음 표와 같은 여러 가지 프로퍼티를 이용할 수 있습니다. Now와 Today는 정적인 (static) 프로퍼티입니다. 또한, 이 구조체에는 날짜끼리 계산을 하는 메소드도 준비되어 있습니다.

표 8-7 System.DateTime 구조체의 주요 프로퍼티

프로퍼티	설명
(static)Now	현재의 시각
(static)Today	현재의 날짜
Year	연을 설정 · 얻는다
Month	월을 설정 · 얻는다
Day	일을 설정 · 얻는다
Hour	시를 설정 · 얻는다
Minute	분을 설정 · 얻는다
Second	초를 설정 · 얻는다

Sample9의 관련 클래스

클래스	설명
System.DateTime 구조체	
Now 프로퍼티	현재 시각을 얻는다
string ToLongTimeString( ) 메서드	시각을 긴 서식으로 얻는다

8.5 레슨의 정리

이 장에서는 다음을 배웠습니다.

- 그리기 이벤트를 처리해서 폼에 그릴 수 있습니다.
- 이미지를 회전할 수 있습니다.
- 이미지를 확대·축소할 수 있습니다.
- 원 등의 도형을 그릴 수 있습니다.
- 영역을 지정하고 클리핑을 시행할 수 있습니다.
- 이미지의 픽셀을 조작할 수 있습니다.
- 수학에 관한 클래스를 사용할 수 있습니다.
- 타이머를 사용하여 일정 시간마다 처리를 시행할 수 있습니다.
- 날짜에 관한 클래스를 사용할 수 있습니다.

그리기를 시행하면 고도의 이미지 처리를 시행할 수 있습니다. 또한, 타이머를 사용하면 일정 시간마다 처리를 시행할 수 있습니다. 프로그램의 베리에이션을 증가할 수 있을 것입니다.

연습문제

1. 배열{100, 30, 50, 60, 70}로부터 그래프를 그리는 프로그램을 작성하세요.

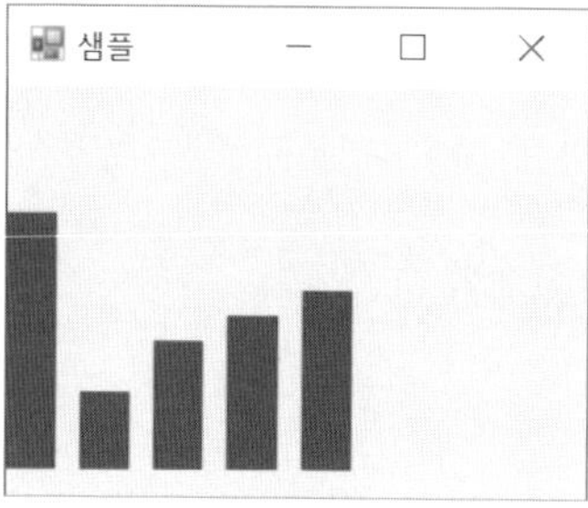

2. 왼쪽 위 구석부터 이미지를 도려내며 원이 커져가는 프로그램을 작성하세요. 다만, 원이 (400, 300)의 크기가 되면 타이머를 정지(stop())하는 것으로 합니다.

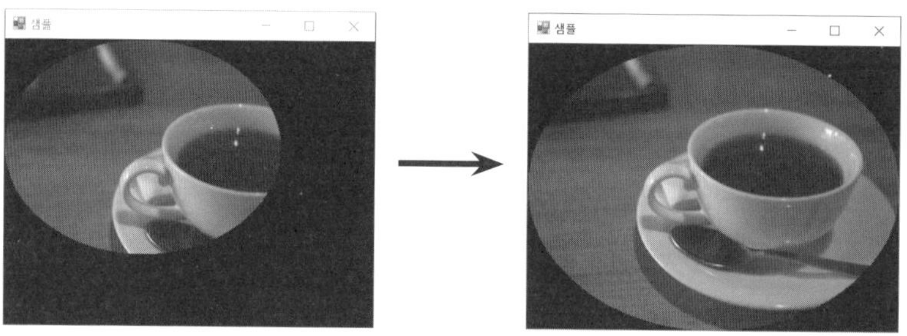

*역자 주: 책의 뒷부분에 정답이 있습니다.

Lesson 9

게임

C#은 게임 애플리케이션의 개발 기회로도 자주 사용됩니다. 이제까지 배운 각종 기법을 응용해서 게임에 활용할 수 있습니다. 이 장에서는 게임에 관한 기술과 그 응용에 대해서 알아봅시다.

Check Point!

- 난수의 활용
- 그래픽의 활용
- 타이머의 활용
- 알고리즘

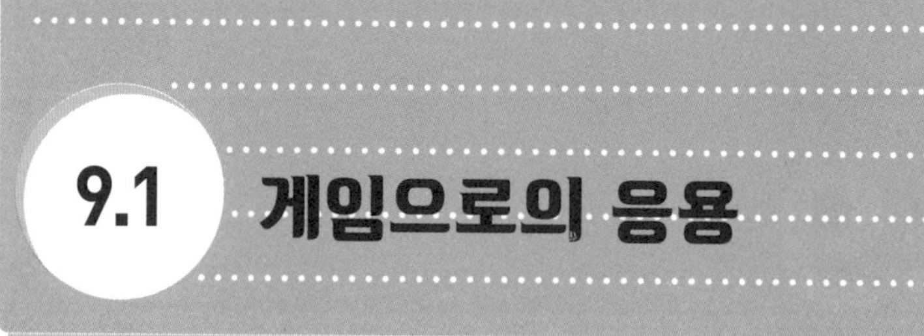

9.1 게임으로의 응용

게임에 활용한다

이 장에서는 이제까지 배운 지식을 게임과 같은 응용적인 프로그램에 활용하는 방법에 대해서 살펴봅시다. 특히 이전 장에서 배운 이미지·수학 관련의 기술은 게임에서 많이 활용됩니다.

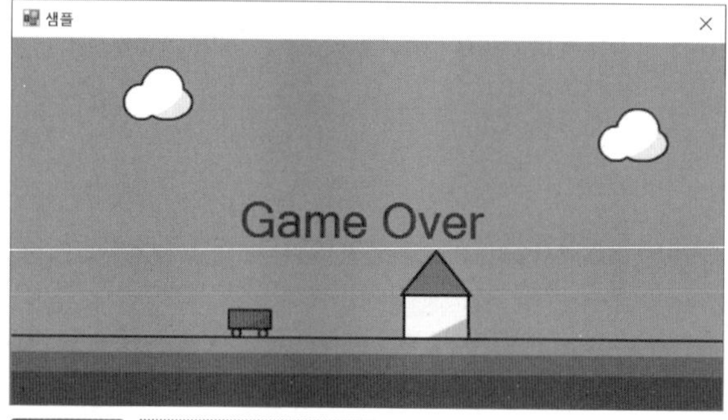

그림 9-1 게임으로의 응용
이미지·수학 관련 기술 등을 게임에 활용할 수 있습니다.

난수를 활용한다

게임의 안에서는 랜덤한 상태를 나타내기 위해서 난수를 자주 사용합니다. 특히 주사위나 트럼프를 사용한 게임에서 난수를 이용하는 경우가 많을 것입니다.

여기에서는 트럼프를 이용한 게임을 작성해 봅시다.

Sample1.cs ▶ 난수를 사용한 게임

```
using System;
using System.Windows.Forms;
using System.Drawing;

class Sample1 : Form
{
    private TableLayoutPanel tlp;
    private RadioButton[] rb = new RadioButton[4];
    private Image cim;
    private Image[] mim = new Image[4];
    private PictureBox pb;
    private Label lb;
    private int num;
    private bool isOpen;

    public static void Main()
    {
        Application.Run(new Sample1());
    }
    public Sample1()
    {
        this.Text = "샘플";
        this.Width = 650; this.Height = 450;

        tlp = new TableLayoutPanel();
        tlp.Dock = DockStyle.Fill;
        tlp.ColumnCount = 4;
```

카드의 마크를 나타냅니다 (num)

카드의 앞뒤를 나타냅니다 (isOpen)

```
        tlp.RowCount = 2;

        for (int i = 0; i < rb.Length; i++)
        {
            mim[i] = Image.FromFile("c:\\mark" + i + ".bmp");
            rb[i] = new RadioButton();
            rb[i].Image = mim[i];
            rb[i].AutoSize= true;
            rb[i].Parent = tlp;
        }

        cim = Image.FromFile("c:\\card.bmp");
        pb = new PictureBox();
        pb.Image = cim;
        pb.SizeMode = PictureBoxSizeMode.AutoSize;
        pb.Anchor = AnchorStyles.Right;
        pb.Parent = tlp;

        lb = new Label();
        lb.Font = new Font("SansSerif", 50, FontStyle.Bold);
        lb.AutoSize = true;
        lb.Anchor = AnchorStyles.None;
        lb.Parent = tlp;

        tlp.SetColumnSpan(pb, 2);
        tlp.SetColumnSpan(lb, 2);

        tlp.Parent = this;

        isOpen = false;
        Random rn = new Random();    ●── 카드의 마크를 랜덤으로 정합니다
        num = rn.Next(4);

        pb.Click += new EventHandler(pb_Click);
    }
```

```
    public void pb_Click(Object sender, EventArgs e)
    {
        if (isOpen == false)
        {
            isOpen = true;
            pb.Image = mim[num];

            if (rb[num].Checked == true)
            {
                lb.ForeColor = Color.DeepPink;
                lb.Text = "HIT!";
            }
            else
            {
                lb.ForeColor = Color.SlateBlue;
                lb.Text = "MISS!";
            }
        }
        else
        {
            isOpen = false;
            lb.Text = "";
            pb.Image = cim;

            Random rn = new Random();
            num = rn.Next(4);
        }
    }
}
```

카드를 클릭했을 때…

카드가 뒤면…

카드를 앞으로 합니다

맞은 경우의 처리입니다

맞지 않은 경우의 처리입니다

카드가 앞이면…

카드를 뒤로 하고…

다음의 마크를 랜덤으로 정합니다

Sample1의 실행 화면

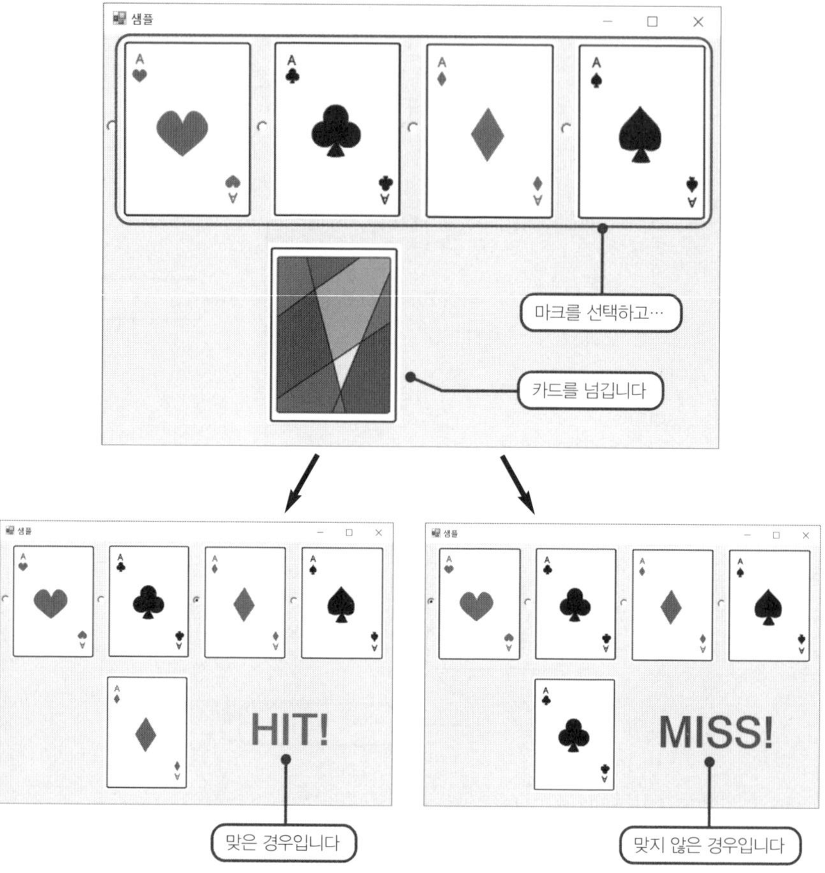

이 게임은 트럼프 카드의 뒷면을 나타내는 「card.bmp」와 카드 앞면을 나타내는 4장의 이미지 「mark 0.bmp」~「mark 3.bmp」를 준비하고, c 드라이브의 아래에 배치하고 나서 실행합니다. 4장의 이미지는 4개의 라디오버튼과 대응합니다.

게임에서는 4장의 카드 중에서 1장을 선택합니다. 뒷면으로 되어 있는 카드를 넘길 때 넘긴 카드의 마크와 선택한 마크가 일치하면 「HIT!」, 일치하지 않으면 「MISS!」가 표시됩니다.

이 게임에서는 카드를 넘길 때 4종류의 마크가 랜덤으로 나오도록 난수를 이용하고 있습니다.

이처럼 운에 좌우되는 게임에서는 난수를 자주 이용합니다. 또한, 이러한 카드 게임 이외에도 게임 중에는 랜덤하게 발생하는 여러 상황이 있습니다. 액션 게임에서 발생하는 여러 적 캐릭터나 롤 플레잉 게임에서 나타나는 아이템 등은 랜덤으로 발생합니다. 이러한 게임의 상황을 나타내는 데는 난수를 이용하면 편리합니다.

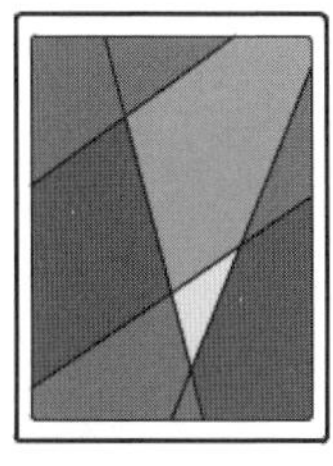
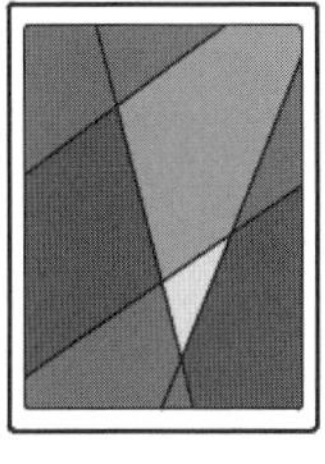

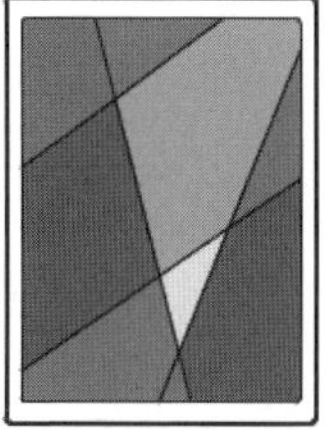

그림 9-2 난수의 활용
난수를 게임에 활용할 수 있습니다.

Lesson 9

그래픽 · 타이머를 활용한다

트럼프를 사용한 카드 게임에서는 게임 중 이미지를 표시하기 위해서 픽처 박스나 라디오버튼을 사용했습니다. 이처럼 이미지를 사용한 간단한 조작을 표현하기 위해서는 이제까지 소개해 온 각종 컨트롤을 사용하면 편리합니다. 컨트롤을 클릭했을 때의 이벤트를 처리해서 마크를 선택하는 조작, 카드를 넘기는 조작을 간단히 실현할 수 있습니다.

다만, 게임과 같은 애플리케이션에서는 더욱 고도의 그래픽 표현을 해야 할 때가 있습니다. 이때에는 제8장에서 소개한 그래픽 기능을 이용합니다. 또한, 타이머를 사용한 고속의 애니메이션 처리도 필요할 것입니다. 이번에는 그래픽 · 타이머를 이용한 코드를 작성해 봅시다.

Sample2.cs▶ 그래픽·타이머의 이용

```
using System;
using System.Windows.Forms;
using System.Drawing;

class Sample2 : Form
{
    private int t;        // 경과 시간을 나타냅니다

    public static void Main()
    {
        Application.Run(new Sample2());
    }
    public Sample2()
    {
        this.Text = "샘플";
        this.ClientSize = new Size(200, 200);
        this.DoubleBuffered = true;

        t = 0;

        Timer tm = new Timer();
        tm.Interval = 100;
        tm.Start();

        this.Paint += new PaintEventHandler(fm_Paint);
        tm.Tick += new EventHandler(tm_Tick);
    }
    public void fm_Paint(Object sender, PaintEventArgs e)
    {
        Graphics g = e.Graphics;

        int w = this.ClientSize.Width;
        int h = this.ClientSize.Height;

        g.FillEllipse(new SolidBrush(Color.DeepPink), 0, 0, w, h);   // 경과하지 않은 시간을 부채꼴로 그립니다
```

```
        g.FillPie(new SolidBrush(Color.DarkOrchid), 0, 0, w, h, -90,
(float)0.6*t);                                           ← 경과 시간만큼을 부채꼴로 그립니다

        g.FillEllipse(new SolidBrush(Color.Bisque) , (int)w/4, (int)h/4,
(int)w/2, (int)h/2);                                     ← 중심 부분을 타원형으로 그립니다

        string time = t / 10 + ":" + "0" + t % 10;       ← 경과 시간을 나타내는 문자열에 대해서…

        Font f = new Font("Courier", 20);
        SizeF ts = g.MeasureString(time, f);             ← 지정 폰트로 표시한 경우의 크기를 알아봅니다

        float tx = (w - ts.Width) / 2;                   ┐
        float ty = (h - ts.Height) / 2;                  ┘ 중앙을 알아봅니다

        g.DrawString(time, f, new SolidBrush(Color.Black), tx, ty);
    }
    public void tm_Tick(Object sender, EventArgs e)
    {
        t = t + 1;
        if (t > 600)                                     ← 1분간 경과 후에…
            t = 0;                                       ← 처음으로 돌아갑니다

        this.Invalidate();
    }
}
```

Sample2의 실행 화면

Lesson 9

여기에서는 1분간을 계측하는 그래픽을 그립니다. 1분간의 시간을 나타내는 원의 위에 경과 시간을 부채꼴로 그립니다. 부채꼴의 각도를 경과 시간을 나타내는 t를 사용해서 지정합니다.

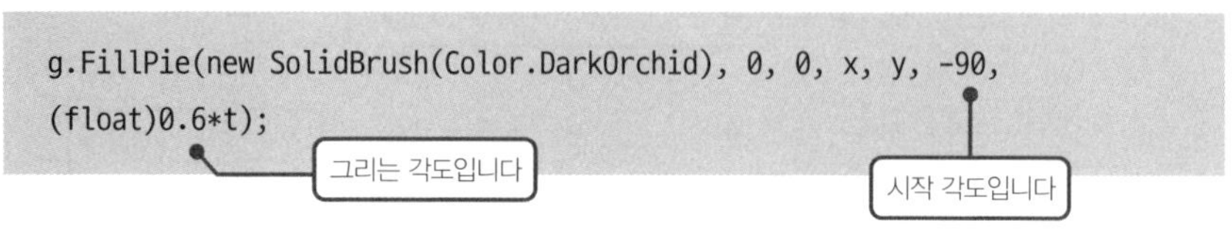
g.FillPie(new SolidBrush(Color.DarkOrchid), 0, 0, x, y, -90,
(float)0.6*t);
그리는 각도입니다
시작 각도입니다

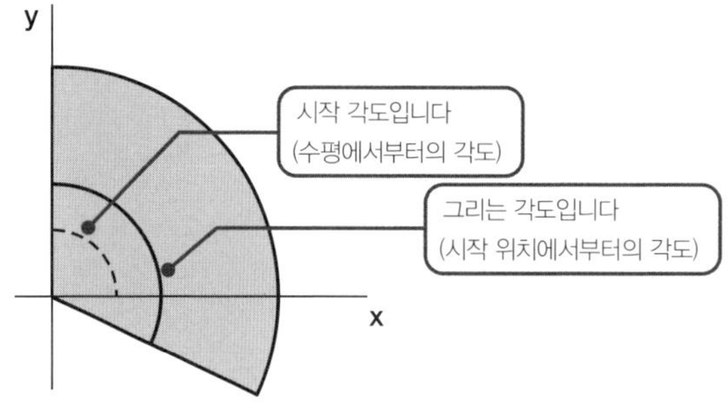
y
x
시작 각도입니다
(수평에서부터의 각도)
그리는 각도입니다
(시작 위치에서부터의 각도)

또한, 경과 시간을 나타내는 문자열에 대해서 지정한 폰트로 표시한 경우의 문자열 폭을 알아보고 문자열의 길이를 포함해서 정확하게 중앙에 그리도록 합니다.

이러한 고도의 그래픽 · 타이머 처리는 게임을 개발할 때는 빼놓을 수 없습니다. 시간의 계측도 게임에서는 자주 시행되는 처리입니다.

Sample의 관련 클래스

클래스	설명
System.Drawing.Graphics 클래스	
void FillPie(Brush b, float x, float y, float w, float h, float s, float d) 메서드	지정 브러시 · 좌표 · 폭 · 높이 · 시작 각도 · 그리는 각도로 그린다
SizeF MeasureString(String s, Font f) 메서드	지정한 문자열을 지정한 폰트로 그렸을 때의 크기를 얻는다

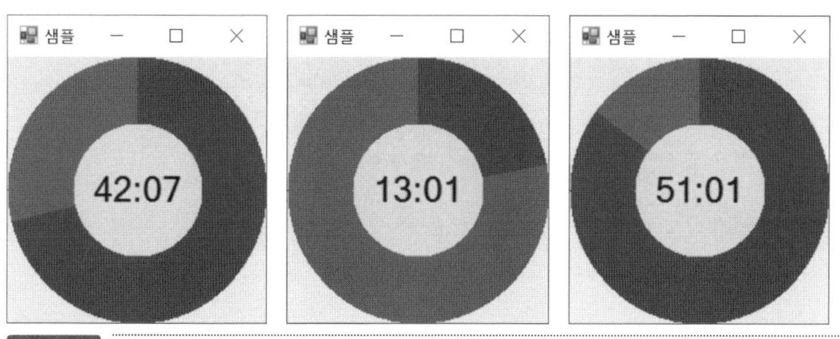

그림 9-3 그래픽 · 타이머의 활용
그래픽, 타이머를 게임에 활용할 수 있습니다.

Lesson 9

9.2 게임과 알고리즘

물체를 움직이는 알고리즘

게임에서는 캐릭터 등의 여러 가지 물체를 그려서 움직이게도 합니다. 이때, 물체의 여러 가지 운동을 코드로 재현합니다.

예를 들어, 등속 운동을 하는 물체를 나타내거나 중력에 의해 자유 낙하 운동을 하는 물체를 나타내기도 합니다. 게임을 개발할 때에는 이러한 각종 움직임을 코드로 나타내야 합니다.

프로그램 중의 각종 처리는 **알고리즘**(algorithm)이라고 합니다 게임에서는 물체의 운동 등에 대한 여러 가지 알고리즘을 검토해야 하는 것입니다.

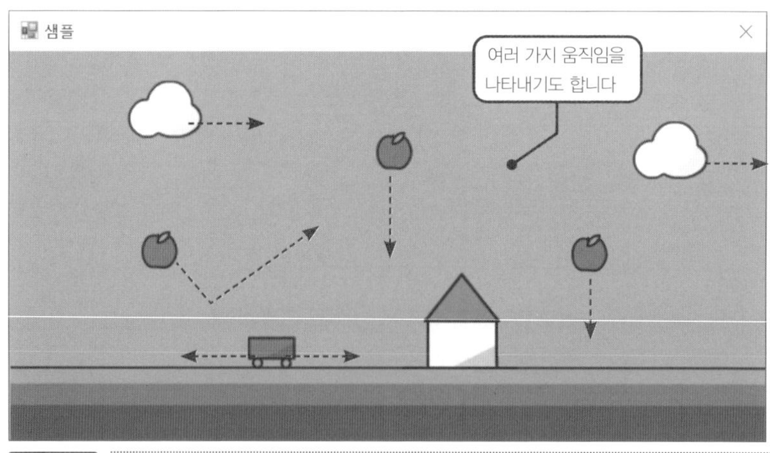

그림 9-4 물체의 운동
물체의 여러 가지 운동을 나타내기도 합니다.

여기에서는 물체를 던지는 움직임(포물 운동)에 대해서 생각해 봅시다. 수평 방향 · 수직 방향마다 단위 시간당의 이동 거리(속도)를 물리 법칙에 의거해 구하면 다음과 같습니다.

타이머 이벤트가 일어날 때마다 이 이동 거리를 물체의 현재 위치를 나타내는 좌표에 더해서 그리는 것으로 물체의 운동을 나타낼 수 있습니다.

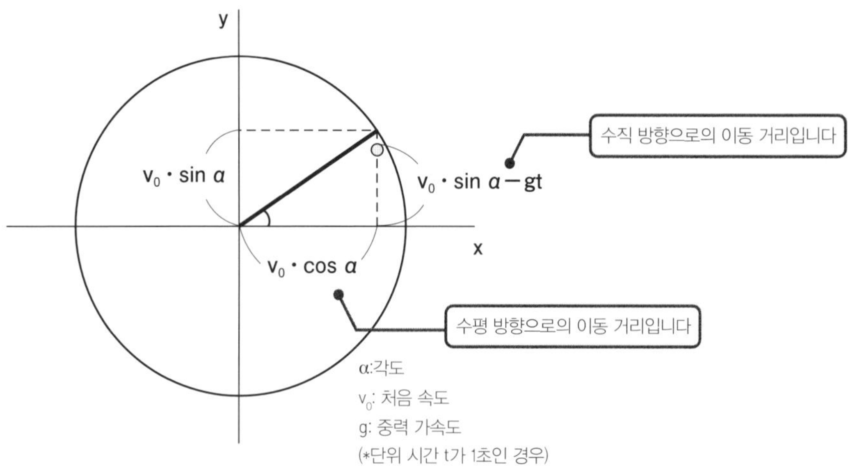

그림 9-5 물체의 이동(포물 운동의 경우)

「sky.bmp」라는 600x300 픽셀의 배경 이미지를 작성하고 c 드라이브 아래에 저장합시다. 처음 속도를 80, 각도를 1/3π, 중력 가속도를 9.8로 한 경우의 물체의 움직임을 나타냅니다.

Sample3.cs▶ 캐릭터의 움직임

```
using System;
using System.Windows.Forms;
using System.Drawing;

class Sample3 : Form
{
    private Ball bl;
```

```
    private Image im;
    private int dx, dy;
    private int t;

    public static void Main()
    {
        Application.Run(new Sample3());
    }
    public Sample3()
    {
        this.Text = "샘플";
        this.ClientSize = new Size(600, 300);
        this.DoubleBuffered = true;

        im = Image.FromFile("c:₩₩sky.bmp");
        bl = new Ball();

        Point p = new Point(0, 300);
        Color c = Color.White;
        dx = 0;
        dy = 0;
        t = 0;

        bl.Point = p;
        bl.Color = c;

        Timer tm = new Timer();
        tm.Interval = 100;
        tm.Start();

        this.Paint += new PaintEventHandler(fm_Paint);
        tm.Tick += new EventHandler(tm_Tick);
    }
    public void fm_Paint(Object sender, PaintEventArgs e)
    {
```

```
        Graphics g = e.Graphics;

        g.DrawImage(im, 0, 0, im.Width, im.Height);

        Point p = bl.Point;
        Color c = bl.Color;
        SolidBrush br = new SolidBrush(c);

        g.FillEllipse(br, p.X, p.Y, 10, 10);
    }
    public void tm_Tick(Object sender, EventArgs e)
    {
        Point p = bl.Point;

        t++;

        if (p.X > this.ClientSize.Width)
        {
            dx = 0;
            dy = 0;
            t = 0;
            p.X = 0;
            p.Y = 300;
        }
        dx = (int)(80 * Math.Cos(Math.PI / 3));
        dy = (int)(80 * Math.Sin(Math.PI / 3) - 9.8 * t);

        p.X = p.X + dx;
        p.Y = p.Y - dy;

        bl.Point = p;
        this.Invalidate();
    }
}
class Ball
```

❶ 단위 시간당 수평 방향의 이동 거리입니다

❷ 단위 시간당 수직 방향의 이동 거리입니다

❸ 물체의 위치를 이동합니다

Lesson 9

```
{
    public Color Color;
    public Point Point;
}
```

Sample3의 실행 화면

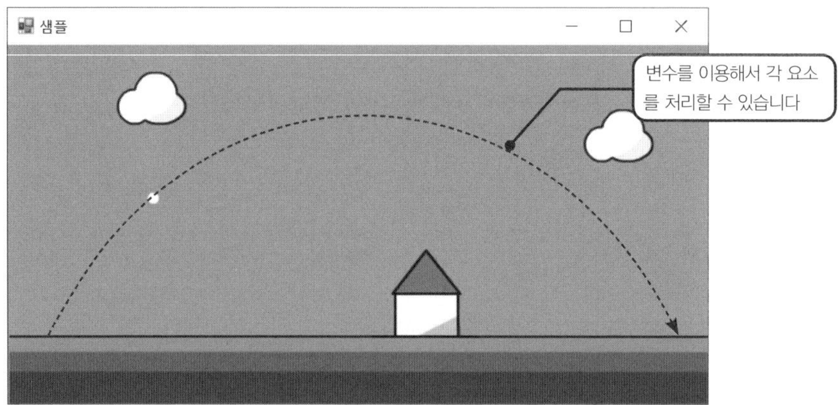
샘플
변수를 이용해서 각 요소를 처리할 수 있습니다

여기에서는 수평 방향으로의 이동 거리(❶), 수직 방향으로의 이동 거리(❷)를 계산합니다. 타이머 이벤트가 일어날 때마다 현재 좌표에 이 이동 거리를 더해서 새로운 좌표를 계산합니다.

이동 거리의 계산식을 변경하는 것으로 여러 가지 물체의 움직임을 나타낼 수 있는 것입니다.

Sample3의 관련 클래스

클래스	설명
System.Math 클래스	
constd ouble PI 필드	π 값을 나타낸다
static double Sin (doubled) 메서드	지정 각도의 사인값을 얻는다
static double Cos (doubled) 메서드	지정 각도의 코사인값을 얻는다

여러 가지 물리 규칙

여기에서 본 포물 운동 외에도 액션 게임 등에서는 직선·회전 운동 등의 기본적인 운동, 자유 낙하·던지기 등의 움직임을 표현하기도 합니다. 또한, 물체의 충돌·마찰 등의 여러 가지 현상을 표현하는 경우도 있을 것입니다. 이러한 각종 물체의 운동에 대해서는 잘 알려진 물리 법칙을 참조하면 좋겠죠?

게임을 진행하는 알고리즘

이 장의 마지막에 간단한 게임을 작성합시다. 배경·캐릭터의 이미지(sky.bmp, apple.png, cart.png)를 준비하고 c 드라이브의 아래에 배치합니다. 또한, 캐릭터는 투명 PNG 이미지로서 작성합니다.

Sample4.cs ▶ 게임

```
using System;
using System.Windows.Forms;
using System.Drawing;

class Sample4 : Form
{
    private Ball bl;
    private Cart ct;
    private Image im;
    private int dx, dy;
    private bool isOver;
    private bool isIn;

    public static void Main()
    {
        Application.Run(new Sample4());
    }
    public Sample4()
```

Lesson 9

```
    {
        this.Text = "샘플";
        this.ClientSize = new Size(600, 300);
        this.DoubleBuffered = true;
        this.FormBorderStyle = FormBorderStyle.FixedSingle;
        this.MaximizeBox = false;
        this.MinimizeBox = false;

        im = Image.FromFile("c:₩₩sky.bmp");

        isOver = false;
        isIn = false;

        bl = new Ball();

        Point blp = new Point(0, 0);
        Image bim = Image.FromFile("c:₩₩apple.png");

        bl.Point = blp;
        bl.Image = bim;

        dx = 4;
        dy = 4;

        ct = new Cart();

        Point ctp = new Point(this.ClientSize.Width/2, this.ClientSize.
Height-80);
        Image cim = Image.FromFile("c:₩₩cart.png");

        ct.Point = ctp;
        ct.Image = cim;

        Timer tm = new Timer();
        tm.Interval = 100;
```

폼의 크기를 변경할 수 없게 합니다

```
        tm.Start();

        this.Paint += new PaintEventHandler(fm_Paint);
        tm.Tick += new EventHandler(tm_Tick);

        this.KeyDown += new KeyEventHandler(fm_KeyDown);
    }
    public void fm_Paint(Object sender, PaintEventArgs e)
    {
        Graphics g = e.Graphics;

        g.DrawImage(im, 0, 0, im.Width, im.Height);   // 배경 그리기입니다

        Point blp = bl.Point;
        Image bim = bl.Image;
                                                      // 사과 그리기입니다
        g.DrawImage(bl.Image, blp.X, blp.Y, bim.Width, bim.Height);

        Point ctp = ct.Point;
        Image cim = ct.Image;                         // 카트 그리기입니다
        g.DrawImage(ct.Image, ctp.X, ctp.Y, cim.Width, cim.Height);

        if (isOver == true)                           // 게임 오버 시의 그리기입니다
        {
            Font f = new Font("SansSerif", 30);
            SizeF s = g.MeasureString("Game Over", f);

            float cx = (this.ClientSize.Width - s.Width) / 2;
            float cy = (this.ClientSize.Height - s.Height) / 2;

            g.DrawString("Game Over", f, new SolidBrush(Color.Blue),
                        cx, cy);
        }
    }
    public void tm_Tick(Object sender, EventArgs e)
```

```
    {
        Point blp = bl.Point;
        Point ctp = ct.Point;

        Image bim = bl.Image;
        Image cim = ct.Image;

        if (blp.X < 0 || blp.X > this.ClientSize.Width - bim.Width)
dx = -dx;
        if (blp.Y < 0) dy = -dy;
        if ((isIn == false) && (blp.X > ctp.X - bim.Width
            && blp.X < ctp.X + cim.Width)
            && (blp.Y > ctp.Y - bim.Height
            && blp.Y < ctp.Y - bim.Height/2))
        {
            isIn = true;
            dy = -dy;
        }
        if(blp.Y < ctp.Y - bim.Height)
        {
            isIn = false;
        }
        if (blp.Y > this.ClientSize.Height)
        {
            isOver = true;
            Timer t = (Timer)sender;
            t.Stop();
        }

        blp.X = blp.X + dx;
        blp.Y = blp.Y + dy;

        bl.Point = blp;

        this.Invalidate();
```

❶ 왼쪽 오른쪽 벽에 닿으면 반사합니다

❷ 위의 벽에 닿으면 반사합니다

❸ isIn이 false 그리고 카트에 닿으면 반사합니다

❹ 연속해서 카트에 반사하지 않도록 isIn을 true로 합니다

게임 오버 시에 타이머를 정지합니다

```
    }
    public void fm_KeyDown(Object sender, KeyEventArgs e)
    {
        Point ctp = ct.Point;
        Image cim = ct.Image;

        if (e.KeyCode == Keys.Right)
        {
            ctp.X = ctp.X+2;
            if (ctp.X > this.ClientSize.Width-cim.Width)
                ctp.X = this.ClientSize.Width-cim.Width;
        }
        else if (e.KeyCode == Keys.Left)
        {
            ctp.X = ctp.X-2;
            if (ctp.X < 0)
                ctp.X = 0;
        }
        ct.Point = ctp;
        this.Invalidate();
    }
}

class Ball
{
    public Image Image;
    public Point Point;
}
class Cart
{
    public Image Image;
    public Point Point;
}
```

→ 키를 눌렀을 때의 처리입니다

← 키를 눌렀을 때의 처리입니다

Sample4의 실행 화면

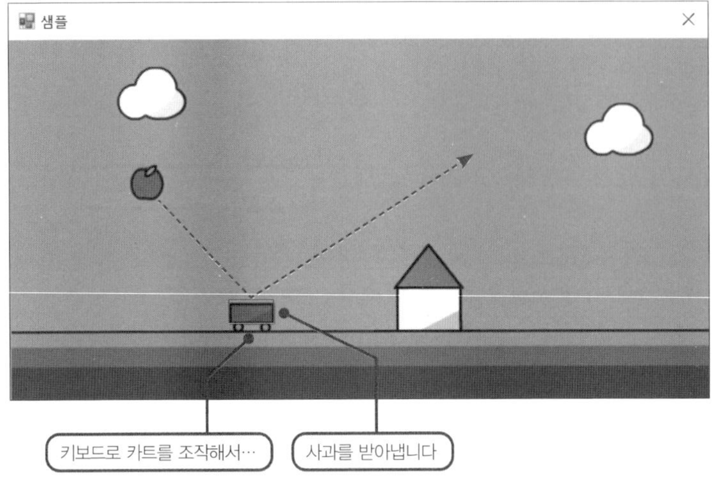
샘플
키보드로 카트를 조작해서…
사과를 받아냅니다

이 게임에서는 제8장에서 작성한 벽에 닿으면 반사하는 물체의 움직임을 바탕으로 작성합니다. 다만 여기에서는 키보드로 카트를 조작해서 사과를 받아내는 게임입니다.

사과가 벽(❶, ❷) 또는 카트(❸)에 닿았는지 여부를 판단해서 반사하도록 합니다. 또한, 카트에 닿았을 때는 사과가 연속해서 반사를 반복하지 않도록 합니다(❹).

받아내지 못한 경우는 중앙에 「Game Over」 문자를 표시하여 타이머를 정지합니다.

여기에서는 카트 위에서 반사했는지 판단하기 위한 isIn, 게임이 종료되었는지를 판단하기 위한 isOver라는 이름의 변수를 준비해서 사용합니다.

이러한 게임 상의 각종 상황을 나타내는 변수는 **플래그**(flag)라고 하며, 통상 true 또는 false를 저장하는 bool 형의 값으로 나타납니다. 게임에서는 진행 상황을 관리·판단하기 위해서 이러한 플래그를 이용해서 조건 판단을 자주 합니다.

이와 같이 게임에서는 게임의 진행을 관리하는 순서(알고리즘)도 검토합니다.

Sample4의 관련 클래스

클래스	설명
System.Windows.Forms.Form 클래스	
FormBorderStyle 프로퍼티	폼 스타일을 설정한다
MaximizeBox 프로퍼티	최대화 버튼을 설정한다
MinimizeBox 프로퍼티	최소화 버튼을 설정한다

게임 개발을 위한 클래스 라이브러리

게임을 개발할 때는 이 장에서도 소개했듯이 게임 중에 자주 사용되는 각종 처리를 간단히 다룰 수 있도록 하는 게임 개발용의 클래스 라이브러리가 보급되어 있습니다.

예를 들어, 게임 개발에서 자주 이용되는 Unity는 C#에서 이용할 수 있는 게임 개발용 라이브러리를 제공하며, Visual Studio에서도 다룰 수 있습니다.

게임을 개발할 때 목적, 환경에 맞는 이러한 편리한 라이브러리를 활용하면 좋겠죠?

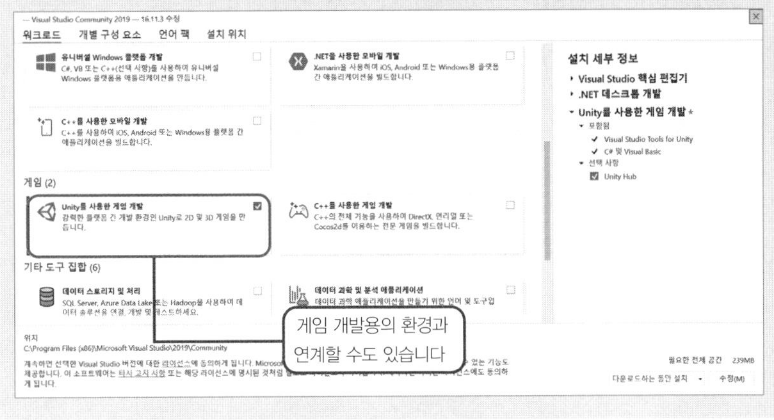

9.3 레슨의 정리

이 장에서는 다음을 배웠습니다.

- 게임에서는 랜덤한 상황을 나타내기 위해 난수를 이용하기도 합니다.
- 게임에서는 고도의 그래픽, 타이머 기능을 이용하기도 합니다.
- 게임에서는 물체의 움직임을 코드 상에서 나타내기도 합니다.
- 게임 진행을 플래그 등으로 관리하기도 합니다.

이 장에서는 게임에 활용하는 기술에 대해서 배웠습니다. 그래픽, 수학 관련 클래스는 여러 가지 종류의 게임에 유용할 수 있습니다. 배운 기술을 살려 자신만의 독자적인 아이디어로 꾸민 게임을 작성해 보세요.

연습문제

1. Sample2의 프로그램에 대해서 그리는 도형을 사각형으로 한 프로그램을 작성하세요.

2. Sample3의 프로그램에 대해서 처음 속도를 빨리(90), 각도를 낮게 (1/4π) 던지는 프로그램을 작성하세요.

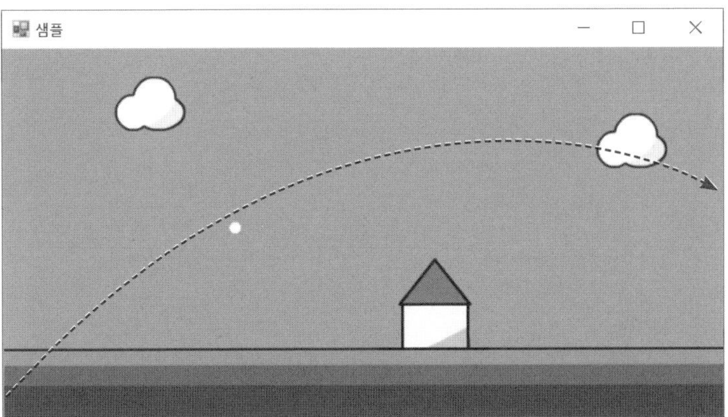

*역자 주: 책의 뒷부분에 정답이 있습니다.

Lesson **10**

파일

프로그램의 안에서는 여러 가지 데이터를 다루기도 합니다. 데이터를 저장하기 위해서 파일을 이용할 수 있습니다. 이 장에서는 파일을 다루는 클래스를 배웁시다. 파일에 관한 정보를 알아보거나 애플리케이션에 관한 데이터를 파일에 읽고 쓸 수 있습니다.

Check Point!

- 파일 정보
- 텍스트 파일
- 바이너리 파일
- XML 파일

10.1 파일 정보

파일을 다루는 프로그램을 작성한다

데이터를 장기간 저장할 때는 파일을 이용하기도 합니다. 이 장에서는 파일을 다루는 프로그램을 작성합시다. 클래스 라이브러리에 의해 파일을 간단히 다룰 수 있습니다. 파일에 관한 정보를 알아보거나 파일을 읽고 쓸 수 있습니다.

파일에 관한 기능은 System.IO 이름 공간에 포함되어 있습니다. 하나씩 살펴봅시다.

파일을 선택한다

그럼 먼저

파일에 관한 각종 정보를 조사한다

는 프로그램을 작성합니다.

Sample1.cs ▶ 파일 정보를 다룬다

```
using System;
using System.Windows.Forms;
using System.IO;

class Sample1 : Form
{
    private Button bt;
```

```
    private Label[] lb = new Label[3];

    [STAThread]
    public static void Main()
    {
        Application.Run(new Sample1());
    }
    public Sample1()
    {
        this.Text = "샘플";
        this.Width = 300; this.Height = 200;

        for (int i = 0; i < lb.Length; i++)
        {
            lb[i] = new Label();
            lb[i].Top = i * lb[0].Height;
            lb[i].Width = 300;
        }

        bt = new Button();
        bt.Text = "표시";
        bt.Dock = DockStyle.Bottom;

        bt.Parent = this;

        for (int i = 0; i < lb.Length; i++)
        {
            lb[i].Parent = this;
        }

        bt.Click += new EventHandler(bt_Click);
    }
    public void bt_Click(Object sender, EventArgs e)
    {
        OpenFileDialog ofd = new OpenFileDialog();

        if (ofd.ShowDialog() == DialogResult.OK)
```

❶ 파일을 여는 다이얼로그 박스를 작성합니다

❷ 다이얼로그 박스를 표시하고, 「열기」 버튼을 눌렀는지 조사합니다

```
        {
            FileInfo fi = new FileInfo(ofd.FileName);
            lb[0].Text = "파일명은 " + ofd.FileName + "입니다.";
            lb[1].Text = "절대 경로는 " + Path.GetFullPath(ofd.FileName)
                + "입니다.";
            lb[2].Text = "크기는 " + Convert.ToString(fi.Length) + "입니다.";
        }
    }
}
```

❸ 파일명을 얻습니다

❹ 파일의 절대 경로를 얻습니다

❺ 파일의 데이터 크기를 얻습니다

Sample1의 실행 화면

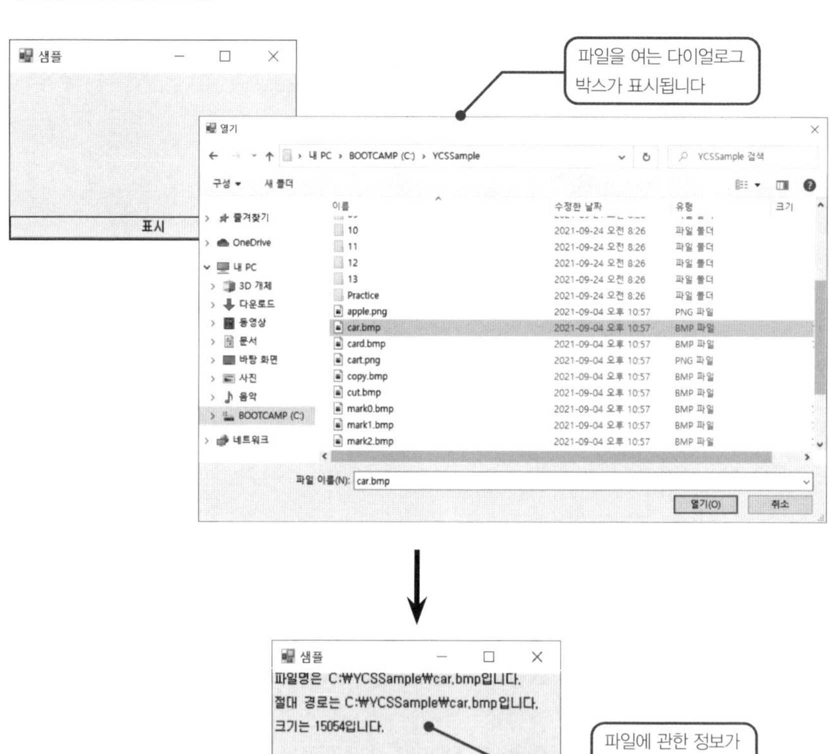

여기에서는 사용자에게 파일을 선택시키기 위해 파일을 여는 다이얼로그 박스(OpenFileDialog)를 사용합니다(❶).

프로그램을 실행하고 사용자가 「표시」 버튼을 클릭하면 파일을 여는 다이얼로그 박스가 표시되며, 다이얼로그 박스 상의 「열기」 버튼이 클릭되는지를 조사합니다(❷). 「열기」 버튼이 클릭되면 사용자가 선택한 파일명을 얻습니다(❸). 그 파일로부터 파일 정보를 얻고 표시하는 것입니다(❹ · ❺). 여기에서는 파일명 · 파일 장소(절대 경로) · 파일 크기에 대해서 조사합니다.

중요 | 파일 정보를 얻을 수 있다.
파일을 여는 다이얼로그 박스를 사용할 수 있다.

Sample1의 관련 클래스

클래스	설명
System.IO.OpenFileDialog 클래스	
OpenFileDialog( ) 컨스트럭터	파일을 여는 다이얼로그 박스를 작성한다
DialogResult ShowDialog( ) 메서드	다이얼로그 박스를 표시한다
FileName 프로퍼티	선택된 파일명을 얻는다
System.IO.FileInfo 클래스	
FileInfo(string str) 컨스트럭터	지정된 파일명으로부터 파일 정보를 작성한다
Length 프로퍼티	파일 크기를 얻는다
System.IO.Path 클래스	
static string GetFullPathInfo(string str) 메서드	지정된 파일명으로부터 전체 경로 정보를 얻는다

STAThread 속성

이 장에서는 Main( ) 메서드의 앞에 [STAThread] 속성을 지정하고 있습니다. 속성은 코드에 정보를 넣는 구조로 파일 다이얼로그 박스를 사용할 때 이 지정을 해야 합니다.

10.2 텍스트 파일

텍스트 파일을 읽고 쓴다

이전 절에서는 파일에 관한 정보를 다뤘습니다. 이 절에서는 더불어

파일의 내용을 읽고 쓴다

방법에 대해서 배웁시다.

처음으로 **텍스트 파일**(textfile)을 다루도록 합니다. 텍스트 파일은 텍스트 에디터에서 읽고 쓸 수 있는 파일입니다. 다음 코드를 입력하세요.

Sample2.cs ▶ 텍스트 파일을 읽고 쓴다

```
using System;
using System.Windows.Forms;
using System.IO;

class Sample2 : Form
{
    private TextBox tb;
    private Button bt1, bt2;
    private FlowLayoutPanel flp;

    [STAThread]
    public static void Main()
    {
        Application.Run(new Sample2());
    }
    public Sample2()
```

```
{
    this.Text = "샘플";

    tb = new TextBox();
    tb.Multiline = true;
    tb.Width = this.Width; tb.Height = this.Height - 100;
    tb.Dock = DockStyle.Top;

    bt1 = new Button();
    bt2 = new Button();
    bt1.Text = "읽어 들이기";
    bt2.Text = "저장";

    flp = new FlowLayoutPanel();
    flp.Dock = DockStyle.Bottom;

    bt1.Parent = flp;
    bt2.Parent = flp;
    flp.Parent = this;
    tb.Parent = this;

    bt1.Click += new EventHandler(bt_Click);
    bt2.Click += new EventHandler(bt_Click);
}
public void bt_Click(Object sender, EventArgs e)
{
    if (sender == bt1)
    {
        OpenFileDialog ofd = new OpenFileDialog();
        ofd.Filter = "텍스트 파일|*.txt";        ● 파일 필터를 사용합니다

        if (ofd.ShowDialog() == DialogResult.OK)
        {                                        ● 스트림을 작성합니다
            StreamReader sr = new StreamReader(ofd.FileName,
                System.Text.Encoding.Default);
            tb.Text = sr.ReadToEnd();            ● 문자 스트림으로부터 읽어 들입니다
            sr.Close();                          ● 스트림을 닫습니다
        }
    }
    else if (sender == bt2)
```

Lesson 10

```
            {
                SaveFileDialog sfd = new SaveFileDialog();
                sfd.Filter = "텍스트 파일|*.txt";

                if (sfd.ShowDialog() == DialogResult.OK)
                {
                    StreamWriter sw = new StreamWriter(sfd.FileName);
                    sw.WriteLine(tb.Text);
                    sw.Close();
                }
            }
        }
    }
```

스트림을 작성합니다

문자 스트림에 써냅니다

스트림을 닫습니다

Sample2의 실행 화면

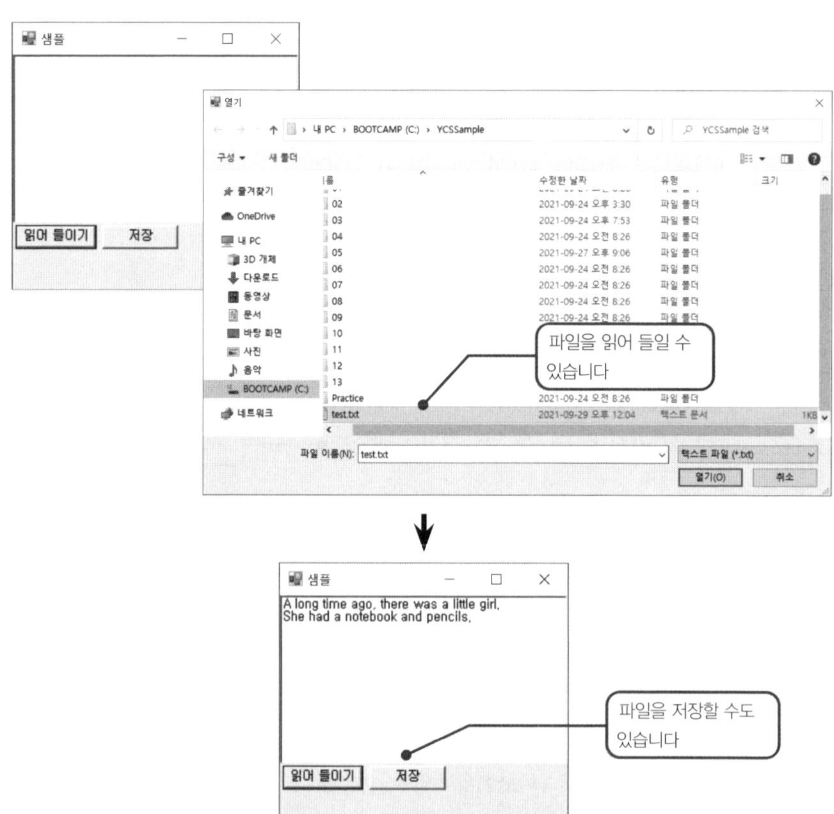

텍스트 파일을 읽고 쓰려면 **문자 스트림**(character stream)이라는 구조를 사용합니다. 문자 스트림은 StreamReader· StreamWriter 클래스로서 통합되어 있습니다. 그래서 여기에서는 이러한 클래스를 사용한 코드를 작성했습니다. 스트림을 사용해서 읽고 쓰려면 다음 작업을 해야 합니다.

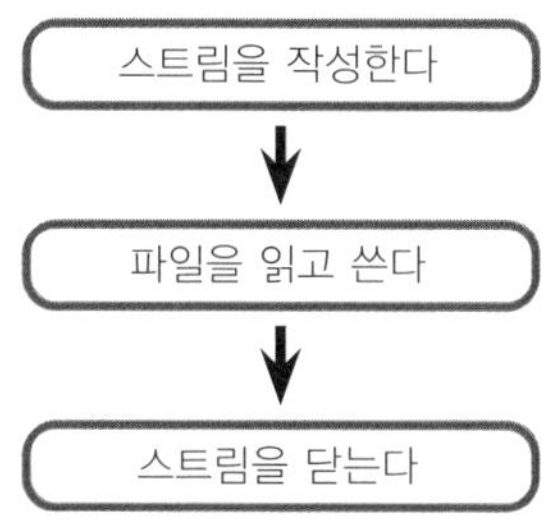

또한, 이 샘플 파일을 여는 다이얼로그 박스에는 필터를 설정했습니다. 필터는 다이얼로그 박스 상에 표시되는 파일의 종류를 제한하는 기능을 갖고 있습니다. 여기에서는 확장자「.txt」가 붙은 파일만이 표시되게 합니다.

이 프로그램을 사용해서 작성한 파일은 메모장 등의 텍스트 에디터에서 읽고 쓸 수 있으므로 확인해 보면 좋을 것입니다.

중요 | 텍스트 파일을 읽고 쓸 수 있다.

Sample2의 관련 클래스

클래스	설명
System.IO.OpenFileDialog 클래스	
Filter 프로퍼티	파일명 필터를 설정 · 얻는다
System.IO.StreamReader 클래스	
StreamReader(string str, string ec) 컨스트럭터	지정 파일 · 인코딩으로 문자 입력 스트림을 작성한다
string ReadToEnd( ) 메서드	끝까지 읽어 들인다
void Close( ) 메서드	스트림을 닫는다

System.IO.StreamWriter 클래스	
StreamWriter(string str) 컨스트럭터	지정 파일로 문자 출력 스트림을 작성한다
void WriteLine(string str) 메서드	지정한 문자열에 써낸다
void Close( ) 메서드	스트림을 닫는다
System.IO.SaveFileDialog 클래스	
SaveFileDialog( ) 컨스트럭터	이름을 붙이고 저장 파일 다이얼로그 박스를 작성한다
DialogResult ShowDialog( ) 메서드	이름을 붙이고 저장 파일 다이얼로그 박스를 표시한다

스트림

스트림(Stream)은 데이터의 흐름을 의미하며, 파일 등의 여러 가지 데이터를 통일적으로 다루도록 하는 개념입니다.

또한, 스트림을 실제로 다루는 경우에는 프로그램을 실행할 때 일어나는 오류에 주의해서 기술해야 합니다. 파일이 존재하지 않거나 읽고 쓰는 도중에 오류가 발생하는 경우가 있기 때문입니다. 또한, 오류 등에 의해 프로그램이 올바르게 종료하지 않았다고 해도 오픈한 파일은 반드시 클로즈되어야 합니다.

이러한 프로그램의 실행 시에 발생하는 오류를 처리하는 경우에는 다음 장에서 소개하는 예외 처리를 사용합니다. 실전에서 파일 다루는 방법에 주의해야 합니다.

10.3 바이너리 파일

바이너리 파일을 읽고 쓴다

텍스트 파일은 매우 다루기 쉬운 파일입니다. 그러나 파일의 내용에 따라서는 파일 크기가 커지거나 읽고 쓰기에 시간이 걸리기도 합니다.

이럴 때 **바이너리 파일**(binary file)을 다루면 편리합니다. 바이너리 파일은 컴퓨터 내부에서 다뤄지는 형식 그대로 데이터를 다루는 파일입니다. 바로 코드를 작성합시다.

Sample3.cs ▶ 바이너리 파일을 읽고 쓴다

```
using System;
using System.Windows.Forms;
using System.IO;

class Sample3 : Form
{
    private TextBox[] tb = new TextBox[5];
    private Button bt1, bt2;
    private FlowLayoutPanel flp;

    [STAThread]
    public static void Main()
    {
        Application.Run(new Sample3());
    }
    public Sample3()
```

```
{
    this.Text = "샘플";
    this.Width = 250; this.Height = 200;

    for (int i = 0; i < tb.Length; i++)
    {
        tb[i] = new TextBox();
        tb[i].Width = 30; tb[i].Height = 30;
        tb[i].Top = 0; tb[i].Left = i * tb[i].Width;
        tb[i].Text = Convert.ToString(i);
    }

    bt1 = new Button();
    bt2 = new Button();
    bt1.Text = "읽어 들이기";
    bt2.Text = "저장";

    flp = new FlowLayoutPanel();
    flp.Dock = DockStyle.Bottom;

    bt1.Parent = flp;
    bt2.Parent = flp;
    flp.Parent = this;
    for (int i = 0; i < tb.Length; i++)
    {
        tb[i].Parent = this;
    }

    bt1.Click += new EventHandler(bt_Click);
    bt2.Click += new EventHandler(bt_Click);
}
public void bt_Click(Object sender, EventArgs e)
{
   if (sender == bt1)
   {
```

```
            OpenFileDialog ofd = new OpenFileDialog();
            ofd.Filter = "바이너리 파일|*.bin";

            if (ofd.ShowDialog() == DialogResult.OK)
            {
                BinaryReader br =
                    new BinaryReader(new FileStream(ofd.FileName,
                        FileMode.Open, FileAccess.Read));
                for (int i = 0; i < tb.Length; i++)
                {
                    int num = br.ReadInt32();
                    tb[i].Text= Convert.ToString(num);
                }
                br.Close();
            }
        }
        else if(sender == bt2)
        {
            SaveFileDialog sfd = new SaveFileDialog();
            sfd.Filter = "바이너리 파일|*.bin";

            if (sfd.ShowDialog() == DialogResult.OK)
            {
                BinaryWriter br =
                    new BinaryWriter(new FileStream(sfd.FileName,
                        FileMode.OpenOrCreate, FileAccess.Write));
                for (int i = 0; i < tb.Length; i++)
                {
                    br.Write(Convert.ToInt32(tb[i].Text));
                }
                br.Close();
            }
        }
    }
}
```

바이트 스트림으로부터 읽어 들입니다

바이트 스트림에 써냅니다.

Lesson 10

Sample3의 실행 화면

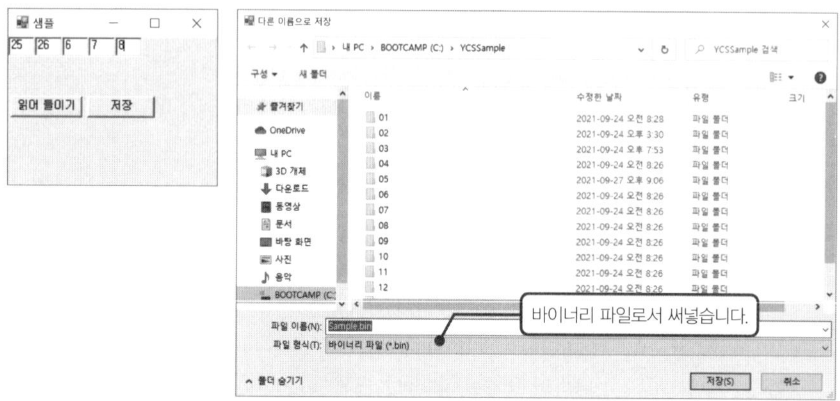

바이너리 파일을 다루려면 **바이트 스트림**(byte stream)이라는 스트림을 사용합니다. 바이트 스트림인 FileStream을 열 때에는 파일 모드·파일 접근을 지정합니다. 파일 모드는 다음 값을 지정합니다.

표 10-1 파일 모드(System.IO.FileMode 열거체)

파일 모드	설명
Append	끝에 추가
Open	기존 파일을 연다
OpenOrCreate	기존 파일을 연다, 또는 신규 작성
Create	신규 작성
CreateNew	신규 작성(파일이 존재하는 경우는 덮어쓰기)
Truncate	기존 파일을 열어서 덮어쓰기

파일 접근은 다음 값을 지정합니다.

표 10-2 파일 접근(System.IO.FileAccess 열거체)

파일 접근	설명
Read	읽어 들임
ReadWrite	읽고 쓰기
Write	써넣기

바이너리 파일의 읽고 쓰기에는 BinaryReader, BinaryWriter 클래스를 사용합니다. 여기에서는 데이터를 정수형 그대로 읽고 쓰고 있으므로 텍스트 파일로서 다루는 것보다도 파일 크기가 작아집니다. 애플리케이션에 관한 데이터를 컴팩트한 파일로서 저장할 때 편리합니다. 다만, 작성한 파일은 일반적인 텍스트 에디터에서 편집할 수는 없습니다. 파일을 다루는 목적에 맞춰서 구분해 사용하면 좋을 것입니다.

중요 | 바이너리 파일을 읽고 쓸 수 있다.

Sample3의 관련 클래스

클래스	설명
System.IO.BinaryReader 클래스	
BinaryReader(FileStream fs) 컨스트럭터	지정 파일 스트림으로 바이너리 입력 스트림을 작성한다
string ReadToEnd( ) 메서드	끝까지 읽어 들인다
System.IO.BinaryWriter 클래스	
BinaryWriter(FileStream fs) 컨스트럭터	지정 파일 스트림으로 바이너리 출력 스트림을 작성한다
void Write(int i) 메서드	지정한 버퍼에 써낸다
System.IO.FileStream 클래스	
FileStream(string str, FileMode fm, FileAccess fa)컨스트럭터	지정 파일명 · 오픈모드 · 접근 모드로 파일 입출력 스트림을 작성한다
System.Convert 클래스	
static int ToInt32(string str) 메서드	문자열을 정수로 변환한다

10.4 각종 파일의 다루기

 이미지 파일을 읽고 쓴다

이 절에서는 각종 파일의 읽고 쓰기를 하는 프로그램을 살펴봅시다.

이미지 파일은 간단하게 읽고 쓰기를 할 수 있습니다.

Sample4.cs ▶ 이미지 파일의 읽고 쓰기

```
using System;
using System.Windows.Forms;
using System.Drawing;
using System.Drawing.Imaging;
using System.IO;

class Sample4 : Form
{
    private Button bt1, bt2;
    private FlowLayoutPanel flp;
    private Bitmap bmp;

    [STAThread]
    public static void Main()
    {
        Application.Run(new Sample4());
    }
    public Sample4()
    {
        this.Text = "샘플";
```

```
        this.Width = 400; this.Height = 300;

        bmp = new Bitmap(400, 300);

        bt1 = new Button();
        bt2 = new Button();
        bt1.Text = "읽어 들이기";
        bt2.Text = "저장";

        flp = new FlowLayoutPanel();
        flp.Dock = DockStyle.Bottom;

        bt1.Parent = flp;
        bt2.Parent = flp;
        flp.Parent = this;

        bt1.Click += new EventHandler(bt_Click);
        bt2.Click += new EventHandler(bt_Click);
        this.Paint += new PaintEventHandler(fm_Paint);
    }
    public void bt_Click(Object sender, EventArgs e)
    {
        if (sender == bt1)
        {
            OpenFileDialog ofd = new OpenFileDialog();
            ofd.Filter = "비트맵 파일¦*.bmp¦JPEG 파일¦*.jpg";

            if (ofd.ShowDialog() == DialogResult.OK)
            {
                Image tmp = (Bitmap)Image.FromFile(ofd.FileName);
                bmp = new Bitmap(tmp);
            }
        }
        else if(sender == bt2)
        {
            SaveFileDialog sfd = new SaveFileDialog();
            sfd.Filter = "비트맵 파일¦*.bmp¦JPEG 파일¦*.jpg";
```

이미지를 읽어 들입니다

Lesson 10

```
            if (sfd.ShowDialog() == DialogResult.OK)
            {
                if (sfd.FilterIndex == 1)
                {
                    bmp.Save(sfd.FileName, ImageFormat.Bmp);
                }
                else if (sfd.FilterIndex == 2)
                {
                    bmp.Save(sfd.FileName, ImageFormat.Jpeg);
                }
            }
        }
        this.Invalidate();
    }
    public void fm_Paint(Object sender, PaintEventArgs e)
    {
        Graphics g = e.Graphics;

        g.DrawImage(bmp, 0, 0);
    }
}
```

1번째 필터인 비트맵의 처리입니다

비트맵으로 저장합니다

2번째 필터인 JPEG 처리입니다

JPEG로 저장합니다

Sample4의 실행 화면

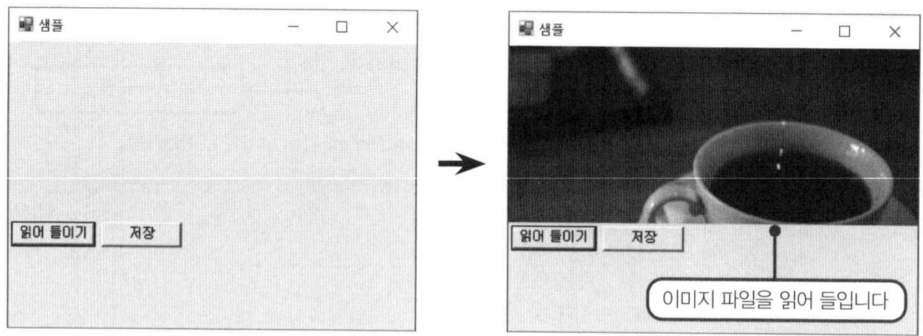

Bitmap 클래스의 Save() 메서드를 사용해서 이미지를 저장할 수 있습니다.

ImageFormat 클래스의 정적 필드를 사용해서 이미지 형식을 지정할 수 있습니다. 여기에서는 비트맵 형식(확장자 「.bmp」) · JPEG 형식(확장자 「.jpg」)의 이미지를 처리합니다.

Sample4의 관련 클래스

클래스	설명
System.Drawing.Bitmap 클래스	
void Save(string fn, ImageFormat f) 메서드	지정 파일을 지정한 형식으로 저장한다
System.Drawing.Imaging.ImageFormat 클래스	
Bmp 필드	비트맵 형식을 얻는다
Jpeg 필드	JPEG 형식을 얻는다
System.Windows.Forms.SaveFileDialog 클래스	
FilterIndex 프로퍼티	필터에 표시되는 열을 설정 · 얻는다

텍스트 처리를 시행한다

이번은 간단한 텍스트 에디터 프로그램을 작성해 봅시다. 텍스트박스의 기능을 사용하면 잘라내기 · 복사 · 붙여넣기 처리를 간단히 할 수 있습니다.

처리를 선택하는데 있어서는 **툴 바**(TollStrip)를 사용합시다. 이 프로그램을 기동하려면 툴 바의 버튼에 표시하는 이미지로서 c 드라이브 아래에 「cut.bmp」 「copy.bmp」「paste.bmp」가 필요합니다.

Sample5.cs ▶ 텍스트 에디터

```
using System;
using System.Windows.Forms;
using System.Drawing;
using System.IO;
```

```
class Sample5 : Form
{
    private TextBox tb;
    private ToolStrip ts;
    private ToolStripButton[] tsb = new ToolStripButton[3];
    private Button bt1, bt2;
    private FlowLayoutPanel flp;

    [STAThread]
    public static void Main()
    {
        Application.Run(new Sample5());
    }
    public Sample5()
    {
        this.Text = "샘플";

        ts = new ToolStrip();
        for (int i = 0; i < tsb.Length; i++)
        {
            tsb[i] = new ToolStripButton();
        }
        tsb[0].Image = Image.FromFile("c:₩₩Cut.bmp");
        tsb[1].Image = Image.FromFile("c:₩₩Copy.bmp");
        tsb[2].Image = Image.FromFile("c:₩₩Paste.bmp");

        tsb[0].ToolTipText = "잘라내기";
        tsb[1].ToolTipText = "복사";
        tsb[2].ToolTipText = "붙여넣기";

        tb = new TextBox();
        tb.Multiline = true;
        tb.Width = this.Width; tb.Height = this.Height - 100;
        tb.Dock = DockStyle.Top;
```

툴 바를 작성합니다

툴 바의 버튼을 작성합니다

툴 바의 버튼 이미지를 읽어 들입니다

버튼에 커서를 댔을 때 표시되는 텍스트입니다

텍스트박스를 여러 행 표시로 합니다

```
        bt1 = new Button();
        bt2 = new Button();
        bt1.Text = "읽어 들이기";
        bt2.Text = "저장";

        flp = new FlowLayoutPanel();
        flp.Dock = DockStyle.Bottom;

        for (int i = 0; i < tsb.Length; i++)
        {
            ts.Items.Add(tsb[i]);
        }

        bt1.Parent = flp;
        bt2.Parent = flp;
        flp.Parent = this;
        tb.Parent = this;
        ts.Parent = this;

        bt1.Click += new EventHandler(bt_Click);
        bt2.Click += new EventHandler(bt_Click);

        for (int i = 0; i < tsb.Length; i++)
        {
            tsb[i].Click += new EventHandler(tsb_Click);
        }
    }
    public void tsb_Click(Object sender, EventArgs e)
    {
        if (sender == tsb[0])
        {
            tb.Cut();        ● 잘라내기합니다
         }
        else if(sender == tsb[1])
        {
```

```
            tb.Copy(); ●──── 복사합니다
        }
        else if (sender == tsb[2])
        {
            tb.Paste(); ●──── 붙여넣기합니다
        }
    }
    public void bt_Click(Object sender, EventArgs e)
    {
        if (sender == bt1)
        {
            OpenFileDialog ofd = new OpenFileDialog();
            ofd.Filter = "텍스트파일¦*.txt";

            if (ofd.ShowDialog() == DialogResult.OK)
            {
                StreamReader sr = new StreamReader(ofd.FileName,
System.Text.Encoding.Default);
                tb.Text = sr.ReadToEnd();
                sr.Close();
            }
        }
        else if (sender == bt2)
        {
            SaveFileDialog sfd = new SaveFileDialog();
            sfd.Filter = "텍스트파일¦*.txt";

            if (sfd.ShowDialog() == DialogResult.OK)
            {
                StreamWriter sw = new StreamWriter(sfd.FileName);
                sw.WriteLine(tb.Text);
                sw.Close();
            }
        }
    }
}
```

Sample5의 실행 화면

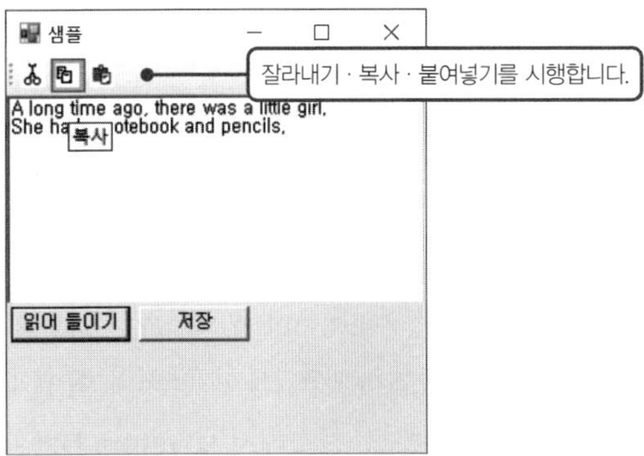

여기에서는 툴 바라는 TooStrip 클래스와 그 버튼인 ToolStripButton 클래스를 사용합니다. 버튼을 눌렀을 때 텍스트박스의 Cut(), Copy(), Paste() 메서드를 사용해서 처리를 시행합니다.

Sample5의 관련 클래스

클래스	설명
System.Windows.Forms.TextBox 클래스	
void Cut( ) 메서드	선택 범위를 잘라낸다
void Copy( ) 메서드	선택 범위를 복사한다
void Paste( ) 메서드	현재 위치에 붙여넣기한다
System.Windows.Forms.ToolStrip 클래스	
ToolStrip( ) 컨스트럭터	툴 바를 작성한다
System.Windows.Forms.ToolStripButton 클래스	
ToolStripButton( ) 컨스트럭터	툴 버튼을 작성한다
ToolTipText 프로퍼티	툴 팁 텍스트를 설정한다

XML 문서를 표 형식으로 표시한다

설정 파일이나 각종 데이터를 저장할 때는 XML 문서 형식의 파일을 이용하는 경우도 많습니다.

이번에는 XML 문서를 다루는 방법을 살펴봅시다. **데이터 그리드 뷰**(DataGridView) 컨트롤을 사용하면 XML 문서를 간단하게 표 형식으로 표시할 수 있습니다. 여기에서는 c 드라이브 아래에 다음의 「Sample.xml」을 작성한 다음 읽어 들여 봅시다. 저장 여부를 확인하고 나서 실행하세요. 또한 빌드의 실행에는 「참조의 추가」를 해야 합니다. 이 책의 앞부분을 참조해서 「**System.Data**」와 「**System.Xml**」을 추가하세요.

Sample.xml

```
<?xml version="1.0" encoding="utf-8"?>
<cars>
    <car id="1001" country="한국">
        <name>승용차</name>
        <price>150</price>
        <description>
            5인까지 승차할 수 있습니다.
            <em>가족용</em>
            자동차입니다.
        </description>
        <img file="car1.jpg"/>
    </car>
    <car id="2001" country="한국">
        <name>트럭</name>
        <price>500</price>
        <description>
            <em>화물 운반</em>
            에 이용할 수 있습니다.
            <em>업무용</em>
            자동차입니다.
```

```
        </description>
        <img file="car2.jpg"/>
    </car>
    <car id="1005" country="USA">
        <name>오픈카</name>
        <price>200</price>
        <description>
            맑은 날에는 선루프를 개폐할 수 있습니다.
            <em>레저용</em>
            에 최적입니다.
        </description>
        <img file="car3.jpg"/>
    </car>
</cars>
```

Sample6.cs ▶ XML을 데이터 그리드 뷰로 표시한다

```
using System.Windows.Forms;
using System.Data;

class Sample6 : Form
{
    private DataSet ds;
    private DataGridView dg;

    public static void Main()
    {
        Application.Run(new Sample6());
    }
    public Sample6()
    {
        this.Text = "샘플";

        ds = new DataSet();    // 데이터셋을 작성합니다
```

Lesson 10

```
        ds.ReadXml("c:\\Sample.xml");
        
        dg = new DataGridView();
        dg.DataSource = ds.Tables[0];
        
        dg.Parent = this;
    }
}
```

데이터셋이 XML 문서를 읽어 들입니다

데이터 그리드 뷰를 작성합니다

DataSource 프로퍼티에 설정합니다

Samle6의 실행 화면

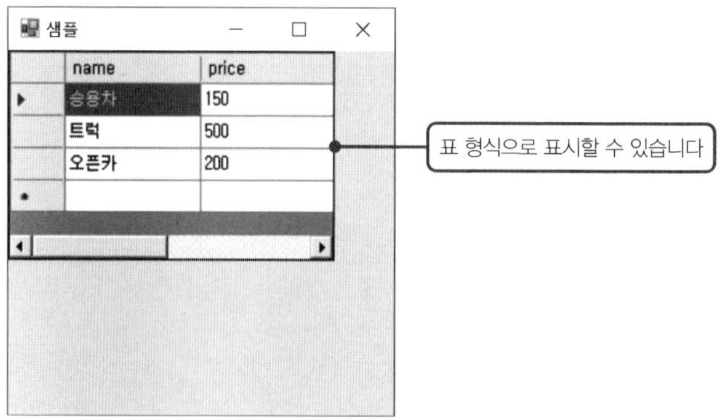

XML 문서를 표시하려면 데이터를 다루는 클래스인 **데이터 셋**(DataSet)을 작성하고 XML 문서의 내용을 읽어 들입니다.

이 데이터 셋의 첫 번째 행을 데이터 그리드 뷰의 DataSource 프로퍼티에 설정하면 XML 문서의 내용이 표 형식으로 표시됩니다.

데이터 그리드 뷰는 이 밖에도 다양한 데이터를 표 형식으로 표시할 수 있습니다.

중요 | 데이터 그리드 뷰에 XML 문서를 표시할 수 있다.
데이터 그리드 뷰는 데이터를 표 형식으로 표시한다.

Sample6의 관련 클래스

클래스	설명
System.Windows.Forms.DataGridView 클래스	
DataGridView( ) 컨스트럭터	데이터 그리드 뷰를 작성한다
DataSource 프로퍼티	데이터 소스를 설정한다
System.Data.DataSet 클래스	
DataSet( ) 컨스트럭터	데이터 셋을 작성한다
XmlReadMode ReadXml(string str) 메서드	XML 문서를 읽어 들인다

XML 문서를 트리 구조로 표시한다

XML은 중첩된 계층 구조로 데이터를 나타내는 형식으로 되어 있습니다. 그래서 트리 구조를 가진 **트리 뷰**(TreeView) 컨트롤을 사용하면 더욱 XML 문서의 내용을 보기 쉽게 표시할 수 있습니다. 이 프로그램의 실행에도 XML 파일을 저장해 두는 것과 「**System.Xml**」 참조를 추가해야 합니다.

Lesson 10

Sample7.cs ▶ XML을 트리 뷰로 표시한다

```
using System.Windows.Forms;
using System.Xml;

class Sample7 : Form
{
    private TreeView tv;

    public static void Main()
    {
        Application.Run(new Sample7());
    }
    public Sample7()
```

```
{
    this.Text = "샘플";

    tv = new TreeView();
    tv.Dock = DockStyle.Fill;

    XmlDocument doc = new XmlDocument();
    doc.Load("c:₩₩Sample.xml");

    XmlNode xmlroot = doc.DocumentElement;
    TreeNode treeroot = new TreeNode();
    treeroot.Text = xmlroot.Name;
    tv.Nodes.Add(treeroot);

    walk(xmlroot, treeroot);

    tv.Parent = this;
}
public static void walk(XmlNode xn, TreeNode tn)
{
    for (XmlNode ch = xn.FirstChild;
        ch != null;
        ch = ch.NextSibling)
    {
        TreeNode n = new TreeNode();
        tn.Nodes.Add(n);
        walk(ch,n);
        if (ch.NodeType == XmlNodeType.Element)
        {
            n.Text = ch.Name;
        }
        else
        {
            n.Text = ch.Value;
        }
```

트리 뷰를 작성합니다

❶ 문서를 읽어 들입니다

루트 노드를 얻습니다

루트 노드를 트리의 루트로 합니다

❷ 자식의 처리를 시행합니다

자식 노드에 대해서 순서대로 처리합니다

❸ 자식 노드에 대해서 같은 처리를 반복합니다

요소의 경우에…

요소명을 트리 노드에 설정합니다

요소 이외의 경우에…

값을 트리 노드에 설정합니다

```
        }
    }
}
```

Sample7의 실행 화면

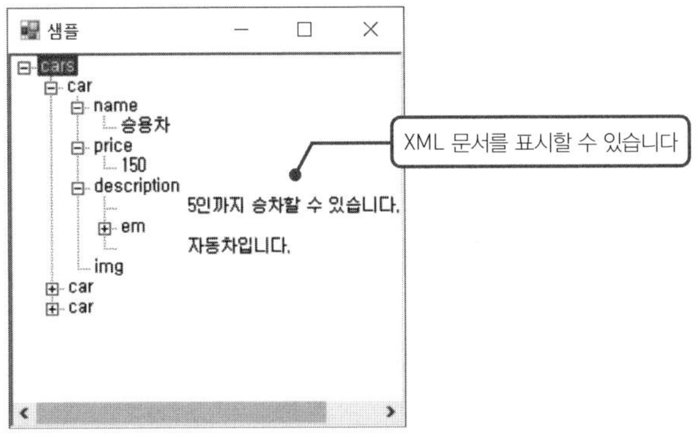

XML 문서를 읽어 들이는 데는 XmlDocument 클래스를 사용합니다. Load() 메서드에 의해 XML 파일을 읽어 들일 수 있습니다(❶).

XML 문서의 노드를 다루는 데는 XmlNode 클래스를 사용합니다. 또한, 트리 뷰의 노드는 TreeNode 클래스를 사용합니다. 문서의 루트로 되어 있는 XmlNode의 첫 자식부터 자식 노드를 순서대로 처리해 나갑니다(❷). 자식에 또 자식이 있으면 같은 처리를 반복합니다(❸).

이 반복 처리의 안에서 이 노드에 XML의 요소명 또는 텍스트 값을 설정해 가는 것입니다.

이렇게 트리 뷰에 XML의 요소명이나 텍스트가 표시됩니다.

XML을 이용할 수 있으면 각종 데이터를 다루는 애플리케이션을 작성할 수 있을 것입니다. 인터넷에서 받을 수 있는 RSS 등의 정보도 XML 형식의 데이터로 다룰 수 있습니다.

중요 | 트리 뷰는 데이터를 트리 구조로 표시한다.

Sample7의 관련 클래스

클래스	설명
System.Windows.Forms.TreeView 클래스	
TreeView() 컨스트럭터	트리 뷰를 작성한다
Nodes 프로퍼티	트리의 첫 자식 노드 리스트를 설정 · 얻는다
System.Windows.Forms.TreeNode 클래스	
TreeNode() 컨스트럭터	트리 노드를 작성한다
Text 프로퍼티	노트 명을 설정 · 얻는다
System.Xml.XmlDocument 클래스	
XmlDocument() 컨스트럭터	문서를 작성한다
void Load(string s) 메서드	XML 문서를 읽어 들인다
System.Xml.XmlNode 클래스	
XmlNode() 컨스트럭터	XML 노드를 작성한다
FirstChild 프로퍼티	첫 자식을 얻는다
NextSibling 프로퍼티	다음 자식을 얻는다
NodeType 프로퍼티	노드의 종류를 설정 · 얻는다
Name 프로퍼티	노드 명을 설정 · 얻는다
Value 프로퍼티	노드 값을 설정 · 얻는다

10.5 파일의 응용과 정규표현

 탭에 파일을 표시한다

이 절에서는 파일을 사용한 프로그램을 응용해 봅시다. 다음 프로그램을 보세요.

Sample8.cs ▶ 탭에 표시한다

```
using System;
using System.Windows.Forms;
using System.Drawing;
using System.IO;

class Sample8 : Form
{
    private PictureBox[] pb;
    private TabControl tc;
    private TabPage[] tp;

    public static void Main()
    {
        Application.Run(new Sample8());
    }
    public Sample8()
    {
        this.Text = "샘플";
        this.Width = 300; this.Height = 200;

        tc = new TabControl();
```

Lesson 10

```
        string dir = "c:\\";
        
        string[] fls = Directory.GetFiles(dir, "*.bmp");
        pb = new PictureBox[fls.Length];
        tp = new TabPage[fls.Length];

        for (int i = 0; i < fls.Length; i++)
        {
            pb[i] = new PictureBox();
            tp[i] = new TabPage(fls[i]);

            pb[i].Image = Image.FromFile(fls[i]);
            tp[i].Controls.Add(pb[i]);
            tc.Controls.Add(tp[i]);
        }

        tc.Parent = this;
    }
}
```

지정한 디렉터리에 대해서…

❶ 파일의 리스트를 얻는다

BMP 파일 형식만 설정합니다

❷ 해당 파일 수의 탭 페이지를 준비합니다

❸ 탭 페이지에 이미지를 추가합니다

❹ 탭 컨트롤에 탭 페이지를 추가합니다

Sample8의 실행 화면

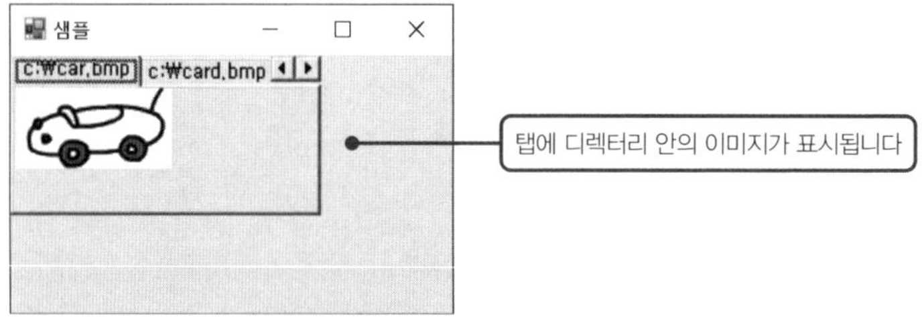

이 프로그램에서는 지정한 디렉터리에서 확장자가 「.bmp」인 이미지 파일을 탭을 나타내는 **탭 컨트롤**(TabControl)에 표시합니다.

먼저 디렉터리 안의 파일을 얻기 위해서 Directory 클래스의 GetFiles() 메서드를 사용합니다(❶). 파일명을 얻을 때는 BMP 파일 형식만 설정합니다. 얻어진 파일 수만큼 각각의 탭 페이지를 나타내는 **탭 페이지**(TabPage)를 준비합니다(❷).

다음에 탭 페이지에 이미지를 읽어 들인 픽처 박스를 추가합니다(❸). 또한 이 탭 페이지를 탭 컨트롤에 추가하는 것입니다(❹).

Sample8의 관련 클래스

클래스	설명
System.Windows.Forms.TabControl 클래스	
TabControl( ) 컨스트럭터	탭 컨트롤을 작성한다
System.Windows.Forms.TabPage 클래스	
TabPage(string s) 컨스트럭터	지정한 타이틀의 탭 페이지를 작성한다
System.IO.Directory 클래스	
string[ ] GetFiles(string path, string pattern) 메서드	패턴에 매치하는 파일명의 리스트를 얻는다

Lesson 10

자식 폼에 파일을 표시한다

파일의 내용을 표시하는 프로그램을 하나 더 작성합시다. 이번에는 지정한 디렉터리에서 확장자가 「.xml」인 파일의 내용을 표시합니다.

Sample9.cs ▶ 자식 폼에 표시한다

```
using System;
using System.Windows.Forms;
using System.IO;

class Sample9 : Form
{
    private ChildForm[] cf;
```

```
    public static void Main()
    {
        Application.Run(new Sample9());
    }
    public Sample9()
    {
        this.Text = "샘플";
        this.Width = 400; this.Height = 400;
        this.IsMdiContainer = true;

        string dir = "c:₩₩";

        string[] fls = Directory.GetFiles(dir, "*.xml");
        cf = new ChildForm[fls.Length];

        for (int i = 0; i < fls.Length; i++)
        {
            cf[i] = new ChildForm(fls[i]);
            cf[i].MdiParent = this;
            cf[i].Show();
        }
    }
}

class ChildForm : Form
{
    TextBox tb;

    public ChildForm(string name)
    {
        this.Text = name;

        tb = new TextBox();
        tb.Multiline = true;
```

지정한 디렉터리에 대해서…
파일의 리스트를 얻습니다
해당 파일 수의 자식 폼의 배열을 준비합니다
자식 폼을 작성합니다
❶ 자식 폼의 부모를 이 폼으로 합니다
❷ 자식 폼을 표시합니다
자식 폼의 정의입니다

```
            tb.Width = this.Width;
            tb.Height = this.Height;

            StreamReader sr = new StreamReader(name,
                                   System.Text.Encoding.Default);
            tb.Text = sr.ReadToEnd();   // 텍스트박스에 파일 내용을 읽어 들입니다
            sr.Close();

            tb.Parent = this;
        }
    }
```

Sample9의 실행 화면

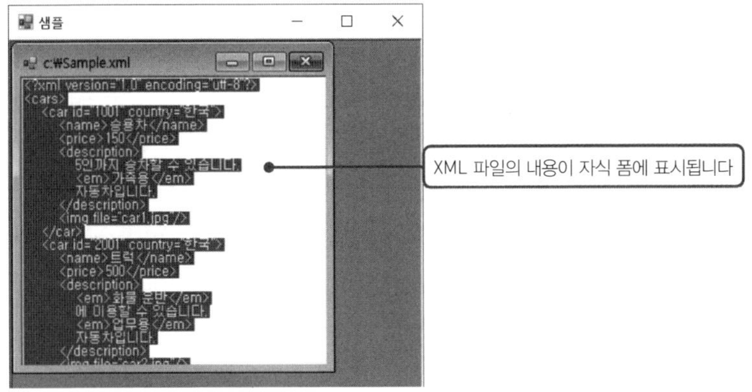

여기에서는 디렉터리 내의 XML 파일을 표시하기 위해서 부모 폼의 안에 자식 폼을 표시합니다. 이러한 윈도를 **MDI**(multipledocument interface)라고도 합니다.

자식 폼의 MdiParent 프로퍼티에 부모 폼을 지정하고(❶), 자식 폼을 표시함으로써(❷) MDI 폼을 작성할 수 있습니다.

같은 디렉터리 내에 여러 개의 XML 파일이 존재했을 경우에는 여러 개의 자식 폼이 표시되므로 확인해 보세요.

Lesson 10

여러 개의 파일을 동시에 여는 애플리케이션에서는 이러한 MDI 폼을 사용하면 편리합니다. 텍스트 에디터나 드로우 애플리케이션에서는 이러한 형식의 폼이 많이 사용됩니다.

Sample9의 관련 클래스

클래스	설명
System.Windows.Forms.Form 클래스	
MdiParent 프로퍼티	자식 윈도를 설정·얻는다
System.Windows.Forms.TextBox 클래스	
Multiline 프로퍼티	여러 행 표시를 설정·얻는다

문자열을 바꾼다

파일의 내용을 다루는 프로그램을 살펴봅시다. 텍스트 파일이나 XML 파일 등을 다룰 때는 문자열의 검색이나 바꿀 수 있으면 편리합니다. 검색·바꾸기를 위해서 System.Text.RegularExpressions 이름 공간의 **정규표현**(Regex) **클래스**를 사용할 수 있습니다.

Sample10.cs ▶ 바꾸기를 시행한다

```
using System;
using System.Windows.Forms;
using System.IO;
using System.Text.RegularExpressions;

class Sample10 : Form
{
    private Label[] lb = new Label[3];
    private TextBox[] tb = new TextBox[3];
    private Button bt;
```

```
    private TableLayoutPanel tlp;

    public static void Main()
    {
        Application.Run(new Sample10());
    }
    public Sample10()
    {
        this.Text = "샘플";
        this.Width = 300; this.Height = 300;

        for (int i = 0; i < lb.Length; i++)
        {
            lb[i] = new Label();
            lb[i].Dock = DockStyle.Fill;
        }
        for (int i = 0; i < tb.Length; i++)
        {
            tb[i] = new TextBox();
            tb[i].Dock = DockStyle.Fill;
        }

        bt = new Button();

        tlp = new TableLayoutPanel();
        tlp.ColumnCount = 2;
        tlp.RowCount = 5;
        tlp.Dock = DockStyle.Fill;

        lb[0].Text = "입력하세요.";
        tlp.SetColumnSpan(lb[0], 2);

        tb[0].Multiline = true;
        tb[0].Height = 100;
        tlp.SetColumnSpan(tb[0], 2);
```

```
        lb[1].Text = "바꾸기 전";
        lb[2].Text = "바꾼 후";
        bt.Text = "바꾸기";
        tlp.SetColumnSpan(bt, 2);

        lb[0].Parent = tlp;
        tb[0].Parent = tlp;
        lb[1].Parent = tlp;
        tb[1].Parent = tlp;
        lb[2].Parent = tlp;
        tb[2].Parent = tlp;
        bt.Parent = tlp;

        tlp.Parent = this;

        bt.Click += new EventHandler(bt_Click);
    }
    public void bt_Click(Object sender, EventArgs e)
    {
        Regex rx = new Regex(tb[1].Text);
        tb[0].Text = rx.Replace(tb[0].Text, tb[2].Text);
    }
}
```

❶ 원래 문자열에서 패턴을 얻습니다

❷ 바꾸려는 문자열로 바꿉니다

Sample10의 실행 화면

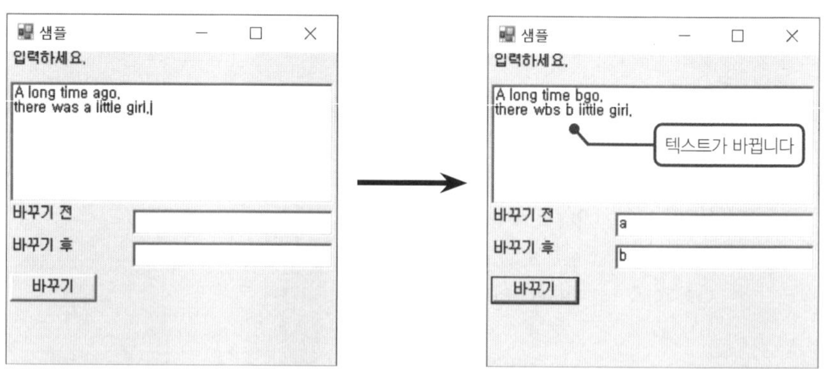

프로그램을 실행하고, 텍스트박스에 텍스트를 입력하세요. 더불어 바꾸기 전의 문자열과 후의 문자열을 입력하고 「바꾸기」 버튼을 누릅니다. 그러면 지정한 바꾸기 전 문자열이 바꾸기 후 문자열로 전부 바뀝니다.

이 프로그램에서는 먼저 바꾸는 부분을 지정하기 때문에 바꾸기 전의 문자열을 패턴으로서 지정해서 Regex 클래스의 오브젝트를 작성합니다(❶). 이것으로 바꾸기 전 문자열 패턴과의 일치 부분을 조사하는 오브젝트를 얻을 수 있습니다.

실제로 바꾸려면 Replace() 메서드를 사용합니다(❷). 대상이 되는 문장에 대해서 바꾸기 전 문자열과 일치한 부분을 바꾸기 후의 문자열로 바꿔 놓습니다.

Sampe10의 관련 클래스

클래스	설명
System.Text.RegularExpressions.Regex 클래스	
Regex(string pattern) 컨스트럭터	지정 패턴의 정규표현 오브젝트를 작성한다
string Replace(string input, string str) 메서드	input을 검색해서 문자열 str로 바꾸고 결과를 반환한다

Lesson 10

 문자열을 검색한다

검색을 시행해 봅시다. 검색에 매치한 문자를 빨간색으로 변경합니다.

Sample11.cs ▶ 검색을 시행한다

```
using System;
using System.Windows.Forms;
using System.IO;
using System.Drawing;
using System.Text.RegularExpressions;
```

```
class Sample11 : Form
{
    private Label lb;
    private RichTextBox rt;
    private TextBox tb;
    private Button bt;
    private TableLayoutPanel tlp;

    public static void Main()
    {
        Application.Run(new Sample11());
    }
    public Sample11()
    {
        this.Text = "샘플";
        this.Width = 300; this.Height = 300;

        lb = new Label();
        lb.Dock = DockStyle.Fill;

        rt = new RichTextBox();
        rt.Dock = DockStyle.Fill;

        tb = new TextBox();
        tb.Dock = DockStyle.Fill;

        bt = new Button();

        tlp = new TableLayoutPanel();
        tlp.ColumnCount = 2;
        tlp.RowCount = 3;
        tlp.Dock = DockStyle.Fill;

        lb.Text = "입력하세요.";
        tlp.SetColumnSpan(lb, 2);
```

색을 변경할 수 있는 리치 텍스트 박스를 사용합니다

```
        rt.Multiline = true;
        rt.Height = 100;
        tlp.SetColumnSpan(rt, 2);

        bt.Text = "검색";
        tlp.SetColumnSpan(bt, 2);

        lb.Parent = tlp;
        rt.Parent = tlp;
        tb.Parent = tlp;
        bt.Parent = tlp;

        tlp.Parent = this;

        bt.Click += new EventHandler(bt_Click);
    }
    public void bt_Click(Object sender, EventArgs e)
    {
        Regex rx = new Regex(tb.Text);
        Match m = null;
        for(m = rx.Match(rt.Text);
            m.Success; m = m.NextMatch())
        {
            rt.Select(m.Index, m.Length);
            rt.SelectionColor = Color.Red;
        }
    }
}
```

검색 문자열을 지정합니다

대상 문자열에 대해서 검색을 시행합니다

검색이 성공하는 동안…

다음 검색을 시행합니다

검색이 성공하면 범위를 선택해 빨간색으로 합니다

Sample11의 실행 화면

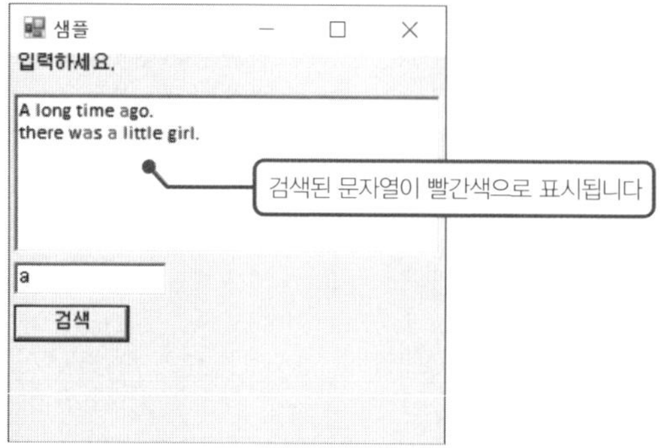

위쪽의 텍스트박스에 텍스트를 입력하세요. 아래쪽의 텍스트박스에 검색 문자열을 입력하고 「검색」 버튼을 누릅니다. 그러면 지정한 문자열이 빨간색으로 표시됩니다.

텍스트를 검색하려면 Regex 클래스의 Match( ) 메서드로 검색을 시행하고 Success 프로퍼티의 값을 조사합니다. Success 프로퍼티의 값이 true인 동안은 NextMatch( ) 메서드로 검색을 계속합니다.

문자색을 변경하기 위해 리치 텍스트박스(RitchTextBox) 컨트롤을 사용합니다. 검색 단어가 발견될 때마다 매치한 범위의 선택을 시행하고, 문자의 선택색을 변경합니다.

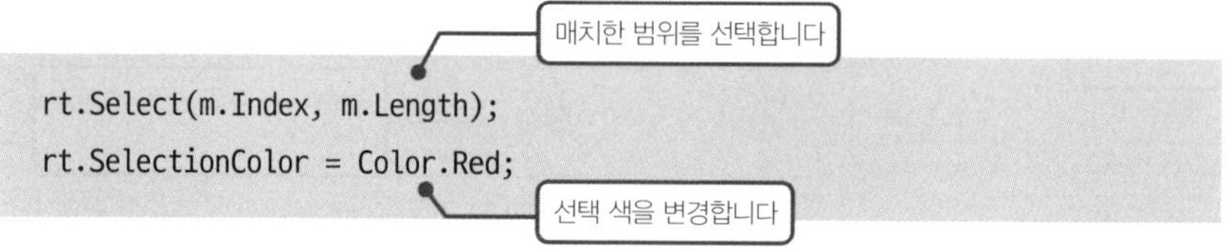


```
rt.Select(m.Index, m.Length);
rt.SelectionColor = Color.Red;
```

Sample11의 관련 클래스

클래스	설명
System.Text.RegularExpressions.Regex 클래스	
Match Match(string str) 메서드	매칭을 시행한다
Match NextMatch( ) 메서드	다음 매칭을 시행한다

Success 프로퍼티	매칭의 성공실패를 얻는다
Index 프로퍼티	매치한 처음 위치를 얻는다
Length 프로퍼티	매치한 길이를 얻는다
System.Windows.Forms.RitchTextBox 클래스	
RitchTextBox( ) 컨스트럭터	리치 텍스트박스를 작성한다
SelectionColor 프로퍼티	선택되어 있는 부분의 색을 설정 · 얻는다
System.Windows.Forms.RitchTextBoxBase 클래스	
Select(int start, int length) 메서드	시작 위치와 길이를 지정해서 선택한다

정규표현의 구조를 안다

Regex 클래스에 사용하는 표현에 대해서 자세히 살펴봅시다. Regex 오브젝트를 작성할 때에 지정하는 패턴에는 **정규표현**(regular expression)이라는 표현을 사용할 수 있습니다. 정규표현은 통상의 문자와 다음과 같은 메타 문자를 사용해서 표현합니다.

표 10-3 주요 메타 문자

메타 문자	의미
^	행 앞
$	행 끝
.	임의의 1문자
[]	문자 클래스
*	0회 이상
+	1회 이상
?	0 또는 1
{a}	a회
{a,}	a회 이상
{a,b}	a~b회

^(캐럿, 해트)는 행 앞을 나타냅니다. 예를 들어 「^CSharp」라는 패턴은 「CSharp」, 「CSharpp」라는 문자열에 매치합니다. 「CCSharp」나 「CCSharp」에는 매치하지 않습니다.

$는 행 끝을 나타냅니다. 예를 들어 「CSharp$」라는 패턴은 「CSharp」 「CCSharp」라는 문자열에 매치합니다. 「CSharpp」나 「CSharppp」에는 매치하지 않습니다.

문자 클래스는 다음과 같이 패턴을 만들어 사용할 수 있습니다. 이러한 메타 문자를 조합해서 사용함으로써 검색, 치환을 시행하기 위한 강력한 표현을 작성할 수 있는 것입니다.

표 10-4 문자 클래스

패턴	패턴의 의미	매치하는 문자열의 예
[012345]	012345 중 하나	3
[0-9]	0~9 중 하나	5
[A-Z]	A~Z 중 하나	B
[A-Za-z]	A~Z, a~z 중 하나	b
[^012345]	012345가 아닌 문자	6
[01][01]	00, 01, 10, 11 중 하나	01
[A-Za-z][0-9]	알파벳 하나에 숫자가 하나 이어진다	A0

외부 프로그램을 실행한다

마지막으로 외부 프로그램을 간단히 실행하는 방법을 소개합시다. 여기에서는 파일명을 지정해서 연관지어진 프로그램을 실행할 수 있게 합니다.

Sample12.cs ▶ 외부 프로그램을 실행한다

```
using System;
using System.Windows.Forms;
using System.IO;
using System.Diagnostics;

class Sample12 : Form
{
    private ListBox lbx;
    private Button bt;

    public static void Main()
    {
        Application.Run(new Sample12());
    }
    public Sample12()
    {
        this.Text = "샘플";
        this.Width = 250; this.Height = 200;

        string dir = "c:₩₩";

        string[] name = Directory.GetFiles(dir);

        lbx = new ListBox();
        lbx.Dock = DockStyle.Top;

        for(int i = 0; i < name.Length; i++)
        {
            lbx.Items.Add(name[i]);
        }

        bt = new Button();
        bt.Text = "실행";
        bt.Dock = DockStyle.Bottom;
```

```
        lbx.Parent = this;
        bt.Parent = this;

        bt.Click += new EventHandler(bt_Click);
    }
    public void bt_Click(Object sender, EventArgs e)
    {
        string name = lbx.SelectedItem.ToString();

        if (name != null)
        {
            Process.Start(@name);
        }
    }
}
```

선택된 파일을 연관 지어진 프로그램으로 엽니다

Sample12의 실행 화면

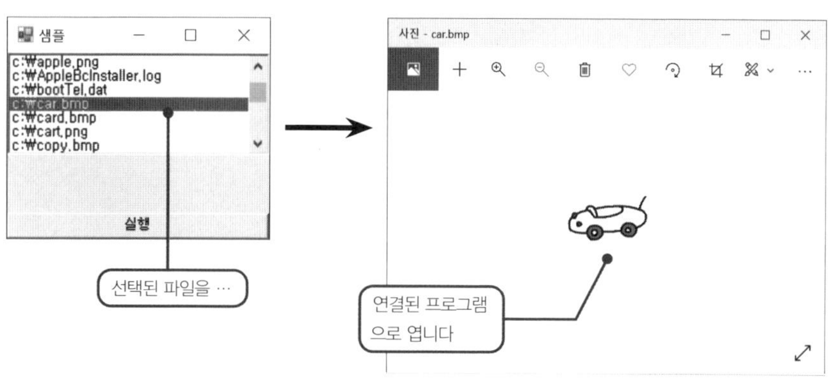

프로그램을 실행하면 리스트박스에 파일명이 표시됩니다.

여기에서 리스트박스 안의 이미지 파일명을 선택하고, 「실행」 버튼을 누르면 외부 프로그램인 이미지 뷰어가 실행됩니다. 또한, OS 상에서 소스 파일을 텍스트 에디터에 연결되어 있는 경우에는 외부의 텍스트 에디터가 실행됩니다.

또한, @를 문자열의 맨 앞에 붙이면 디렉터리 구분 기호인 문자 ₩를 이스케이프 시퀀스를 사용하지 않고 나타낼 수 있습니다.

Sample12의 관련 클래스

클래스	설명
System.Diagnostics.Process 클래스	
static Process Start(string str) 메서드	지정한 문서를 연결된 외부 프로그램에서 실행한다

외부 프로그램의 실행

Process 클래스의 Start( ) 메서드에는 여기에서 소개했듯이 파일명을 인수로서 지정해서 실행하는 종류 외에도 파라미터, 사용자명·패스워드 등 여러 가지 값을 인수로서 지정하는 종류가 준비되어 있습니다.

또한, Start( ) 메서드에서는 파일에 프로그램이 연결되어 있지 않은 경우에 예외가 발생합니다. 실제로 이 메서드를 활용할 때는 다음 장에서 소개하는 예외 처리를 시행해야 합니다.

10.6 레슨의 정리

이 장에서는 다음을 배웠습니다.

- 파일에 대한 정보를 다룰 수 있습니다.
- 파일을 선택하는 다이얼로그 박스를 사용할 수 있습니다.
- StreamReader·StreamWriter 클래스를 사용하면 텍스트 파일의 읽고 쓰기를 시행할 수 있습니다.
- BinaryReader·BinaryWriter 클래스를 사용하면 바이너리 파일의 읽고 쓰기를 시행할 수 있습니다.
- 이미지 파일을 읽고 쓸 수 있습니다.
- XML 문서를 표 또는 트리 구조의 컨트롤로 표시할 수 있습니다.
- 정규표현을 사용하여 검색·바꾸기를 할 수 있습니다.

이 장에서는 파일에 대해서 배웠습니다. 파일을 사용하면 데이터를 장기간 저장할 수 있습니다. 파일 정보를 다루는 방법, 텍스트 파일·바이너리 파일 읽고 쓰기를 시행하는 방법은 실제 프로그램을 작성하는데 도움이 되는 지식입니다. 이미지 파일, XML 문서도 다루면 편리할 것입니다.

연습문제

1. 선택한 폴더의 파일 정보를 리스트박스에 표시하는 프로그램을 작성하세요. 아래의 클래스를 이용합니다.

관련 클래스

클래스	설명
System.IO.Directory 클래스	
string[] GetFiles(string path) 메서드	지정 패스의 파일 리스트를 얻는다
System.Windows.Forms.FolderBrowserDialog 클래스	
FolderBrowserDialog( ) 컨스트럭터	폴더 선택 다이얼로그 박스를 작성한다
DialogResult ShowDialog( ) 메서드	폴더 선택 다이얼로그 박스를 표시한다
SelectedPath 프로퍼티	선택된 폴더를 얻는다
System.Windows.Forms.ListBox.ObjectCollection 클래스	
int Add(Object item) 메서드	아이템을 추가한다
void Clear( ) 메서드	아이템을 삭제한다

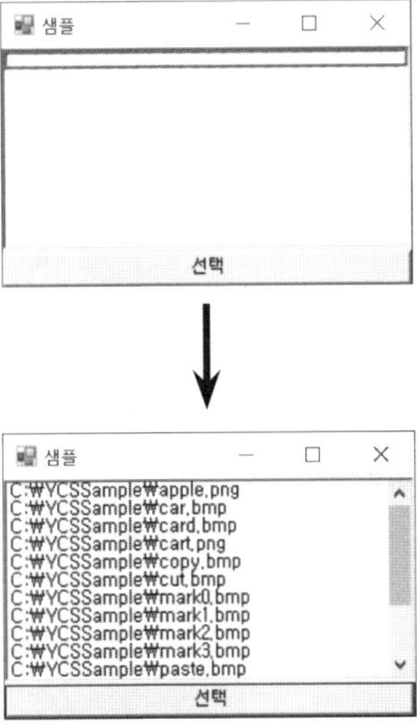

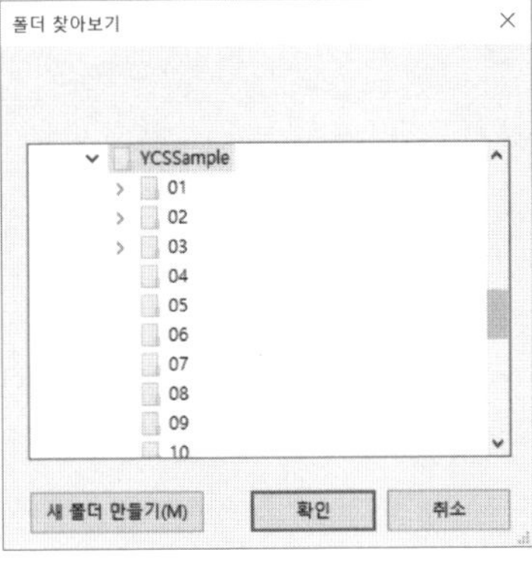

2. 현재 디렉터리 아래의 폴더 · 파일 정보를 트리 뷰에 표시하세요. 다음 클래스를 이용합니다.

관련 클래스

클래스	설명
System.IO.Directory 클래스	
string GetCurrentDirectory(string s)	현재 디렉터리를 얻는다
string[] GetDirectories(string dir)	지정 디렉터리의 서브 디렉터리 정보를 얻는다
System.IO.Path 클래스	
string GetFileName(string s)	지정 패스명으로부터 파일명을 얻는다

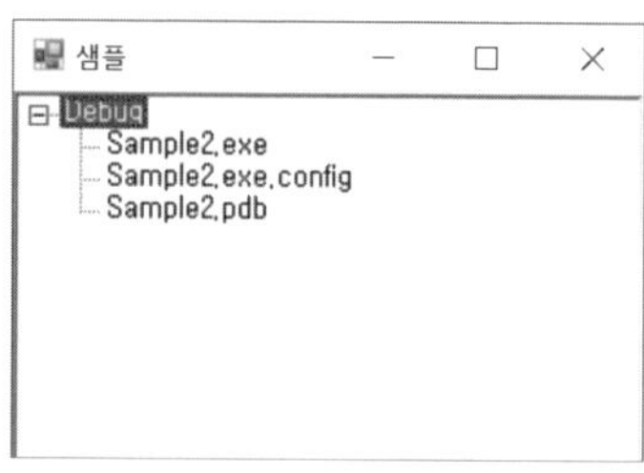

*역자 주: 책의 뒷부분에 정답이 있습니다.

Lesson 11

네트워크

클래스 라이브러리에는 네트워크를 이용하기 위한 클래스가 준비되어 있습니다. 현재, 실용적인 프로그램을 작성할 때는 네트워크를 이용하는 걸 빼놓을 수 없습니다. Web을 이용하는 프로그램도 간단히 작성할 수 있으면 편리하겠죠? 이 장에서는 네트워크를 다루는 프로그램에 대해서 배웁시다.

Check Point!

- 네트워크
- IP 주소
- 호스트명
- 예외 처리
- Web
- TCP
- 스레드

11.1 네트워크의 기본

네트워크를 이용한다

이 장에서는 네트워크를 이용하기 위해서 필요한 클래스에 대해서 배웁시다. 네트워크를 이용하기 위해서는 Web 지식뿐만 아니라 네트워크 너머의 컴퓨터나 파일의 위치를 지정하는 방법 등을 알아야 합니다. C# 프로그램을 작성할 때 이러한 네트워크의 기초적인 기능을 다루는 것은 빼놓을 수 없습니다.

네트워크를 다루기 위한 기본 클래스는 System.Net 이름 공간으로 통합되어 있습니다. 바로 사용해 봅시다.

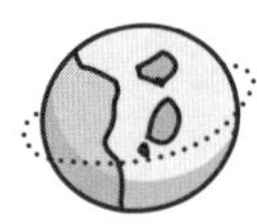

IP 주소를 안다

인터넷에 접속되어 있는 컴퓨터 등의 기기를 지정하는 방법을 배웁시다. 이 지정은 **IP 주소**(Internet Protocol Address)라고 합니다. IP 주소는 네트워크에 접속되는 기기를 특정하는 32비트(IPv4) 또는 128비트(IPv6)의 수치를 말합니다.

```
X.X.X.X [IPv4:32비트]
XXXX:XXXX:XXXX:XXXX:XXXX:XXXX:XXXX:XXXX [IPv6:128비트]
```

컴퓨터 등의 기기를 나타내는 IP 주소입니다

다만, IP 주소는 매우 기억하기 어려운 수치이므로 사람이 쉽게 알 수 있는 문자열을 할당해 사용하기도 합니다. 이것을 **호스트명**(host name) 또는 **도메인명**(domain name)이라고 합니다.

```
youngjin.com
```

할당된 호스트명입니다

예를 들어, 「youngjin.com」이라는 호스트명을 「X.X.X.X」라는 IP 주소 대신에 사용할 수 있습니다.

그럼 바로 사용하는 장치의 IP 주소를 표시해 봅시다. Dns 클래스를 이용하면 주소를 표시할 수 있습니다.

Sample1.cs ▶ 실행 중인 장치의 인터넷 주소를 안다

```
using System.Windows.Forms;
using System.Net;

class Sample1 : Form
{
    private Label lb1, lb2;

    public static void Main()
    {
        Application.Run(new Sample1());
    }
    public Sample1()
    {
        this.Text = "샘플";
        this.Width = 300; this.Height = 100;

        string hn = Dns.GetHostName();
        IPHostEntry ih = Dns.GetHostEntry(hn);

        IPAddress ia = ih.AddressList[0];

        lb1 = new Label();
        lb2 = new Label();
```

❶ 실행 중인 장치의 호스트명을 얻습니다

❷ 인터넷 주소의 리스트를 얻습니다

Lesson 11

```
        lb1.Width = 300;
        lb1.Top = 0;

        lb1.Text= "호스트명: " + hn;

        lb2.Width = 300;
        lb2.Top = lb1.Bottom;
        lb2.Text = "IP 주소: " + ia.ToString();

        lb1.Parent = this;
        lb2.Parent = this;
    }
}
```

Sample1의 실행 화면

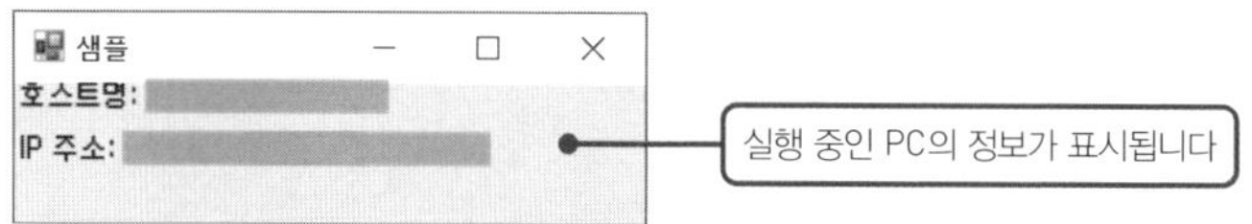

이 프로그램에서는

❶ 실행 중인 PC의 호스트명을 얻는다
❷ ❶로부터 IP 주소의 리스트를 얻는다

는 처리를 하고 있습니다. 화면 상에 호스트명과 IP 주소가 표시되는 것을 알 수 있습니다. 호스트명에는 여러 개의 주소가 연관 지어져 있는 경우가 있습니다. 여기에서는 주소 리스트 중 첫 주소를 표시하도록 합니다.

Sample1의 관련 클래스

클래스	설명
System.Net.Dns 클래스	
string GetHostName() 메서드	호스트명을 반환한다

IPHostEntry GetHostEntry( ) 메서드	주소 리스트를 얻는다
System.Net.IPHostEntry 클래스	
AddressList 프로퍼티	주소 리스트를 얻는다

중요 | 호스트명과 IP 주소의 대응을 얻을 수 있다.

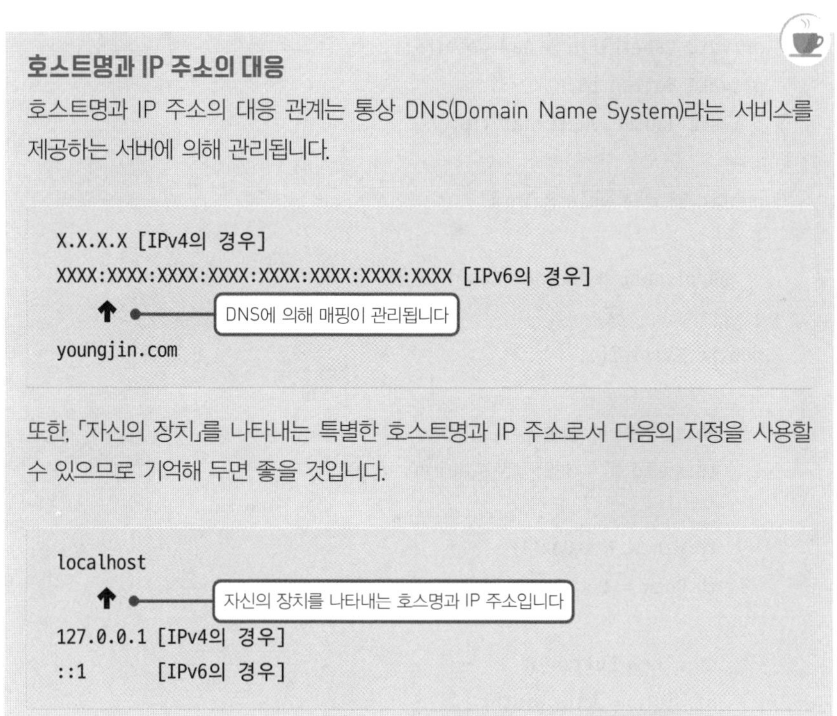

호스트명과 IP 주소의 대응

호스트명과 IP 주소의 대응 관계는 통상 DNS(Domain Name System)라는 서비스를 제공하는 서버에 의해 관리됩니다.

```
X.X.X.X [IPv4의 경우]
XXXX:XXXX:XXXX:XXXX:XXXX:XXXX:XXXX:XXXX [IPv6의 경우]
    ↑
youngjin.com
```

DNS에 의해 매핑이 관리됩니다

또한, 「자신의 장치」를 나타내는 특별한 호스트명과 IP 주소로서 다음의 지정을 사용할 수 있으므로 기억해 두면 좋을 것입니다.

```
localhost
    ↑
127.0.0.1 [IPv4의 경우]
::1       [IPv6의 경우]
```

자신의 장치를 나타내는 호스명과 IP 주소입니다

다른 장치의 IP 주소를 안다

Sample1에서는 실행 중 장치의 IP 주소를 조사했습니다. 다른 장치의 IP 주소도 알 수 있습니다. 다음 코드를 입력하세요.

Sample2.cs ▶ 다른 장치의 IP 주소를 안다

```
using System;
using System.Windows.Forms;
using System.Net;

class Sample2 : Form
{
    private TextBox tb;
    private Label[] lb = new Label[5];
    private Button bt;
    private TableLayoutPanel tlp;

    public static void Main()
    {
        Application.Run(new Sample2());
    }
    public Sample2()
    {
        this.Text = "샘플";
        this.Width = 300; this.Height = 200;

        tb = new TextBox();
        tb.Dock = DockStyle.Fill;

        bt = new Button();
        bt.Width = this.Width;
        bt.Text = "검색";
        bt.Dock = DockStyle.Bottom;

        tlp = new TableLayoutPanel();
        tlp.Dock = DockStyle.Fill;

        for (int i = 0; i < lb.Length; i++)
        {
            lb[i] = new Label();
```

```
            lb[i].Dock = DockStyle.Fill;
        }

        tlp.ColumnCount = 2;
        tlp.RowCount = 3;

        lb[0].Text = "입력하세요.";
        lb[1].Text = "호스트명: ";
        lb[3].Text = "IP 주소: ";

        lb[0].Parent = tlp;
        tb.Parent = tlp;

        for (int i = 1; i < lb.Length; i++)
        {
            lb[i].Parent = tlp;
        }

        bt.Parent = this;
        tlp.Parent = this;

        bt.Click += new EventHandler(bt_Click);
    }
    public void bt_Click(Object sender, EventArgs e)
    {
        try
        {
            IPHostEntry ih = Dns.GetHostEntry(tb.Text);
            IPAddress ia = ih.AddressList[0];

            lb[2].Text = ih.HostName;
            lb[4].Text = ia.ToString();
        }
        catch
        {
```

사용자가 지정한 호스트명을 얻습니다

Lesson 11

```
            MessageBox.Show("오류가 발생했습니다.");
        }
    }
}
```

예외가 발생한 경우에 처리됩니다

Sample2의 실행 화면

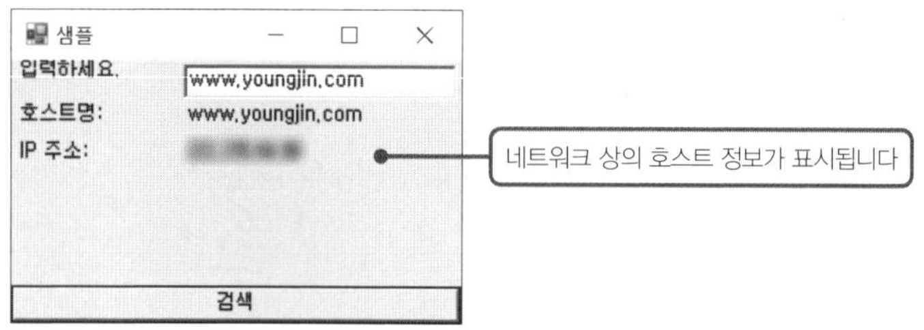

이 프로그램에서는 사용자가 지정한 호스트명으로부터 인터넷 주소를 얻는 처리를 시행합니다. 그 후에 Sample1과 동일하게 호스트명과 IP 주소를 조사합니다. 지정을 시행하지 않으면 Sample1과 동일하게 실행 중인 장치의 정보가 표시됩니다.

또한, 이 프로그램에서는 호스트명이 잘못되었을 경우 등에 오류를 표시합니다. 오류를 표시하기 위해 메시지박스를 사용합니다.

예외 처리의 구조를 안다

네트워크에 접근하는 프로그램, 파일을 읽어 들이는 프로그램을 작성할 때는 실행이 되어서야 비로소 네트워크에 접근할 수 없는 것이나 파일이 존재하지 않는 것을 알게 되는 경우가 있습니다.

이처럼

실행 시에 발생하는 오류에 대해서 프로그램 작성 시에 오류 처리를 기술해 두고 싶다

일 때가 있습니다. 이를 위해서 사용되는 것이 **예외 처리**(exception)이라는 구조입니다. 예외 처리는 다음과 같이 기술합니다.

구문 예외 처리

```
try
{
    예외를 검출하는 처리
}
catch(예외의 형인 인수 목록)
{
    예외가 발생했을 때 시행하는 처리
}
```

인수는 생략할 수도 있습니다
예외가 발생한 경우에 처리됩니다

예외 처리에서는 예외가 발생할 가능성이 있는 부분을 try{ }로 감쌉니다. 이것에 대한 처리를 catch{ } 내에서 시행합니다. 예외에는 형이 있으며, 인수로 지정한 형만을 처리할 수도 있습니다. 또한, 여러 개의 catch 절을 기술해서 여러 가지 예외를 꼼꼼하게 처리할 수도 있습니다.

Sample2에서는 GetHostEntry() 메서드를 호출한 경우에 예외가 발생할 가능성이 있습니다. 그래서 이 구문을 try 절로 감싸고 catch 절 다음의 형을 생략해서 극히 간단한 예외 처리를 시행하도록 합니다.

Lesson 11

중요 | 예외 처리에 의해 프로그램 실행 시의 오류를 처리할 수 있다.

11.2 Web

Web 페이지를 표시한다

윈도 상에 Web 페이지를 표시할 수도 있습니다.

Web 브라우저 컨트롤을 사용하면 Web 페이지를 표시할 수 있습니다.

Sample3.cs ▶ Web 페이지를 표시한다

```
using System;
using System.Windows.Forms;
using System.Net;

class Sample3 : Form
{
    private TextBox tb;
    private WebBrowser wb;
    private ToolStrip ts;
    private ToolStripButton[] tsb = new ToolStripButton[2];

    [STAThread]
    public static void Main()
    {
        Application.Run(new Sample3());
    }
    public Sample3()
    {
        this.Text = "샘플";
        this.Width = 600; this.Height = 400;
```

```
tb = new TextBox();
tb.Text = "http://";
tb.Dock = DockStyle.Top;

wb = new WebBrowser();    ● Web 브라우저 컨트롤을 작성합니다
wb.Dock = DockStyle.Fill;

ts = new ToolStrip();
ts.Dock = DockStyle.Top;

for (int i = 0; i < tsb.Length; i++)
{
    tsb[i] = new ToolStripButton();
}

tsb[0].Text = "Go";
tsb[1].Text = "←";

tsb[0].ToolTipText = "이동";
tsb[1].ToolTipText = "돌아간다";

tsb[1].Enabled = false;

for (int i = 0; i < tsb.Length; i++)
{
    ts.Items.Add(tsb[i]);
}

tb.Parent = this;
wb.Parent = this;
ts.Parent = this;

for (int i = 0; i < tsb.Length; i++)
{
```

```
            tsb[i].Click += new EventHandler(bt_Click);
        }

        wb.CanGoBackChanged += new EventHandler(wb_CanGoBackChanged);

    }
    public void bt_Click(Object sender, EventArgs e)
    {
        if (sender == tsb[0])
        {
            try
            {
                Uri uri = new Uri(tb.Text);
                wb.Url = uri;          ❶ 지정 URL 페이지를 엽니다
            }
            catch
            {
                MessageBox.Show("URL을 입력하세요");
            }
        }
        else if (sender == tsb[1])
        {
            wb.GoBack();          ❷ 「돌아간다」 처리를 시행합니다
        }
                              「돌아간다」 이력이 변경되면 …
    }
    public void wb_CanGoBackChanged(Object sender, EventArgs e)
    {
        tsb[1].Enabled = wb.CanGoBack;
    }                         ❸ 버튼의 유효/무효를 「돌아간다」
}                               가능 여부와 합칩니다
```

Sample3의 실행 화면

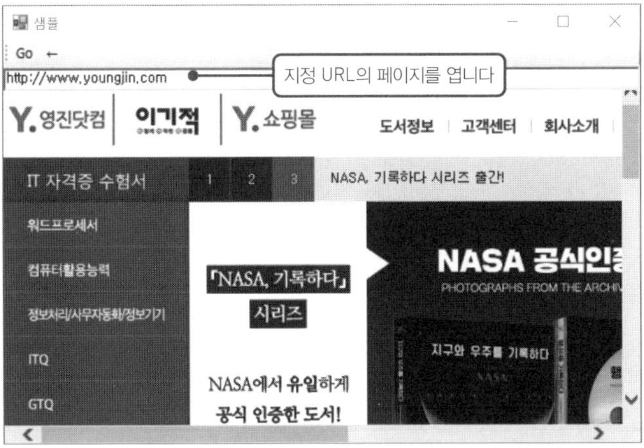

툴 바의 「Go(이동)」 버튼을 누르면 Uri 클래스의 오브젝트를 작성하고, Web 브라우저 컨트롤의 Url 프로퍼티에 지정 URL(URI)을 지정합니다(❶). 그러면 지정한 URL의 페이지가 표시됩니다.

또한 이 코드에서는 「←(돌아간다)」 버튼을 준비해서, 이전 페이지로 「돌아간다」 처리를 시행하고 있습니다. 이 경우 이전 페이지에 열람 이력이 존재하고 「돌아간다」를 할 수 있는 경우만 버튼을 유효로 해야 합니다.

그래서 「돌아간다」 이력이 변화한 경우에 발생하는 CanGoBackChanged 이벤트를 처리합니다. 이 이벤트 핸들러 내에서 버튼의 유효/무효를 Web 브라우저 컨트롤의 CanGoBack 프로퍼티의 값에 설정합니다(❸). 이것에 의해 「돌아간다」를 할 수 있는 경우만 「←(돌아간다)」 버튼이 유효가 됩니다.

중요 | Web 페이지를 폼 상에 표시할 수 있다.

Sample3의 관련 클래스

클래스	설명
System.Windows.Forms.WebBrowser 클래스	
WebBrowser( ) 컨스트럭터	Web 브라우저를 작성한다
Url 프로퍼티	URL 페이지를 연다
bool GoBack 메서드	이전 페이지로 돌아간다
CanGoBack 프로퍼티	「돌아간다」 이력이 있는지를 얻는다
CanGoBackChanged 이벤트	「돌아간다」 이력이 변경되었다
System.Net.Uri 클래스	
Uri(string s) 컨스트럭터	지정한 URI로 오브젝트를 작성한다

11.3 TCP

클라이언트 · 서버의 구조를 안다

클래스 라이브러리를 이용하면 Web 등의 고도의 네트워크 서비스를 간단히 이용할 수 있습니다. 이 절에서는 이러한 서비스를 뒷받침하는 더욱 기본적인 네트워크 기능을 알아봅시다.

네트워크를 통해 어떠한 서비스를 요구하는 컴퓨터나 소프트웨어를 **클라이언트**(client)라고 합니다. 한편, 이 요구를 기다리며 서비스를 제공하는 측을 **서버**(server)라고 합니다.

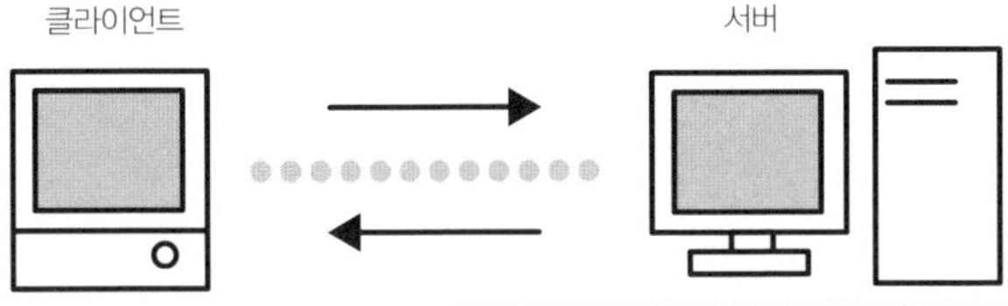

그림 11-1 클라이언트 · 서버
서비스를 요구하는 측을 클라이언트라고 합니다. 요구를 기다리며 서비스를 제공하는 측을 서버라고 합니다.

이 절에서 작성하는 프로그램은 지금까지 만들어 온 Web 등의 네트워크 프로그램의 기본이 된다고 생각하면 좋을 것입니다.

앞으로 작성하는 프로그램은 서버가 클라이언트로부터의 접속을 기다립니다. 그리고 클라이언트가 접속하면 문자열을 송수신하는 서비스가 이뤄지게 됩니다.

서버의 프로그램을 작성한다

처음으로 서버의 코드를 입력하세요. 이 서버는 클라이언트로부터의 요구를 기다리며, 문자열을 송신하는 기능도 갖고 있습니다.

Sample4S.cs ▶ 서버를 작성한다

```
using System;
using System.IO;
using System.Net;
using System.Net.Sockets;

class Sample4S
{
    public static string HOST = "localhost";
    public static int PORT = 10000;        ← 대기하는 포트 번호를 지정합니다
    public static void Main()
    {
        IPHostEntry ih = Dns.GetHostEntry(HOST);
                                            ← ❶ 서버 소켓을 작성합니다
        TcpListener tl = new TcpListener(ih.AddressList[0], PORT);
        tl.Start();

        Console.WriteLine("대기합니다.");
        while (true)
        {                                   ← ❷ 접속을 받아들입니다
            TcpClient tc = tl.AcceptTcpClient();      ← 출력 스트림을 작성합니다
            StreamWriter sw = new StreamWriter(tc.GetStream());
            sw.WriteLine("이쪽은 서버입니다.");   ← ❸ 문자열을 써냅니다

            sw.Flush();
            sw.Close();
            tc.Close();                     ← ❹ 접속을 클로즈합니다
            break;
        }
```

```
    }
}
```

이 서버는 콘솔 화면의 애플리케이션입니다. 여기에서는 다음 클래스가 사용됩니다.

Sample4S의 관련 클래스

클래스	설명
System.Net.Sockets.TcpListener 클래스	
TcpListener(IPAddress ad, int port) 컨스트럭터	지정한 주소 · 포트 번호 상에서 대기하는 접속을 작성한다
TcpClient AcceptTcpClient( ) 메서드	클라이언트로부터의 접속 요구를 받는다

클라이언트의 프로그램을 작성한다

다음으로 클라이언트의 코드를 작성합니다. 이쪽은 윈도 상에서 동작하는 애플리케이션으로서 작성해 봅시다. 서버로부터의 문자열을 수신해서 표시하는 기능을 가진 클라이언트입니다. 클라이언트와 서버는 다른 프로젝트로 작성하세요.

Lesson 11

Sample4C.cs ▶ 클라이언트를 작성한다

```
using System;
using System.IO;
using System.Net.Sockets;
using System.Windows.Forms;

class Sample4C : Form
{
    public static string HOST = "localhost";
```

호스트명을 지정합니다

```
public static int PORT = 10000;

private TextBox tb;
private Button bt;

public static void Main()
{
    Application.Run(new Sample4C());

}
public Sample4C()
{
    this.Text = "샘플";
    this.Width = 300; this.Height = 300;

    tb = new TextBox();

    tb.Multiline = true;
    tb.ScrollBars = ScrollBars.Vertical;
    tb.Height = 150;
    tb.Dock = DockStyle.Top;

    bt = new Button();
    bt.Text = "접속";
    bt.Dock = DockStyle.Bottom;

    tb.Parent = this;
    bt.Parent = this;

    bt.Click += new EventHandler(bt_Click);
}
public void bt_Click(Object sender, EventArgs e)
{
    TcpClient tc = new TcpClient(HOST, PORT);

    StreamReader sr = new StreamReader(tc.GetStream());
```

포트 번호를 지정합니다

서버에 접속합니다

입력 스트림을 작성합니다

```
        String str = sr.ReadLine();
        tb.Text = str;                    ❸ 문자열을 읽어 들입니다

        sr.Close();
        tc.Close();        ❹ 접속을 클로즈합니다
    }
}
```

Sample4의 관련 클래스

클래스	설명
System.Net.Sockets.TcpClient 클래스	
TcpClient( ) 컨스트럭터	지정한 주소 · 포트 번호로의 접속을 작성한다
Close( ) 메서드	클로즈한다

서버의 호스트명

여기에서는 같은 장치상의 서버에 접속하기 위해서 "localhost"라는 호스트명을 지정합니다. 다른 서버에 접속하기 위해서는 다른 호스트명을 사용하세요.

클라이언트의 「접속」 버튼을 누르면 서버에 접속해서 문자열을 수신합니다. 또한 처음에 서버가 실행되지 않으면 클라이언트가 문자열을 받을 수 없으므로 주의하세요.

Sample4S · C의 실행 화면

서버

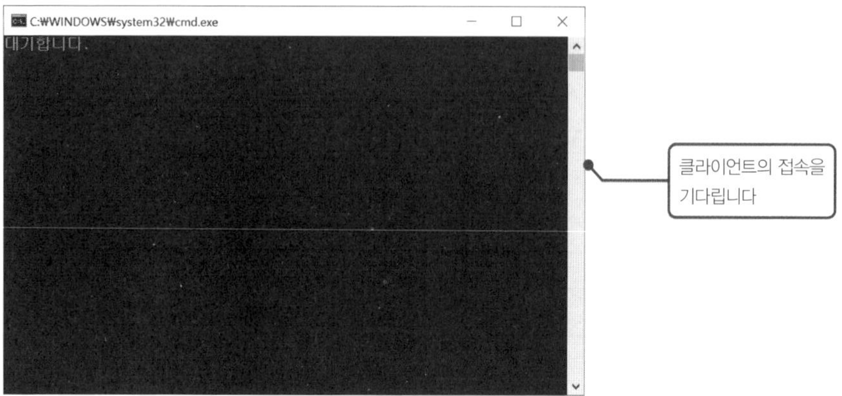

클라이언트

TCP의 구조를 안다

이 프로그램에서는 TCP(Transmission Control Protocol)라는 구조를 사용해서 클라이언트와 서버를 접속합니다. TCP에 의해 클라이언트와 서버 간의 접속이 확립되면 그 이후는 파일과 마찬가지로 서로 문자열을 써내거나 읽어 들일 수 있습니다. 이 절차는 다음과 같습니다.

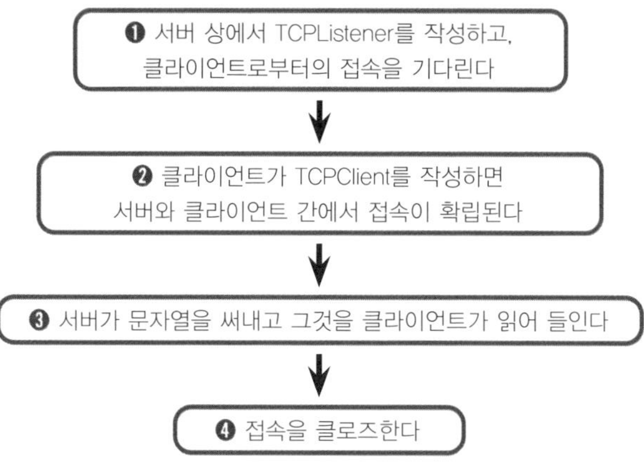
❶ 서버 상에서 TCPListener를 작성하고,
클라이언트로부터의 접속을 기다린다
❷ 클라이언트가 TCPClient를 작성하면
서버와 클라이언트 간에서 접속이 확립된다
❸ 서버가 문자열을 써내고 그것을 클라이언트가 읽어 들인다
❹ 접속을 클로즈한다

TCP는 인터넷을 지탱하는 기본 프로토콜입니다. TCP에서는 접속하는 컴퓨터를 특정하기 위해서 IP 주소(또는 호스트명)를 지정합니다. 또한 그 컴퓨터 내에서 접속하는 프로그램을 특정하기 위해서 **포트 번호**(port number)라는 수치를 사용합니다.

서버는 지정된 포트 번호에서 클라이언트 접속을 기다립니다. 클라이언트는 그 포트 번호를 지정해서 서버에 접속하는 것입니다.

작은 수의 포트 번호는 웹이나 FTP처럼 자주 사용되는 다른 네트워크 프로그램을 위해 예약되어 있기 때문에 샘플에서는 10000이라는 큰 번호를 사용합니다.

Lesson 11

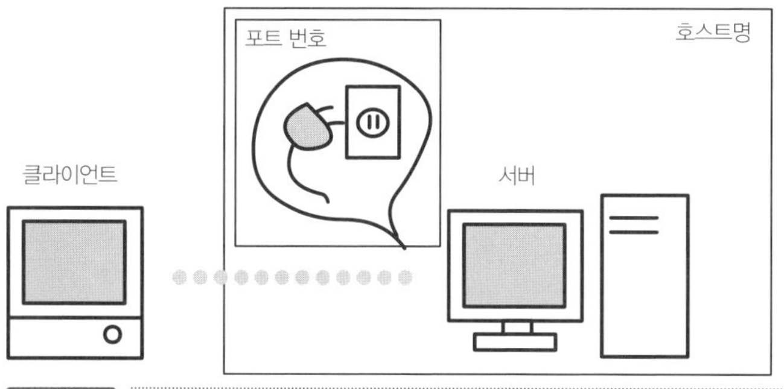
포트 번호
호스트명
클라이언트
서버

그림 11-2 TCP
TCP에 의한 기본 네트워크 프로그램을 작성할 수 있습니다.

TCP와 UDP

TCP는 클라이언트와 서버의 접속을 확립하고 나서 데이터의 송수신을 시행합니다. 이 밖에 인터넷에서는 하나의 컴퓨터로부터 일방적으로 데이터를 송신하기 위한 프로토콜인 UDP(User Datagram Protocol)가 사용되기도 합니다. 프로그램에서 UDP를 다룰 때에는 UDPClient 클래스를 사용합니다.

11.4 스레드

스레드의 구조를 안다

네트워크를 통한 프로그램에서는 상대로부터의 데이터 수신을 계속 기다리면서 처리를 하기도 합니다. 그러나 이처럼 네트워크상의 상대와 주고받기에 시간이 걸리면 프로그램이 다른 처리를 할 수 없게 되고 맙니다.

그래서 네트워크를 다루는 프로그램에서는 **스레드**(thread)라는 기능을 이용하는 것이 일반적입니다. 하나의 스레드에서 상대를 대기하는 처리를 하면서 또 다른 스레드에서 다른 처리를 하는 것입니다.

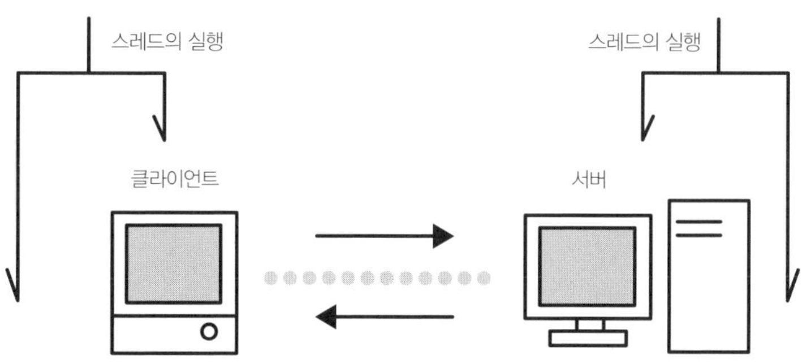

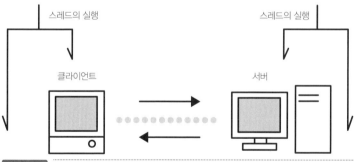

그림 11-3 스레드
네트워크 프로그래밍에서는 스레드를 실행해서 대기 처리를 시행하기도 합니다.

스레드에 의한 프로그램을 작성한다

우리도 바로 스레드를 사용한 네트워크 프로그램을 작성해 봅시다. 다음 코드를 보세요.

Lesson 11

Sample5S.cs ▶ 스레드를 다루는 서버를 작성한다

```
using System;
using System.IO;
using System.Net;
using System.Net.Sockets;
using System.Threading;

class Sample5S
{
    public static string HOST = "localhost";
    public static int PORT = 10000;

    public static void Main()
    {
        IPHostEntry ih = Dns.GetHostEntry(HOST);

        TcpListener tl = new TcpListener(ih.AddressList[0], PORT);
        tl.Start();

        Console.WriteLine("대기합니다.");
        while (true)
        {
            TcpClient tc = tl.AcceptTcpClient();
            Console.WriteLine("어서오세요.");

            Client c = new Client(tc);
            Thread th = new Thread(c.run);
            th.Start();
        }
    }
}
class Client
{
    TcpClient tc;
```

클라이언트와 주고받기 하는 스레드를 실행합니다

```
    public Client(TcpClient c)
    {
        tc = c;
    }
    public void run()
    {
        StreamWriter sw = new StreamWriter(tc.GetStream());
        StreamReader sr = new StreamReader(tc.GetStream());

        while(true)
        {
            try
            {
                String str = sr.ReadLine();
                sw.WriteLine("서버:「" + str + "」입니다.");
                sw.Flush();
            }
            catch
            {
                sr.Close();
                sw.Close();
                tc.Close();
                break;
            }
        }
    }
}
```

클라이언트와 주고받기 하는 스레드의 처리입니다

클라이언트로부터 문자열을 읽어 들이고, 새로운 문자열을 붙여 계속해서 보내는 처리입니다

Sample5C.cs ▶ 스레드를 다루는 클라이언트를 작성한다

```
using System;
using System.IO;
using System.Net.Sockets;
using System.Windows.Forms;
using System.Threading;
```

```
class Sample5C : Form
{
    public static string HOST = "localhost";
    public static int PORT = 10000;

    private TextBox tb1, tb2;
    private Button bt;

    private TcpClient tc;
    private StreamReader sr;
    private StreamWriter sw;

    public static void Main()
    {
        Application.Run(new Sample5C());
    }
    public Sample5C()
    {
        this.Text = "샘플";
        this.Width = 300; this.Height = 300;

        tb1 = new TextBox();
        tb2 = new TextBox();

        tb1.Height = 150;
        tb1.Dock = DockStyle.Top;

        tb2.Multiline = true;
        tb2.ScrollBars = ScrollBars.Vertical;
        tb2.Height = 150;
        tb2.Width = this.Width;
        tb2.Top = tb1.Bottom;

        bt = new Button();
```

```
        bt.Text = "송신";
        bt.Dock = DockStyle.Bottom;

        tb1.Parent = this;
        tb2.Parent = this;
        bt.Parent = this;

        Thread th = new Thread(this.run);
        th.Start();  ● 서버와 주고받기 하는 스레드를 실행합니다

        bt.Click += new EventHandler(bt_Click);
    }
    public void bt_Click(Object sender, EventArgs e)
    {
        String str = tb1.Text;  ● 버튼을 눌렀을 때 서버에 문자열을 송신합니다
        sw.WriteLine(str);
        tb2.AppendText(str + "₩n");
        sw.Flush();
        tb1.Clear();
    }
    public void run()  ● 서버와 주고받기 하는 스레드의 처리입니다
    {
        tc = new TcpClient(HOST, PORT);
        sr = new StreamReader(tc.GetStream());
        sw = new StreamWriter(tc.GetStream());

        while (true)
        {
            try          서버로부터의 문자열을 계속해서 읽어 들이는 처리입니다
            {
                String str = sr.ReadLine();  ●
                tb2.Invoke((MethodInvoker) delegate{  ●
                    tb2.AppendText(str + "₩n");
                });
            }          컨트롤의 스레드 상에서 조작이 이뤄지도록 합니다
```

Lesson 11

```
            catch
            {
                sr.Close();
                sw.Close();
                tc.Close();
                break;
            }
        }
    }
}
```

이 프로그램도 이전 절과 마찬가지로 서버를 먼저 실행하세요. 다음에 클라이언트의 프로젝트를 열고 실행합니다.

Sample5S·C의 실행 화면

서버

클라이언트

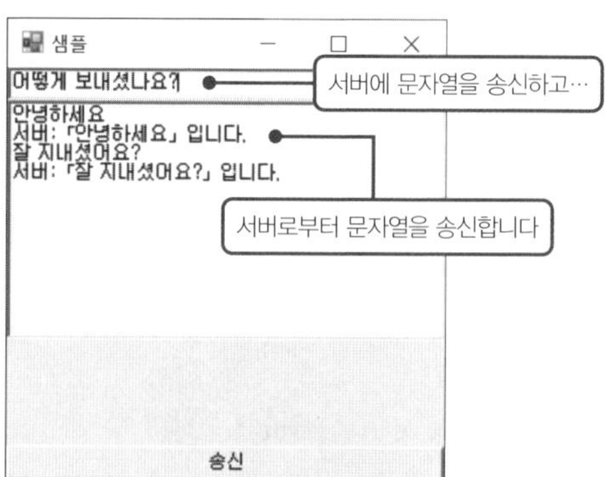

여기에서는 서버와 클라이언트 모두 상대와의 주고받기를 하기 위한 처리를 새로운 스레드로서 실행합니다.

그래서 이 샘플에서는 여러 개의 클라이언트에 동시에 대응하거나 서버로부터의 데이터를 수신하면서 데이터를 송신할 수 있습니다. 단, 새로운 스레드로부터 텍스트박스 등의 컨트롤을 조작하려는 경우는 그 컨트롤의 스레드 상에서 조작이 이뤄지도록 해두어야 합니다. 스레드는 네트워크 프로그램에는 빼놓을 수 없는 기능인 것입니다.

Sample5의 관련 클래스

클래스	설명
System.Threading.Thread 클래스	
Thread(ThreadStart ts) 컨스트럭터	스레드를 생성한다
void Start( ) 메서드	스레드를 실행한다
System.Windows.Forms.Control 클래스	
Object Invoke(Delegate d) 메서드	컨트롤의 스레드 상에서 처리를 시행한다

11.5 레슨의 정리

이 장에서는 다음을 배웠습니다.

- 호스트명을 얻을 수 있습니다.
- IP 주소를 다룰 수 있습니다.
- Web 페이지를 표시할 수 있습니다.
- TCPClient 클래스를 사용하면 클라이언트·서버의 접속을 시행할 수 있습니다.
- TCPListener 클래스를 사용하면 클라이언트로부터의 접속을 기다리는 서버를 작성할 수 있습니다.
- 네트워크를 사용하는 프로그램에서는 스레드를 이용할 수 있습니다.

이 장에서는 네트워크를 다루는 프로그램의 작성 방법을 배웠습니다. 많은 컴퓨터가 네트워크에 접속되어 있는 지금, 네트워크를 다루는 것은 실용적인 프로그램을 작성하기 위해서는 빼놓을 수 없는 것입니다. 또한, Web을 다룰 수 있으면 인터넷 상의 자원을 활용해서 더욱 편리한 프로그램으로 할 수 있을 것입니다.

연습문제

1. Sample2의 프로그램에서는 호스트를 찾을 수 없는 경우에 System.Net.Sockets 이름 공간의 SocketException 예외가 송출됩니다. 이 예외의 형을 지정해서 「호스트를 찾을 수 없었습니다.」라고 출력하는 예외 처리를 실행하세요. 또한, 그 밖의 예외에서는 「오류가 발생했습니다.」라고 출력합니다.

2. Sample3의 Web 브라우저 프로그램에 「다음 페이지로 진행한다」와 「홈으로 이동한다」 기능을 붙이세요.

관련 클래스

클래스	설명
System.Windows.Forms.WebBrowser 클래스	
bool GoForward() 메서드	다음 페이지로 진행한다
CanForward 프로퍼티	「다음으로」 이력이 있는지를 얻는다
CanGoForwardChanged 이벤트	「다음으로」 이력이 변경되었다
void GoHome() 메서드	홈으로 이동한다

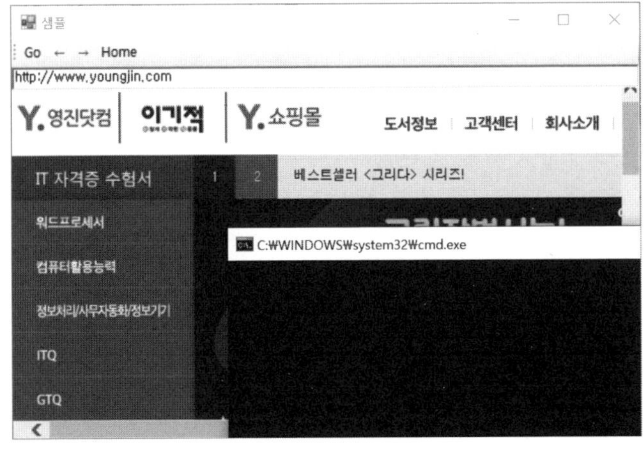

*역자 주: 책의 뒷부분에 정답이 있습니다.

Lesson 12

데이터의 이용

프로그램에서는 대량의 데이터를 다루기도 합니다. 데이터를 저장할 때에는 텍스트 파일, XML 파일, 데이터베이스 등 여러 가지 방법이 사용됩니다. C#에서는 각종 데이터에 동일한 방법으로 접근할 수 있는 수단이 준비되어 있습니다. 이 장에서는 데이터에 질의를 시행하는 수단인 LINQ에 대해서 살펴봅시다.

Check Point!

- LINQ
- from
- select
- where
- orderby

12.1 LINQ

LINQ의 구조를 안다

이 장에서는 데이터를 다룰 때의 토픽에 대해서 살펴봅시다.

C#에서는 데이터에 질의를 시행하는 **LINQ**(Language Integrated Query)라는 구조가 제공됩니다.

LINQ는 일반적으로 보급되고 있는 데이터베이스를 다룰 때의 구문과 비슷한 표기로 여러 가지 데이터에 질의를 시행하게 됩니다.

SQL

일반적으로 보급되고 있는 데이터베이스인 릴레이셔널 데이터베이스(RDB)를 다루는 언어로서 **SQL**(구조화 질의어)이 있습니다. LINQ는 SQL과 비슷한 구문을 가지며 데이터베이스뿐만 아니라 배열·XML 등도 포함한 각종 데이터를 다루는 수단입니다.

데이터를 준비한다

여기에서는 데이터를 배열로서 준비합시다. 예를 들어, 다음과 같은 데이터를 준비한다고 합시다.

차량표

번호	이름
2	승용차
3	오픈카
4	트럭

이러한 형이 다른 여러 개의 데이터를 배열로 준비하기 위해서는 형명을 지정하지 않는 var라는 지정을 사용하면 편리합니다.

형명 대신에 var를 지정할 수 있습니다.

```
var 차량표 = new[] {
            new{번호 = 2, 이름 = "승용차"},
            new{번호 = 3, 이름 = "오픈카"},
            new{번호 = 4, 이름 = "트럭"},
        };
```

여기에서는 배열명으로서 「차량표」라는 한국어를 사용했습니다. 형을 지정하는 대신에 var를 사용하고 new 직후의 형명도 생략합니다.

var를 사용하는 경우에는 이처럼 반드시 값을 주고 초기화를 시행해야 합니다. 초기화를 시행한 값으로부터 자동으로 적절한 형이 선택되기 때문입니다. 여기에서는 열명을 필드, 행을 그 값으로 한 오브젝트의 배열이 작성됩니다.

전체 데이터를 꺼낸다

전체 데이터를 꺼내고 싶은 경우에는 다음 구문을 사용합니다.

구문 **LINQ에 의한 질의**

```
IEnumerable 형의 변수 = from 범위 변수명 in 배열
                    select new {범위 변수명.열 명, ...};
```

배열이나 컬렉션을 사용할 수 있습니다

from 구에서 꺼낼 대상이 되는 배열을 지정하고, 요소를 꺼내는 변수인 범위 변수명을 지정합니다. 범위 변수는 이 식 안에서만 사용되는 변수가 됩니다.

또한, 추출되는 대상으로는 배열뿐만 아니라 컬렉션 클래스를 사용할 수도 있습니다.

다음에 **select 구**에서 꺼내고 싶은 열을 new{범위 변수.열명...}이라는 형태로 지정합니다. 또한, 전체 열을 꺼내고 싶을 때는 「select 범위 변수」라는 기술도 할 수 있습니다.

이 질의 결과는 System.Collections 이름 공간에 속하는 IEnumerable 인터페이스형의 변수로 다룰 수 있습니다.

여기에서는 다음과 같이 지정하는 것입니다.

```
IEnumerable qry = from K in 차량표
                  select new {K.이름, K.번호};
```

전체 데이터가 꺼내집니다

실제로 코드를 작성해 봅시다.

Sample1.cs ▶ 전체 데이터를 꺼낸다

```
using System;
using System.Windows.Forms;
using System.Linq;
using System.Collections;

class Sample1 : Form
{
```

```
    private  ListBox lbx;

    public static void Main()
    {
        Application.Run(new Sample1());
    }
    public Sample1()
    {
        this.Text = "샘플";
        this.Width = 300; this.Height = 200;

        lbx = new ListBox();
        lbx.Dock = DockStyle.Fill;

        var 차량표 = new[] {
            new{번호 = 2, 이름 = "승용차"},
            new{번호 = 3, 이름 = "오픈카"},
            new{번호 = 4, 이름 = "트럭"},
        };

        IEnumerable qry = from K in 차량표        ● 전체 데이터가 꺼내집니다
                          select new { K.이름, K.번호 };

        foreach (var tmp in qry)
        {
            lbx.Items.Add(tmp);
        }
        lbx.Parent = this;
    }
}
```

Sample1의 실행 화면

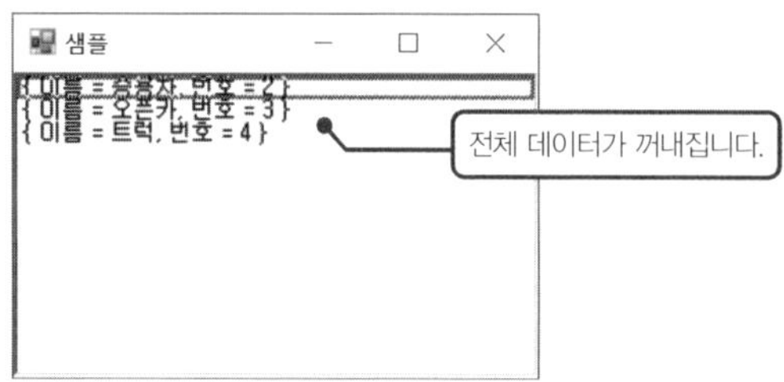
샘플
{ 이름 = 승용차, 번호 = 2 }
{ 이름 = 오픈카, 번호 = 3 }
{ 이름 = 트럭, 번호 = 4 }
전체 데이터가 꺼내집니다.

조건을 붙여서 검색한다

데이터를 질의할 때는 조건을 지정해서 조건에 해당하는 데이터만을 꺼낼 수도 있습니다. 이때에는

where 조건

이라는 지정을 시행합니다.

예를 들어, 번호가 3 이하인 데이터만을 꺼내고 싶다고 합시다. 이때 다음과 같이 지정합니다.

```
IEnumerable qry = from K in 차량표
                  where K.번호 <= 3
                  select new { K.이름, K.번호 };
```

조건을 좁힙니다

차량표

번호	이름
2	승용차
3	오픈카
4	트럭

→

번호	이름
2	승용차
3	오픈카

조건을 C#의 연산자에 의해 만들 수 있습니다. 실제로 확인해 봅시다.

Sample2.cs ▶ 조건을 붙여서 좁힌다

```
using System;
using System.Windows.Forms;
using System.Linq;
using System.Collections;

class Sample2 : Form
{
    private ListBox lbx;

    public static void Main()
    {
        Application.Run(new Sample2());
    }
    public Sample2()
    {
        this.Text = "샘플";
        this.Width = 300; this.Height = 200;

        lbx = new ListBox();
        lbx.Dock = DockStyle.Fill;

        var 차량표 = new[] {
            new{ 번호 = 2, 이름 = "승용차"},
            new{ 번호 = 3, 이름 = "오픈카"},
            new{ 번호 = 4, 이름 = "트럭"},
        };

        IEnumerable qry = from K in 차량표
                          where K.번호 <= 3
                          select new { K.이름, K.번호 };

        foreach (var tmp in qry)
```

조건을 좁힙니다

Lesson 12

```
        {
            lbx.Items.Add(tmp);
        }
        lbx.Parent = this;
    }
}
```

Sample2의 실행 화면

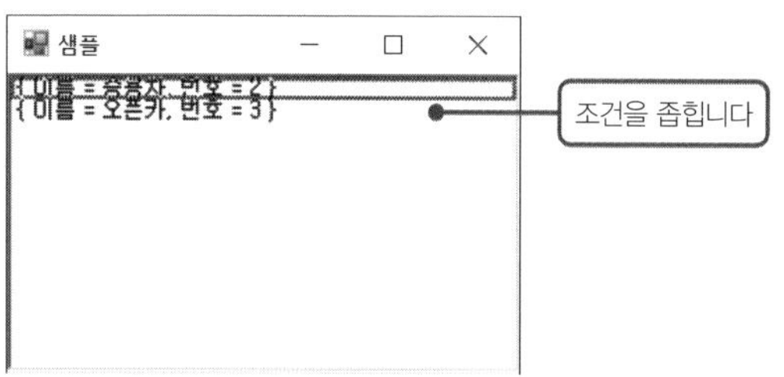

정렬을 시행한다

꺼낸 데이터를 정렬하는 방법을 소개합시다. 정렬을 시행하려면

orderby 열명

으로 정렬의 기본이 되는 열에 다른 이름을 붙여서 지정합니다. 예를 들어, 다음 질의에 의해 번호의 값이 작은 순(오름차 순)으로 정렬됩니다. ascending(작은 순으로 정렬)을 지정할 수도 있습니다.

```
IEnumerable qry = from K in 차량표
                  orderby K.번호
                  select new { K.이름, K.번호 };
```

❶ 번호의 값이 작은 순으로 정렬합니다

큰 순(내림차 순)으로 정렬하고 싶을 때는 마지막에 descending을 붙입니다.

```
IEnumerable qry = from K in 차량표
                  orderby K.번호 descending
                  select new { K.이름, K.번호 };
```

❷ 번호의 값이 큰 순으로 정렬합니다

❶ 번호 값이 작은 순으로 정렬합니다

번호	이름
2	승용차
3	오픈카
4	트럭

❷ 번호 값이 큰 순으로 정렬합니다

번호	이름
4	트럭
3	오픈카
2	승용차

그럼 여기에서 번호가 큰 순으로 정렬해 봅시다. 질의 부분 이외에는 지금까지와 같습니다.

Sample3.cs ▶ 정렬한다

```
using System;
using System.Windows.Forms;
using System.Linq;
using System.Collections;

class Sample3 : Form
{
    private ListBox lbx;

    public static void Main()
    {
        Application.Run(new Sample3());
    }
    public Sample3()
    {
```

Lesson 12

```
        this.Text = "샘플";
        this.Width = 300; this.Height = 200;

        lbx = new ListBox();
        lbx.Dock = DockStyle.Fill;

        var 차량표 = new[] {
            new{번호 = 2, 이름 = "승용차"},
            new{번호 = 3, 이름 = "오픈카"},
            new{번호 = 4, 이름 = "트럭"},
        };

        IEnumerable qry = from K in 차량표
                          where K.번호 <= 3
                          orderby K.번호 descending
                          select new { K.이름, K.번호 };

        foreach (var tmp in qry)
        {
            lbx.Items.Add(tmp);
        }
        lbx.Parent = this;
    }
}
```

큰 순으로 정렬합니다

Sample3의 실행 화면

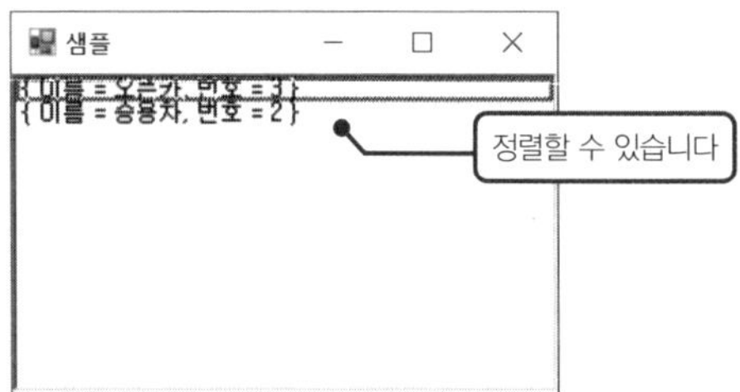

12.2 XML과 LINQ

XML을 LINQ로 다룬다

LINQ는 여러 가지 데이터에 대응합니다. XML 형식으로 저장된 데이터도 꺼낼 수 있습니다.

코드를 작성해 봅시다. 이 코드를 실행하기 위해서는 c 드라이브 아래에 「Sample.xml」(제10장에서 작성한 것)이 저장되어 있는 것을 확인하세요. 또한 이 프로그램을 빌드하기 위해서는 「System.Xml」과 「System.Xml.Linq」의 참조를 추가해야 합니다.

Sample4.cs ▶ XML을 다룬다

```
using System;
using System.Windows.Forms;
using System.Linq;
using System.Xml.Linq;
using System.Collections;

class Sample4 : Form
{
    private ListBox lbx;

    public static void Main()
    {
        Application.Run(new Sample4());
    }
    public Sample4()
```

Lesson 12

```
    {
        this.Text = "샘플";
        this.Width = 300; this.Height = 200;

        lbx = new ListBox();
        lbx.Dock = DockStyle.Fill;

        XDocument doc = XDocument.Load("c:₩₩Sample.xml");

        IEnumerable qry = from K in doc.Descendants("car")
                          select K;

        foreach (var tmp in qry)
        {
            lbx.Items.Add(tmp);
        }
        lbx.Parent = this;
    }
}
```

XML을 읽어 들입니다

Sample4의 실행 화면

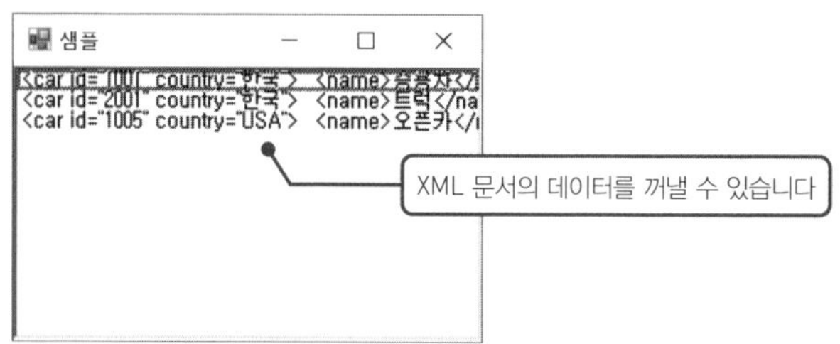

XML을 LINQ로 다루기 위해서는 XDocument 클래스의 Load( ) 메서드로 읽어 들입니다. XDocument 클래스의 Descendants( ) 메서드는 지정한 요소의 컬렉션을 얻을 수 있습니다. 이 요소를 조금 전의 배열과 마찬가지로 다룰 수 있습니다.

이처럼 XML에서도 배열에서도 LINQ를 따름으로써 같은 구문으로 질의할 수 있습니다.

Sample4의 관련 클래스

클래스	설명
System.Xml.Linq.XDocument 클래스	
XDocument Load(string fn) 메서드	지정한 XML 파일을 읽어 들인다
System.Xml.Linq.XContainer 클래스	
IEnumerable<XElements> Descendants(XName name) 메서드	지정명의 요소를 얻는다

조건을 붙여서 검색한다

LINQ를 사용해서 여러 가지 검색을 시행할 수 있습니다. 먼저 country 속성의 값이 「한국」인 car 요소를 검색합시다.

Sample5.cs ▶ 속성으로 검색한다

```
using System;
using System.Windows.Forms;
using System.Linq;
using System.Xml.Linq;
using System.Collections;

class Sample5 : Form
{
    private ListBox lbx;

    public static void Main()
    {
        Application.Run(new Sample5());
    }
```

Lesson 12

```
    public Sample5()
    {
        this.Text = "샘플";
        this.Width = 300; this.Height = 200;

        lbx = new ListBox();
        lbx.Dock = DockStyle.Fill;

        XDocument doc = XDocument.Load("c:₩₩Sample.xml");

        IEnumerable qry = from K in doc.Descendants("car")
                          where (string)K.Attribute("country") == "한국"
                          select K;

        foreach (var tmp in qry)
        {
            lbx.Items.Add(tmp);
        }
        lbx.Parent = this;
    }
}
```

속성의 값으로 좁힙니다

Sample5의 실행 화면

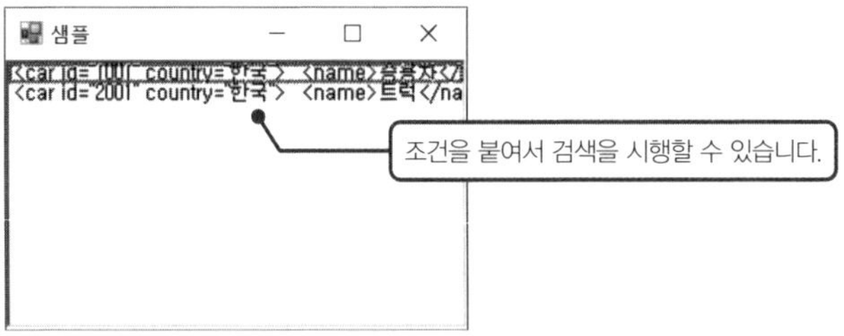

XElement 클래스의 Attribute() 메서드를 사용하면 이 요소 이하의 지정한 속성명의 속성을 얻을 수 있습니다. 이 값을 검색 조건으로 사용해서 조사하는 것입니다.

Sample5의 관련 클래스

클래스	설명
System.Xml.Linq.XElement 클래스	
XAttribute Attribute(XName name) 메서드	지정명의 속성을 얻는다

 요소의 값을 꺼낸다

id 속성이 1005 이상인 car 요소를 검색해 봅시다. 이번은 car 요소 아래의 name 요소의 값인 자동차의 이름만을 표시합니다.

Sample6.cs ▶ 검색한 요소의 값을 표시한다

```
using System;
using System.Windows.Forms;
using System.Linq;
using System.Xml.Linq;
using System.Collections;

class Sample6 : Form
{
    private ListBox lbx;

    public static void Main()
    {
        Application.Run(new Sample6());
    }
    public Sample6()
    {
        this.Text = "샘플";
        this.Width = 300; this.Height = 200;

        lbx = new ListBox();
```

```
            lbx.Dock = DockStyle.Fill;

            XDocument doc = XDocument.Load("c:\\Sample.xml");

            IEnumerable qry = from K in doc.Descendants("car")
                              where (int)K.Attribute("id") >= 1005
                              select K.Element("name").Value;

            foreach (var tmp in qry)
            {
                lbx.Items.Add(tmp);
            }
            lbx.Parent = this;
        }
    }
```

바로 아래 요소의 값을 꺼냅니다

Sample6의 실행 화면

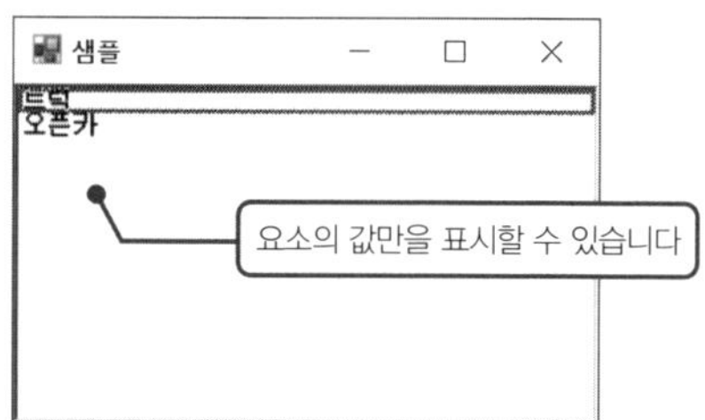

XElement 클래스의 Element() 메서드를 사용하면 이 요소 이하의 지정한 요소명의 요소를 얻을 수 있습니다. 여기에서는 요소의 값을 꺼냅니다.

Sample6의 관련 클래스

클래스	설명
System.Xml.Linq.XElement 클래스	
XElement Element(XNamename) 메서드	지정명의 처음의 자식 요소를 얻는다
Value 프로퍼티	요소의 값을 설정 · 얻는다

정렬을 시행한다

정렬을 시행할 수도 있습니다. 배열일 때와 마찬가지로 orderby를 지정해서 정렬합시다.

Sample7.cs ▶ 정렬을 시행한다

```
using System;
using System.Windows.Forms;
using System.Linq;
using System.Xml.Linq;
using System.Collections;

class Sample7 : Form
{
    private ListBox lbx;

    public static void Main()
    {
        Application.Run(new Sample7());
    }
    public Sample7()
    {
        this.Text = "샘플";
        this.Width = 300; this.Height = 200;

        lbx = new ListBox();
        lbx.Dock = DockStyle.Fill;

        XDocument doc = XDocument.Load("c:\\Sample.xml");

        IEnumerable qry = from K in doc.Descendants("car")
                          orderby (int)K.Attribute("id")
                          select K.Element("name").Value;
```

정렬을 시행합니다

Lesson 12

```
            foreach (var tmp in qry)
            {
                lbx.Items.Add(tmp);
            }
            lbx.Parent = this;
        }
    }
```

Sample7의 실행 화면

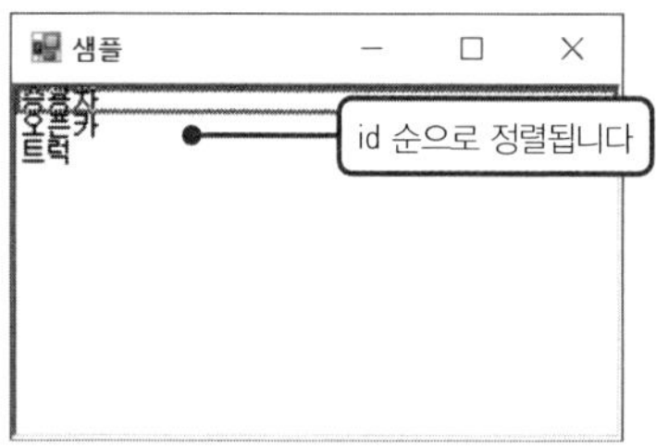

id 속성의 값 순으로 정렬하고 나서 요소의 값을 꺼낼 수 있습니다.

이처럼 LINQ에 의해 XML로부터 여러 가지를 꺼낼 수 있게 됩니다. 편리한 방법으로 기억해 두면 좋겠죠?

12.3 레슨의 정리

이 장에서는 다음을 배웠습니다.

- LINQ에 의해 배열 등에서 데이터를 꺼낼 수 있습니다.
- LINQ에서는 조건을 붙여서 좁힐 수 있습니다.
- LINQ에서는 정렬을 할 수 있습니다.
- LINQ에 의해 XML로부터 데이터를 꺼낼 수 있습니다

LINQ에 의해 여러 가지 데이터의 집합으로부터 필요한 데이터를 꺼낼 수 있습니다. 배열이나 XML, 데이터베이스 등으로부터 같은 수단을 따른 방법으로 데이터를 꺼낼 수 있는 것입니다. LINQ는 편리한 수단입니다.

연습문제

1. 다음의 product 표를 배열로서 작성하고, 데이터를 꺼내세요.

product 표

name	price
연필	80
지우개	50
자	200
컴퍼스	300
볼펜	100

2. 1에서 작성한 표의 배열로부터 가격이 200원 이상인 데이터를 꺼내세요.

*역자 주: 책의 뒷부분에 정답이 있습니다.

Lesson 13

애플리케이션의 작성

우리는 지금까지 C#의 여러 가지 기능에 대해서 배웠습니다. 지금까지의 지식을 활용하면 베리에이션이 풍부한 프로그램을 작성할 수 있습니다. 이 장에서는 더 큰 규모의 애플리케이션을 작성할 때의 힌트에 대해서 배워봅시다.

Check Point!

- 프로그램의 설계
- 디자인의 설계
- 데이터 · 기능의 설계
- 클래스의 설계
- 코드의 기술
- 프로그램의 변경 · 확장

13.1 프로그램의 설계

본격적인 프로그램의 작성

우리는 지금까지의 장에서 여러 가지 응용 프로그램을 작성했습니다. 지금까지 배운 것과 같은 작은 프로그램이면 클래스 라이브러리를 이용해서 간단하게 작성할 수 있습니다.

그러나 대규모의 본격적인 프로그램의 경우에는 더욱 절차를 밟아서 제작해야 합니다. 마지막인 이 장에서는 애플리케이션을 작성하는 절차를 차례대로 따라갑시다.

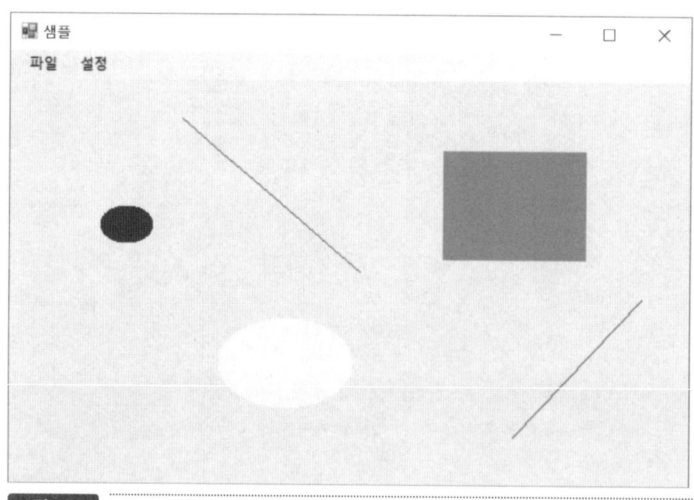

그림 13-1 프로그램을 작성한다
본격적인 프로그램은 절차를 따라 작성해야 합니다.

프로그램의 개요를 생각한다

프로그램을 작성할 때는 어떤 작업을 시작하면 좋을까요?

프로그램을 만들 때는 먼저

프로그램에 의해 어떤 것을 하는가

를 생각해야 합니다. 당연한 거 같지만 무엇을 만들지가 막연한 상태로는 작업을 진행할 수 없습니다. 일단 어떤 프로그램을 만들지를 명확하게 해야 합니다.

예를 들어 「마우스로 그림 그리기」라는 애플리케이션을 만든다고 생각합시다. 그러나 「마우스로 그림 그리기」만으로는 명확하지 않습니다. 「그림 그리기」라는 건 어떤 것일까요? 또한 「마우스로 그리기」는 어떤 것일까요? 조금 더 구체적으로 하겠습니다.

먼저 「그림을 그린다」에 대해서 생각합시다. 그림을 그린다고 해도

- 사각형을 그린다
- 타원형을 그린다
- 직선을 그린다

와 같은 구체적인 작업을 생각할 수 있을 것입니다.

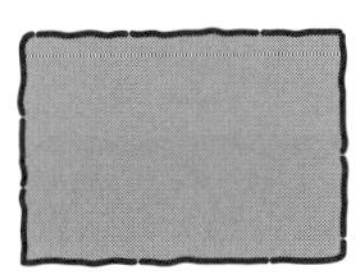

또한, 「마우스로 그리기」에 대해서도 자세히 생각해 보겠습니다. 다음과 같이 마우스로 그리는 것으로 합시다.

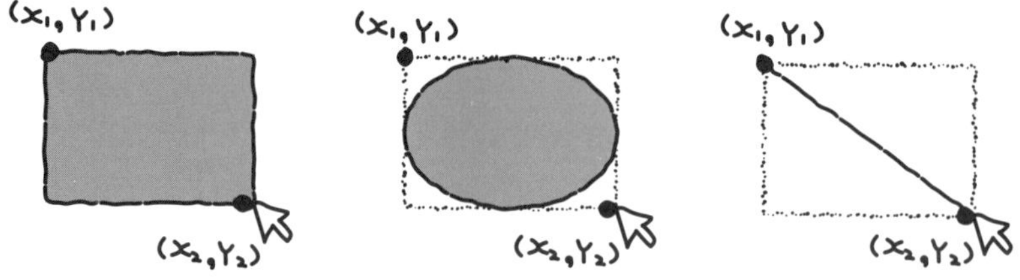

「마우스로 클릭한 왼쪽 위의 점(시작 좌표 x1, y1)으로부터 마우스를 뗀 오른쪽 아래의 점(종료 좌표 x2, y2)까지 도형을 그린다」

로 하는 것입니다.

더불어 이러한 도형 데이터를 파일에 저장하는 것도 생각해 두고 싶은 기능입니다.

이처럼

프로그램이 어떻게 동작하는가

라는 「프로그램의 개요」를 명확하게 정해야 합니다. 개요를 생각하고 명확히 해 나가는 것은 프로그램을 작성하는 데 있어서 중요한 절차 중 하나입니다.

다만, 이 단계에서 프로그램의 개요를 완벽하게 빈틈없이 엄격하게 정해버리는게 좋은 것만은 아닙니다. 코드를 작성 · 입력해 가는 데 있어서는 개요를 고쳐야 하는 상황도 있습니다. 일단 프로그램을 시작하는 데 있어서 필요한 점을 명확히 해두기 위해서 개요에 대해서 고민하는 것입니다.

중요 | 프로그램의 개요를 명확하게 한다.

그림 13-2 프로그램의 개요를 명확히 한다
프로그램의 개요를 명확히 해야 합니다.

윈도 디자인을 설계한다

사용자가 이용하는 디자인의 설계를 하는 작업을 해야 합니다. 코드를 생각한 다음에는 디자인에 대해서 생각하는 걸 빼 놓을 수 없습니다. 윈도 프로그램이면 윈도 상의 디자인을 설계해야 할 것입니다.

여기에서는 지금까지 배운 윈도 부품을 조합해서 디자인을 설계하도록 합시다. 이 애플리케이션에서는 그림을 그리기 위한 설정을 메뉴로 준비하도록 합니다.

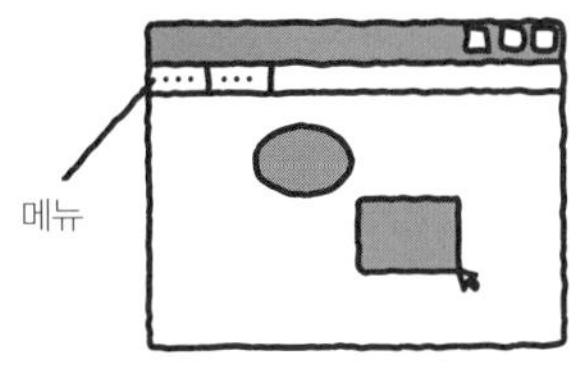

메뉴의 내용도 구체적으로 생각해 둡시다. 다음과 같이 메뉴를 생각합니다.

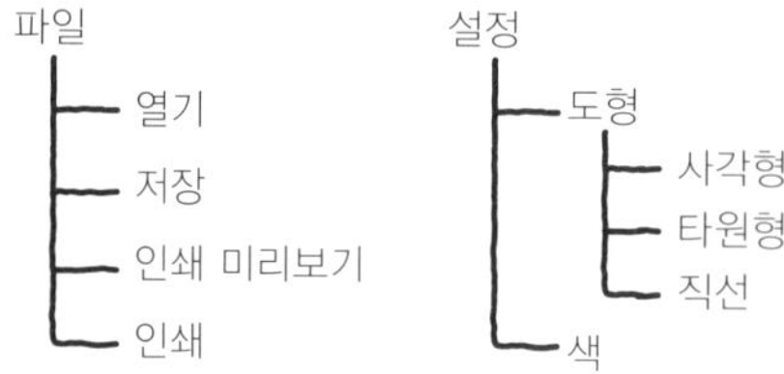

「파일」 메뉴 · 「설정」 메뉴를 생각했습니다. 「파일」 메뉴를 선택함으로써 파일을 여는 작업 · 파일을 저장하는 작업 · 인쇄 미리보기 · 인쇄 작업 중 하나를 선택할 수 있게 합니다. 또한, 「설정」 메뉴를 선택함으로써 도형 · 색을 선택할 수 있게 합니다. 도형은 사각형 · 타원형 · 직선 중 하나를 선택할 수 있게 합니다.

이 단계에서 상세한 메뉴 내용까지 설계하는 것은 어려울 수 있습니다. 그러나 사용자에게 어떻게 조작을 할 수 있도록 할지를 생각해 두어야 합니다.

프로그램을 설계하기 위해서는 여러 가지 컨트롤에 익숙해져야 하는 것을 빼놓을 수 없습니다. 제7장으로 다시 돌아가서 복습하세요.

중요 | 프로그램 외관 상의 디자인을 설계한다.

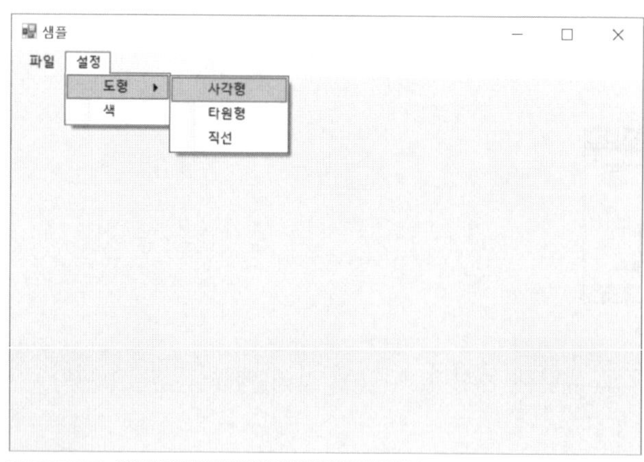

그림 13-3 디자인을 설계한다
윈도의 디자인을 설계해야 합니다.

폼의 디자인

C#의 개발 환경인 Visual Studio에는 폼 등의 디자인과 필요한 코드의 작성을 시행하는 기능도 준비되어 있습니다. 프로그램의 작성에 익숙해지면 이러한 기능을 이용하여 개발을 할 수도 있습니다.

다만, 이 책에서는 간단하게 프로그램의 작성을 시행하기 위해서 코드 안에서 폼의 레이아웃을 시행합니다. 두 가지 경우 모두 디자인의 설계는 빼놓을 수 없으므로 잘 생각해 보세요.

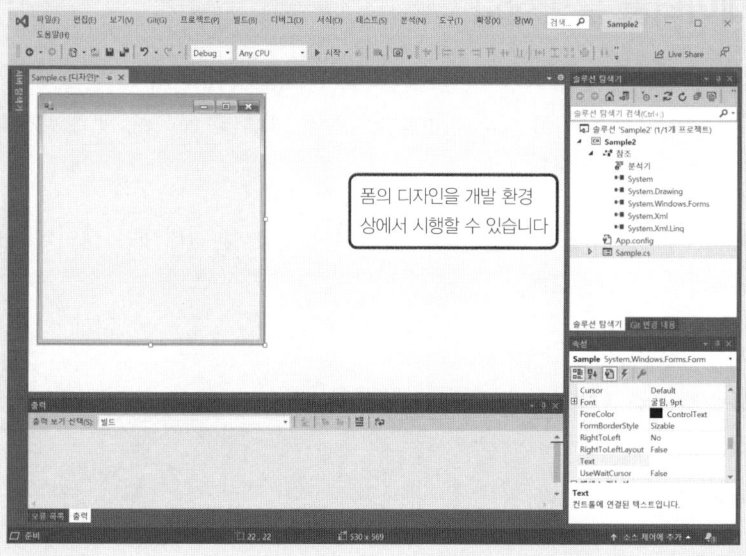

폼의 디자인을 개발 환경
상에서 시행할 수 있습니다

13.2 데이터·기능의 설계

데이터를 통합한다

프로그램의 외관을 결정했으면 다음으로 프로그램의 내부 구조를 결정합시다. 여러 가지 접근 방법이 있는데 프로그램에서 다루는「데이터」에 대해서 주목하면 쉽게 생각할 수 있습니다.

이 프로그램에서는 3종류의 도형을 그렸습니다. 도형을 나타내는 데이터로서 다음을 생각할 수 있습니다.

- **시작 좌표(x1, y1)**
- **종료 좌표(x2, y2)**
- **색(Color)**
- **종류**

이 프로그램에서는 사용자가 마우스로 조작한 입력을 받습니다. 그리고 이러한 도형 데이터를 관리합니다. 또한 이 도형 데이터를 화면에 그림으로 표시하고 파일로서 저장합니다. 즉, 도형 데이터를 관리하는 것이 이 프로그램의 큰 역할이 되는 것입니다.

중요 | 프로그램에 필요한 데이터를 생각한다.

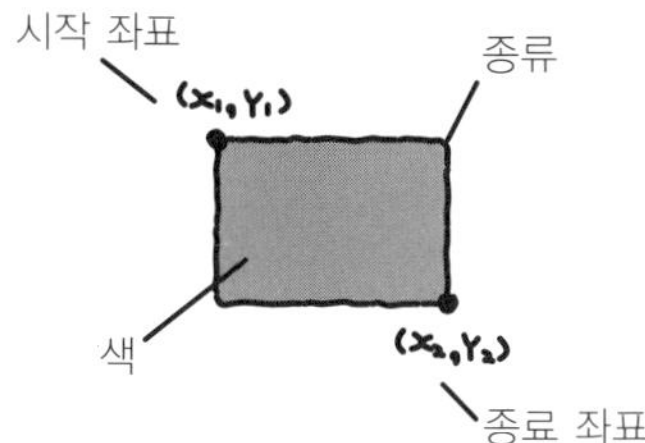

그림 13-4 데이터를 생각한다
프로그램에 필요한 데이터를 생각해야 합니다.

클래스 계층을 설계한다

C#은 객체 지향 프로그래밍 언어입니다. C#에서는 사물에 주목하여 프로그램을 설계하는데 편리합니다. 사물 데이터와 데이터에 대한 조작을 클래스에 통합해 견고한 프로그램을 작성할 수 있습니다.

따라서 도형 데이터를 관리하기 위해 이 프로그램에서도 사물에 주목해 클래스를 설계하도록 합시다.

예를 들어, 구체적인 사물의 이미지라고 하면 다음의 클래스를 생각할 수 있습니다.

「사각형(Rect)」 클래스
「타원형(Oval)」 클래스
「직선(Line)」 클래스

다만, 이대로 3개의 클래스를 설계하는 것이 좋은지 여부는 잘 고민해야 합니다. 3개의 도형에는 공통되는 데이터 · 기능이 있습니다. 이것들을 각각 3개로 분할하는 것은 좋은 방법이 아닙니다.

구체적인 클래스로부터 추상적인 클래스를 생각할 수 있는 경우도 있고, 추상적인 클래스로부터 구체적인 클래스를 생각해야만 하는 경우도 있을 것입니다.

여기에서는 3개의 구체적인 클래스 외에 공통하는 성질을 통합하는 추상적인 클래스로서 또 하나 클래스를 추가합니다.

「도형(Shape)」 클래스

를 생각하는 것입니다. 4개 클래스의 관계는 다음과 같습니다.

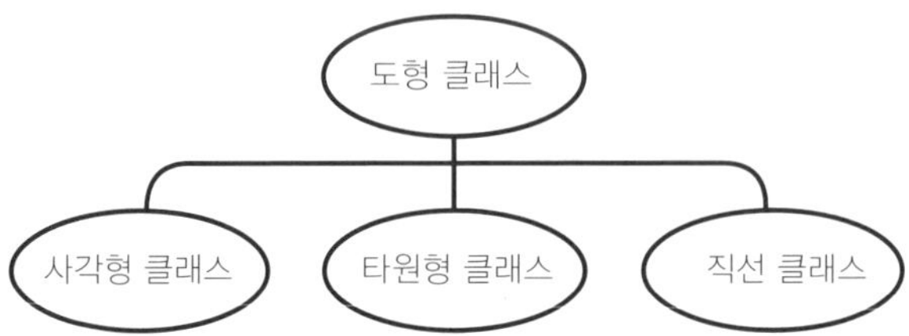

그림 13-5 클래스 계층을 설계한다
데이터 · 기능을 바탕으로 클래스 계층을 설계해야 합니다.

도형 클래스와 3개 클래스는 기본 클래스 · 파생 클래스의 관계로 설계합니다. 파생 클래스는 기본 클래스를 확장한 클래스입니다. 즉, 도형 클래스(기본 클래스)를 정의하고 거기로부터 3개의 클래스를 확장하는 것입니다.

물론 이 방법이 유일한 정답은 아닙니다. 클래스를 설계할 때는 데이터 · 기능을 잘 고려해야 합니다.

중요 | 클래스 계층을 설계한다.

기능을 통합한다

도형 관련 클래스의 내용을 생각합시다. 먼저 데이터부터 생각해 나갑니다.

❶ 시작 좌표

❷ 종료 좌표

❸ 색

이러한 데이터는 도형 클래스에도 갖게 합니다.

또한, 이러한 데이터를 조작하는 기능으로서 다음을 생각할 수 있습니다.

❶ 시작 좌표를 설정한다
❷ 종료 좌표를 설정한다
❸ 색을 설정한다
❹ 자기 자신을 그린다

❶~❸은 어떤 도형도 같은 처리가 된다고 생각할 수 있습니다. 그래서 이러한 기능은 도형(Shape) 클래스에 통합하도록 합시다. 한편, ❹의 그리는 방법은 도형마다 다릅니다. 따라서 그리기는 구체적인 클래스 내에서 시행하도록 합시다.

이상으로부터 전체적으로 다음과 같은 클래스를 생각합니다.

```
abstract class Shape                          ← 도형을 나타내는 기본 클래스입니다
{
    public static int RECT = 0;  ┐
    public static int OVAL = 1;  ├ 종류를 나타내는 데이터입니다
    public static int LINE = 2;  ┘
    protected int x1, y1, x2, y2;  ← 시작 좌표 · 종료 좌표를 나타내는 데이터입니다
    protected Color c;  ← 색을 나타내는 데이터입니다

    abstract public void Draw(Graphics g);

    public void SetColor(Color c)  ← 색을 설정하는 메서드입니다
    {
        // 색을 설정한다
    }
    public void SetStartPoint(int x, int y)  ← 시작 좌표를 설정하는 메서드입니다
    {
        // 시작 좌표를 설정한다
    }
    public void SetEndPoint(int x, int y)  ← 종료 좌표를 설정하는 메서드입니다
    {
        // 종료 좌표를 설정한다
```

Lesson 13

```
    }
}

class Rect : Shape   ● 사각형을 나타내는 파생 클래스입니다
{
    override public void Draw(Graphics g)
    {
        // 브러시를 작성한다
        // 사각형을 그린다
    }
}
class Oval : Shape   ● 타원형을 나타내는 파생 클래스입니다
{
    override public void Draw(Graphics g)
    {
        // 브러시를 작성한다
        // 타원형을 그린다
    }
}
class Line : Shape   ● 직선을 나타내는 파생 클래스입니다
{
    override public void Draw(Graphics g)
    {
        // 브러시와 펜을 작성한다
        // 직선을 그린다
    }
}
```

공통하는 데이터 · 기능을 Shape 클래스로 통합했습니다. 또한, 그리기는 구체적인 클래스로 통합하고 있습니다.

중요 | 데이터와 기능을 클래스로 통합한다.

애플리케이션의 클래스도 생각한다

도형에 관한 데이터를 생각해 도형 관련의 클래스를 설계했습니다. 그러나 애플리케이션을 동작시키려면 이것만으로 아직 충분하지 않습니다. 이 프로그램은 이 밖에도 아직 관리해야 하는 데이터가 더 있습니다. 예를 들어, 패널 상에 그린 1장의 「그림」 데이터나 현재 선택되고 있는 색 · 도형 데이터를 생각해 보세요. 이러한 데이터는 애플리케이션에서 관리해야 합니다.

도형을 그렸을 때 처음 관리하면 좋은 데이터는 도형 클래스에서 관리했습니다. 따라서 애플리케이션 전체에서 관리해야 하는 데이터는 애플리케이션을 나타내는 클래스에서 관리하도록 합시다.

먼저 폼 상에 그린 1장의 「그림」은 각 도형 오브젝트의 리스트로서 관리합니다. 「그림」을 관리하기 위해서는 제8장에서도 사용한 컬렉션 클래스를 사용하도록 합니다.

- 도형 리스트 → List 〈Shape〉 형의 shape List 변수로 관리한다

또한, 현재 선택되고 있는 도형 · 색은 정수 데이터로 나타내도록 합니다.

- 현재 선택된 도형 → int형의 currentShape 변수로 관리한다
- 현재 선택된 색상 → int형의 currentColor 변수로 관리한다

이러한 데이터를 애플리케이션 클래스에 갖게 하는 것입니다.

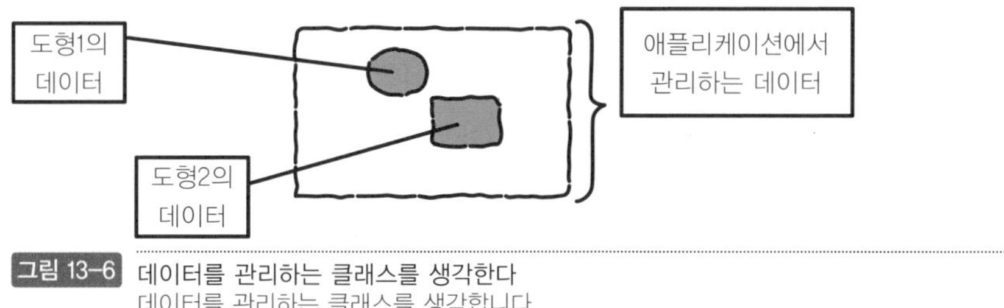

그림 13-6 데이터를 관리하는 클래스를 생각한다
데이터를 관리하는 클래스를 생각합니다.

중요 | 데이터를 관리하는 클래스를 생각한다.

초기 설정을 시행한다

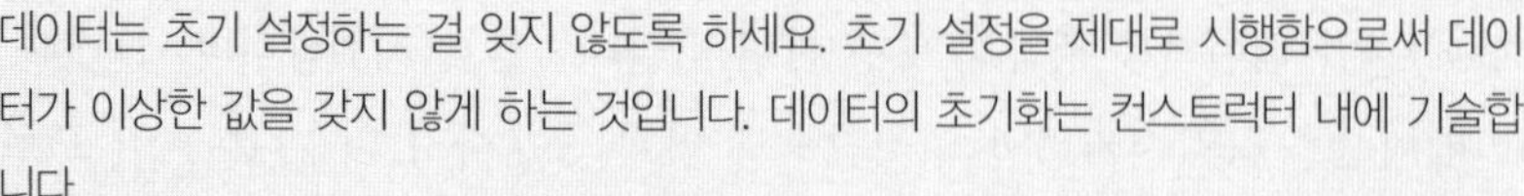
데이터는 초기 설정하는 걸 잊지 않도록 하세요. 초기 설정을 제대로 시행함으로써 데이터가 이상한 값을 갖지 않게 하는 것입니다. 데이터의 초기화는 컨스트럭터 내에 기술합니다.

도형 오브젝트가 관리하는 데이터의 초기화는 도형 클래스의 컨스트럭터 내에 기술합니다. 애플리케이션이 관리하는 데이터의 초기화는 애플리케이션 클래스의 컨스트럭터 내에 기술합니다.

폼에 관한 처리를 적는다

마지막으로 애플리케이션의 처리를 생각합시다. 폼에 관한 처리부터 생각합시다. 먼저

폼을 마우스로 클릭했을 때

에는 어떠한 처리를 하면 좋을까요? 처음으로 도형 오브젝트를 작성해야 합니다. 또한, 색 · 좌표를 설정하고 나서 오브젝트를 도형 리스트에 추가해야 합니다. 이것들을 순서대로 처리하도록 합니다.

```
폼 상에서 마우스 버튼을 눌렀을 때의 이벤트 핸들러
{
    // 도형 오브젝트를 작성한다
    // 도형 오브젝트의 색을 설정한다
    // 도형 오브젝트의 좌표를 설정한다
    // 도형 오브젝트를 리스트 끝에 추가한다
}
```

마우스로 클릭했을 때의 처리입니다

여기에서는 일단 한국어로 처리 절차를 적습니다.

마우스를 뗐을 때의 처리

도 생각합니다. 새롭게 추가한 도형의 종료 위치를 리스트에 설정하도록 합니다.

```
마우스상에서 마우스를 뗐을 때의 이벤트 핸들러  ← 마우스를 뗐을 때의 처리입니다
{
    // 도형 오브젝트를 리스트 끝으로부터 꺼낸다
    // 도형 오브젝트의 종료 좌표를 설정한다
    // 폼을 다시 그린다
}
```

마지막으로 그리는 처리를 기술합니다. 도형 리스트로부터 오브젝트를 하나씩 꺼내고 그립니다. 그릴 때는 오브젝트의 메서드를 호출합니다.

```
폼 그리기 이벤트 핸들러  ← 폼을 그리는 처리입니다
{
    for(int i = 0; i < 리스트 크기; i++) {
        // 도형 오브젝트를 리스트로부터 꺼낸다
        // 도형 오브젝트 자신에 의해 그린다
    }
}
```

리스트로 관리되고 있는 오브젝트를 맨 앞부터 순서대로 처리하기 때문에 여기에서는 반복문(for 문)을 사용하도록 했습니다. 동일한 종류의 처리를 반복하는 경우는 반복문을 사용합니다. 처리 내용을 생각하면서 프로그램의 구조를 만들어 가야 합니다.

중요 | 처리를 차례대로 생각한다.
반복 처리를 생각한다.

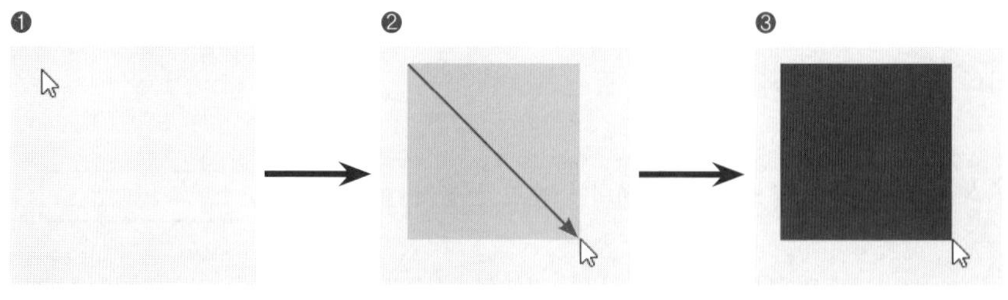

그림 13-7 처리를 순서대로 생각한다
프로그램의 처리를 생각합니다.

메뉴에 관한 처리를 적는다

메뉴를 선택한 경우의 처리도 생각해 봅시다. 메뉴를 선택했을 때 다음과 같은 처리를 시행합니다.

파일
열기 …… OpenFileDialog를 실행하고 파일을 연다
저장 …… SaveFileDialog를 실행하고 파일을 저장한다
인쇄 미리보기 …… PrintPreviewDialog를 실행하고 인쇄 미리보기를 한다
인쇄 …… 인쇄를 한다

타원형 …… 현재의 도형을 타원형으로 한다
직선 …… 현재의 도형을 직선으로 한다

파일 열기 · 저장하기 위한 다이얼로그 박스의 실행 방법은 제10장 등 이제까지의 장을 참조하면 좋겠죠? 여기에서는 파일의 확장자로서 「xx.g」라는 파일을 사용합니다.

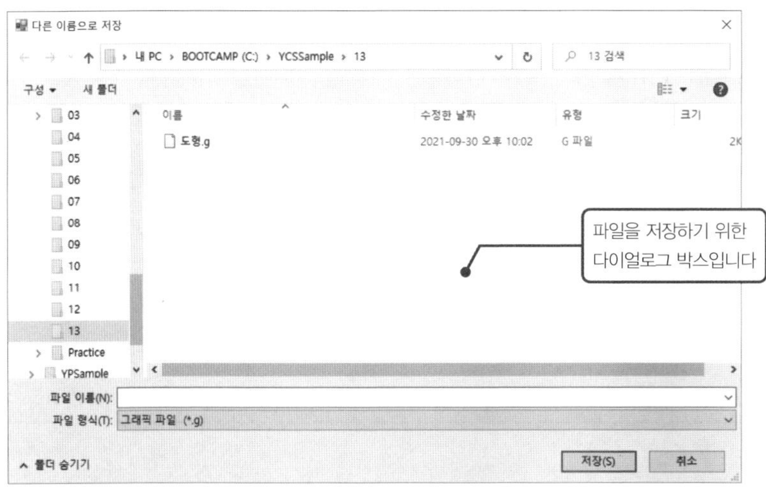

또한, 파일을 오브젝트마다 저장하기 위해서 BinaryFormatter 클래스를 이용합니다. 다음 클래스의 기능을 조사하면 좋을 것입니다.

클래스	설명
System.Runtime.Serialization.Formatters.Binary.BinaryFormatter 클래스	
void Serialize(Stream s, Object o) 메서드	오브젝트를 스트림에 써낸다
Object Deserialize(stream s, Object o) 메서드	오브젝트를 스트림으로부터 읽어 들인다

인쇄 기능을 붙이기 위해서 다음 클래스를 이용합니다. 인쇄하는 도큐먼트를 관리하는 클래스입니다.

클래스	설명
System.Windows.Forms.PrintDocument 클래스	
PrintDocument( ) 컨스트럭터	인쇄 도큐먼트를 작성한다
PrintPage 이벤트	인쇄 이벤트

PrintPage 이벤트가 발생하면 인쇄 도큐먼트에 그리기를 시행합니다. 여기에서 이 그리는 처리는 폼으로의 그리기와 같은 처리를 시행하도록 합니다.

또한, 인쇄 미리보기 기능을 붙이기 위해서 다음 인쇄 미리보기 다이얼로그 박스를 이용합니다. 인쇄 미리보기를 할 때는 이 PrintDocument 프로퍼티에 도큐먼트가 설정되어 있어야 합니다.

클래스	설명
System.Windows.Forms.PrintPreviewDialog 클래스	
PrintPreviewDialog() 컨스트럭터	인쇄 미리보기 다이얼로그 박스를 작성한다
DialogResult ShowDialog() 메서드	인쇄 미리보기 다이얼로그를 표시한다
PrintDocument 프로퍼티	미리보기에 표시하는 인쇄 도큐먼트를 설정한다

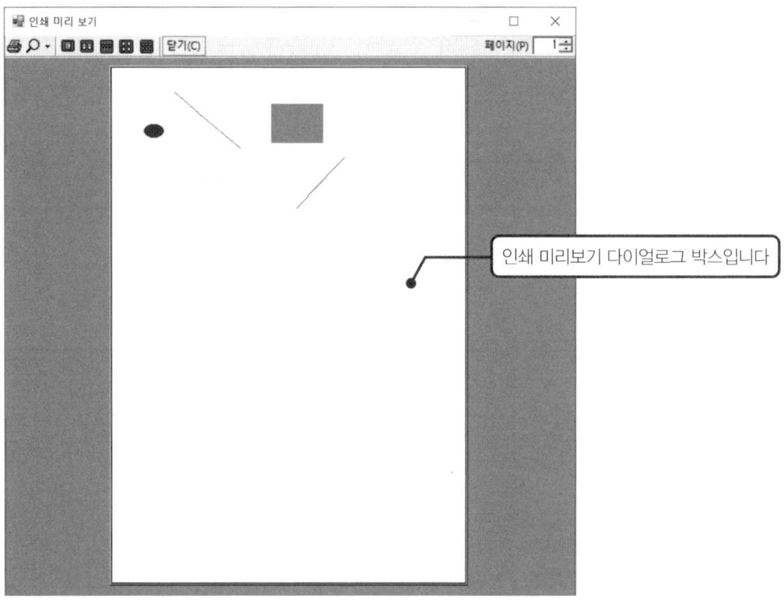

색을 선택하기 위해서는 컬러 다이얼로그 박스를 실행합니다. ColorDialog 클래스는 색을 선택하는 다이얼로그 박스입니다. 컬러 다이얼로그 박스의 기능도 조사해 보세요.

클래스	설명
System.Windows.Forms.ColorDialog 클래스	
ColorDialog() 컨스트럭터	컬러 다이얼로그 박스를 작성한다
DialogResult ShowDialog() 메서드	컬러 다이얼로그 박스를 표시한다

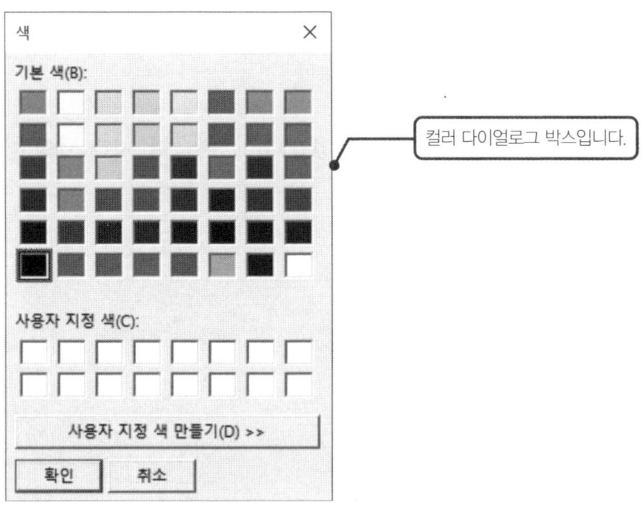

클래스 라이브러리로 제공되는 클래스를 이용함으로써 이러한 고도의 처리를 편하게 기술할 수 있습니다.

이처럼 고도의 C# 프로그램을 작성할 때는 클래스를 잘 사용하는 것을 빼놓을 수 없습니다. 클래스 라이브러리의 레퍼런스를 조사하는 것으로 처리를 생각해 보세요.

Lesson 13

오브젝트의 저장

C#에서는 파일에 오브젝트를 직접 써낼 수 있습니다. 이것을 오브젝트의 **시리얼라이제이션**이라고 합니다. 시리얼라이제이션을 시행하는 데는 시리얼라이제이션을 시행하고 싶은 클래스에 [Serializable] 속성을 지정합니다. 여기에서는 도형 클래스와 그 파생 클래스에 지정하도록 합니다. 다음 절의 Sample.cs를 참조하세요.

13.3 코드의 작성

코드를 작성한다

지금까지 애플리케이션의 큰 틀을 정할 수 있었습니다. 기술한 처리 내용을 바탕으로 C# 코드를 기술해 나갑시다.

여기에서는 다음과 같은 코드를 작성합니다.

Sample.cs ▶ 그림 그리기 애플리케이션

```
using System;
using System.Windows.Forms;
using System.Collections.Generic;
using System.Drawing;
using System.Drawing.Printing;
using System.IO;
using System.Runtime.Serialization.Formatters.Binary;

class Sample : Form
{
    private MenuStrip ms;
    private ToolStripMenuItem[] mi = new ToolStripMenuItem[11];

    private List<Shape> shapeList;
    private int currentShape;
    private Color currentColor;

    static PrintDocument pd;
```

```
    [STAThread]
    public static void Main()
    {
        Application.Run(new Sample());
    }
    public Sample()
    {
        this.Text = "샘플";
        this.Width = 600; this.Height = 400;

        ms = new MenuStrip();
        mi[0] = new ToolStripMenuItem("파일");
        mi[1] = new ToolStripMenuItem("설정");
        mi[2] = new ToolStripMenuItem("도형");
        mi[3] = new ToolStripMenuItem("열기");
        mi[4] = new ToolStripMenuItem("저장");
        mi[5] = new ToolStripMenuItem("인쇄 미리보기");
        mi[6] = new ToolStripMenuItem("인쇄");
        mi[7] = new ToolStripMenuItem("사각형");
        mi[8] = new ToolStripMenuItem("타원형");
        mi[9] = new ToolStripMenuItem("직선");
        mi[10] = new ToolStripMenuItem("색");

        mi[0].DropDownItems.Add(mi[3]);
        mi[0].DropDownItems.Add(mi[4]);
        mi[0].DropDownItems.Add(new ToolStripSeparator());
        mi[0].DropDownItems.Add(mi[5]);
        mi[0].DropDownItems.Add(mi[6]);

        mi[1].DropDownItems.Add(mi[2]);
        mi[1].DropDownItems.Add(mi[10]);

        mi[2].DropDownItems.Add(mi[7]);
        mi[2].DropDownItems.Add(mi[8]);
```

```
        mi[2].DropDownItems.Add(mi[9]);

        ms.Items.Add(mi[0]);
        ms.Items.Add(mi[1]);

        this.MainMenuStrip = ms;
        ms.Parent = this;

        pd = new PrintDocument();

        shapeList = new List<Shape>();
        currentShape = Shape.RECT;
        currentColor = Color.Blue;

        for (int i = 0; i < mi.Length; i++)
        {
            mi[i].Click += new EventHandler(mi_Click);
        }

        this.MouseDown += new MouseEventHandler(fm_MouseDown);
        this.MouseUp += new MouseEventHandler(fm_MouseUp);
        this.Paint += new PaintEventHandler(fm_Paint);
        pd.PrintPage += new PrintPageEventHandler(pd_PrintPage);
    }
    public void mi_Click(Object sender, EventArgs e)
    {
        if (sender == mi[3])
        {
            OpenFileDialog ofd = new OpenFileDialog();
            ofd.Filter = "그래픽 파일 ¦*.g";

            if (ofd.ShowDialog() == DialogResult.OK)
            {
                BinaryFormatter bf = new BinaryFormatter();
                FileStream fs = new FileStream(ofd.FileName,
```

```
FileMode.Open, FileAccess.Read);
                shapeList.Clear();
                shapeList = (List<Shape>)bf.Deserialize(fs);
                fs.Close();
                this.Invalidate();
            }
        }
        else if (sender == mi[4])
        {
            SaveFileDialog sfd = new SaveFileDialog();
            sfd.Filter = "그래픽 파일 |*.g";

            if (sfd.ShowDialog() == DialogResult.OK)
            {
                BinaryFormatter bf = new BinaryFormatter();
                FileStream fs = new FileStream(sfd.FileName, FileMode.
OpenOrCreate, FileAccess.Write);
                bf.Serialize(fs, shapeList);
                fs.Close();
            }
        }
        else if (sender == mi[5])
        {
            PrintPreviewDialog pp = new PrintPreviewDialog();
            pp.Document = pd;
            pp.ShowDialog();
        }
        else if (sender == mi[6])
        {
            pd.Print();
        }
        else if (sender == mi[7])
        {
            currentShape = Shape.RECT;
        }
```

Lesson 13

```
        else if (sender == mi[8])
        {
            currentShape = Shape.OVAL;
        }
        else if (sender == mi[9])
        {
            currentShape = Shape.LINE;
        }
        else if (sender == mi[10])
        {
            ColorDialog cd = new ColorDialog();

            if (cd.ShowDialog() == DialogResult.OK)
            {
                currentColor = cd.Color;
            }
        }
    }
    public void fm_MouseDown(Object sender, MouseEventArgs e)
    {
        // 도형 오브젝트를 작성한다
        Shape sh;
        if (currentShape == Shape.RECT)
        {
            sh = new Rect();
        }
        else if(currentShape == Shape.OVAL)
        {
          sh = new Oval();
        }
        else
        {
          sh = new Line();
        }
        // 도형 오브젝트의 색을 설정한다
```

```
        sh.SetColor(currentColor);
        // 도형 오브젝트의 좌표를 설정한다
        sh.SetStartPoint(e.X, e.Y);
        sh.SetEndPoint(e.X, e.Y);
        // 도형 오브젝트를 리스트 끝에 추가한다
        shapeList.Add(sh);
    }
    public void fm_MouseUp(Object sender, MouseEventArgs e)
    {
        // 도형 오브젝트를 리스트 끝으로부터 꺼낸다
        Shape sh = (Shape)(shapeList[shapeList.Count-1] as Shape);
        sh.SetEndPoint(e.X, e.Y);
        // 폼을 다시 그린다
        this.Invalidate();
    }
    public void fm_Paint(Object sender, PaintEventArgs e)
    {
        Graphics g = e.Graphics;

        foreach (Shape sh in shapeList)
        {
            sh.Draw(g);
        }
    }
    public void pd_PrintPage(Object sender, PrintPageEventArgs e)
    {
        Graphics g = e.Graphics;

        foreach (Shape sh in shapeList)
        {
            sh.Draw(g);
        }
    }
}
```

```
[Serializable]
abstract class Shape
{
    public static int RECT = 0;
    public static int OVAL = 1;
    public static int LINE = 2;
    protected int x1, y1, x2, y2;
    protected Color c;

    abstract public void Draw(Graphics g);

    public void SetColor(Color c)
    {
        this.c = c;
    }
    public void SetStartPoint(int x, int y)
    {
        x1 = x; y1 = y;
    }
    public void SetEndPoint(int x, int y)
    {
        x2 = x; y2 = y;
    }
}
[Serializable]
class Rect : Shape
{
    override public void Draw(Graphics g)
    {
        SolidBrush sb = new SolidBrush(c);
        g.FillRectangle(sb, x1, y1, x2-x1, y2-y1);
    }
}
[Serializable]
class Oval : Shape
```

```
{
    override public void Draw(Graphics g)
    {
        SolidBrush sb = new SolidBrush(c);
        g.FillEllipse(sb, x1,y1, x2-x1, y2-y1);
    }
}
[Serializable]
class Line : Shape
{
    override public void Draw(Graphics g)
    {
        SolidBrush sb = new SolidBrush(c);
        Pen p = new Pen(sb);
        g.DrawLine(p,x1,y1,x2,y2);
    }
}
```

코드는 쉽게 읽을 수 있게 기술해야 합니다. 클래스 · 메서드 · 조건 판단 · 반복 등의 구조를 알기 쉽게 하도록 코드 안에서 일정한 인덴트를 시행합니다. 개발 환경은 이러한 작업을 도와줍니다.

또한, 코드 안에서 어떤 처리를 시행하고 있는지 곳곳에 주석을 넣어 두어야 합니다. 대규모 프로그램에서는 코드만 기술하면 나중에 읽었을 때에 이해할 수 없는 코드가 되어버립니다.

그리고 프로그램에는 추가 · 변경이 따르기 마련입니다. 삼각형을 그리는 기능을 추가, 펜이나 브러시의 선택 기능을 추가, 그린 도형을 이동 · 삭제하는 기능을 추가할 수도 있습니다. 클래스 설계 등을 잘 고려해 이러한 기능의 추가 · 변경에 대응할 수 있도록 해 두는 것도 빼 놓을 수 없습니다.

이처럼 프로그램을 개발하는 데 있어서는 여러 가지 점에 주의해야 합니다. 개발 시의 여러 주의 사항을 염두에 두고 베리에이션이 풍부한 프로그램을 작성해 갑시다.

13.4 레슨의 정리

이 장에서는 다음과 같이 배웠습니다.

- 프로그램을 작성하려면 개요를 설계합니다.
- 프로그램을 작성하려면 윈도우 상의 디자인을 설계합니다.
- 프로그램을 작성하려면 데이터·기능을 설계합니다.
- 프로그램을 작성하려면 클래스를 설계합니다.
- 프로그램을 작성하려면 적절한 처리를 설계·기술합니다.
- 프로그램의 변경·확장에 대응할 수 있도록 하는 것이 중요합니다.

이 장에서는 본격적인 애플리케이션을 작성하는 절차를 살펴봤습니다. 물론 프로그램의 작성 방법은 하나만이 아닙니다. 임기응변에 대응해야 합니다. 그러나 프로그램을 완성시키기까지 절차를 이해해 두면 큰 프로그램에도 대응하기가 쉽습니다. 그러면 기능의 추가에도 대응할 수 있는 프로그램을 작성할 수 있을 것입니다.

Appendix A

연습문제 정답

Lesson 1 첫 걸음

1. ① x ② o ③ x ④ x

Lesson 2 C#의 기본

1.

```
using System;

class Sample1
{
    public static void Main()
    {
        Console.WriteLine("안녕하세요");
        Console.WriteLine("안녕히 계세요");
    }
}
```

2.

```
using System.Windows.Forms;

class Sample2
{
    public static void Main()
    {
        Form fm = new Form();
        fm.Text = "샘플";

        Label lb = new Label();
        lb.Text = "또 만납시다!";

        lb.Parent = fm;

        Application.Run(fm);
    }
}
```

Lesson 3 형과 연산자

1.

```
using System.Windows.Forms;

class Sample1
{
    public static void Main()
    {
        Form fm = new Form();
        fm.Text = "샘플";

        fm.Width = 300;
        fm.Height = 200;

        Label lb = new Label();

        lb.Text = "안녕하세요";

        lb.Top = (fm.Height - lb.Height) / 2;
        lb.Left = (fm.Width - lb.Width) / 2;

        lb.Parent = fm;

        Application.Run(fm);
    }
}
```

2.

```
using System.Windows.Forms;

class Sample2
{
    public static void Main()
    {
```

```
        Form fm = new Form();
        fm.Text = "샘플";

        fm.Width = 300;
        fm.Height = 200;

        Label lb1 = new Label();
        Label lb2 = new Label();

        lb1.Text = "안녕하세요";
        lb2.Text = "안녕히 가세요";

        lb2.Left = lb1.Left + 100;

        lb1.Parent = fm;
        lb2.Parent = fm;

        Application.Run(fm);
    }
}
```

Lesson 4 처리의 제어

1.

```
using System.Windows.Forms;

class Sample1
{
    public static void Main()
    {
        Form fm = new Form();
        fm.Text = "샘플";
        fm.Width = 250; fm.Height = 150;

        Label lb = new Label();
```

```
        lb.Width = fm.Width; lb.Height = fm.Height;

        for (int i = 1; i <= 10; i++)
        {
            if (i % 2 == 0)
                lb.Text += i + "을(를) 표시합니다.₩n";
        }

        lb.Parent = fm;

        Application.Run(fm);
    }
}
```

2.

```
using System.Windows.Forms;
using System.Drawing;

class Sample2
{
    public static void Main()
    {
        Form fm = new Form();
        fm.Text = "샘플";
        fm.Width = 600; fm.Height = 300;

        PictureBox[,] pb = new PictureBox[5,5];

        for (int i = 0; i < 5; i++)
        {
            for (int j = 0; j < 5; j++)
            {
                pb[i, j] = new PictureBox();
                pb[i, j].Image = Image.FromFile("c:₩₩car.bmp");
```

App A

```
                pb[i, j].Left = pb[i, j].Width * i;
                pb[i, j].Top = pb[i, j].Height * j;
                pb[i, j].Parent = fm;
            }
        }

        Application.Run(fm);
    }
}
```

Lesson 5 클래스

1.

```
using System.Windows.Forms;

class Sample1
{
    public static void Main()
    {
        Form fm = new Form();
        fm.Text = "샘플";
        fm.Width = 250; fm.Height = 100;

        Label lb = new Label();

        Ball bl = new Ball();
        bl.Move();

        lb.Text = "공의 위치는 ₩nTop:" + bl.Top + "Left:" + bl.Left + "입
니다.";

        lb.Parent = fm;

        Application.Run(fm);
    }
```

```
}
class Ball
{
    private int top;
    private int left;

    public Ball()
    {
        top = 0;
        left = 0;
    }
    public void Move()
    {
        top = top + 10;
        left = left + 10;
    }
    public int Top
    {
        set { top = value; }
        get { return top; }
    }
    public int Left
    {
        set { left = value; }
        get { return left; }
    }
}
```

2.

```
using System.Windows.Forms;
using System.Drawing;

class Sample2 : Form
{
```

App A

```
    public static void Main()
    {
        Application.Run(new Sample2());
    }
    public Sample2()
    {
        this.Text = "샘플";
        this.Width = 400; this.Height = 200;

        WhiteLabel wl1 = new WhiteLabel();
        wl1.Text = "안녕하세요";

        WhiteLabel wl2 = new WhiteLabel();
        wl2.Text = "감사합니다";

        wl2.Left = wl1.Left+150;

        wl1.Parent = this;
        wl2.Parent = this;
    }
}
class WhiteLabel : Label
{
    public WhiteLabel()
    {
        this.BackColor = Color.White;
    }
}
```

Lesson 6 이벤트

1.

```
using System;
using System.Windows.Forms;
```

```
class Sample1 : Form
{
    private Label lb;
    private Button bt;

    public static void Main()
    {
        Application.Run(new Sample1());
    }
    public Sample1()
    {
        this.Text = "샘플";
        this.Width = 250; this.Height = 100;

        lb = new Label();
        lb.Text = "어서 오세요.";
        lb.Width = 150;
        bt = new Button();
        bt.Text = "구입";
        bt.Top = this.Top + lb.Height;
        bt.Width = lb.Width;

        lb.Parent = this;
        bt.Parent = this;

        bt.Click += new EventHandler(bt_Click);
    }
    public void bt_Click(Object sender, EventArgs e)
    {
        bt.Text = "감사합니다.";
    }
}
```

2.

```
using System;
using System.Windows.Forms;

class Sample2 : Form
{
    private Button bt;

    public static void Main()
    {
        Application.Run(new Sample2());
    }
    public Sample2()
    {
        this.Text = "샘플";
        this.Width = 250; this.Height = 100;

        bt = new Button();
        bt.Text = "어서 오세요";
        bt.Width = 100;

        bt.Parent = this;

        bt.MouseEnter += new EventHandler(bt_MouseEnter);
        bt.MouseLeave += new EventHandler(bt_MouseLeave);
    }
    public void bt_MouseEnter(Object sender, EventArgs e)
    {
        bt.Text = "안녕하세요";
    }
    public void bt_MouseLeave(Object sender, EventArgs e)
    {
        bt.Text = "안녕히 가세요";
    }
}
```

Lesson 7 컨트롤

1.

```
using System;
using System.Windows.Forms;
using System.Drawing;

class Sample1 : Form
{
    private Label lb;
    private RadioButton rb1, rb2, rb3;
    private GroupBox gb;

    public static void Main()
    {
        Application.Run(new Sample1());
    }
    public Sample1()
    {
        this.Text = "샘플";
        this.Width = 300; this.Height = 200;

        lb = new Label();
        lb.Text = "어서 오세요";
        lb.Dock = DockStyle.Top;

        rb1 = new RadioButton();
        rb2 = new RadioButton();
        rb3 = new RadioButton();

        rb1.Text = "노란색";
        rb2.Text = "빨간색";
        rb3.Text = "파란색";
        rb1.Checked = true;

        rb1.Dock = DockStyle.Bottom;
```

```
        rb2.Dock = DockStyle.Bottom;
        rb3.Dock = DockStyle.Bottom;

        gb = new GroupBox();
        gb.Text = "종류";
        gb.Dock = DockStyle.Bottom;

        rb1.Parent = gb;
        rb2.Parent = gb;
        rb3.Parent = gb;

        lb.Parent = this;
        gb.Parent = this;

        rb1.Click += new EventHandler(rb_Click);
        rb2.Click += new EventHandler(rb_Click);
        rb3.Click += new EventHandler(rb_Click);
    }
    public void rb_Click(Object sender, EventArgs e)
    {
        RadioButton tmp = (RadioButton)sender;
        if (tmp == rb1)
        {
            lb.BackColor = Color.Yellow;
        }
        else if (tmp == rb2)
        {
            lb.BackColor = Color.Red;
        }
        else if (tmp == rb3)
        {
            lb.BackColor = Color.Blue;
        }


    }
}
```

2.

```
using System;
using System.Windows.Forms;
using System.Drawing;

class Sample2 : Form
{
    private Label lb;
    private RadioButton rb1, rb2, rb3;
    private GroupBox gb;

    public static void Main()
    {
        Application.Run(new Sample2());
    }
    public Sample2()
    {
        this.Text = "샘플";
        this.Width = 300; this.Height = 200;

        lb = new Label();
        lb.Text = "Hello!";
        lb.Dock = DockStyle.Top;

        rb1 = new RadioButton();
        rb2 = new RadioButton();
        rb3 = new RadioButton();

        rb1.Text = "보통";
        rb2.Text = "볼드체";
        rb3.Text = "이탤릭체";

        rb1.Dock = DockStyle.Bottom;
        rb2.Dock = DockStyle.Bottom;
        rb3.Dock = DockStyle.Bottom;
```

App A

```
        rb1.Checked = true;

        gb = new GroupBox();
        gb.Text = "종류";
        gb.Dock = DockStyle.Bottom;

        rb1.Parent = gb;
        rb2.Parent = gb;
        rb3.Parent = gb;

        lb.Parent = this;
        gb.Parent = this;

        rb1.Click += new EventHandler(rb_Click);
        rb2.Click += new EventHandler(rb_Click);
        rb3.Click += new EventHandler(rb_Click);
    }
    public void rb_Click(Object sender, EventArgs e)
    {
        RadioButton tmp = (RadioButton)sender;
        if (tmp == rb1)
        {
            lb.Font = new Font("Arial", 16, FontStyle.Regular);
        }
        else if (tmp == rb2)
        {
            lb.Font = new Font("Arial", 16, FontStyle.Bold);
        }
        else if (tmp == rb3)
        {
            lb.Font = new Font("Arial", 16, FontStyle.Italic);
        }
    }
}
```

Lesson 8 그래픽

1.

```
using System;
using System.Windows.Forms;
using System.Drawing;

class Sample1 : Form
{
    private int[] data;

    public static void Main()
    {
        Application.Run(new Sample1());
    }
    public Sample1()
    {
        this.Text = "샘플";
        this.Width = 250; this.Height = 200;

        data = new int[] { 100, 30, 50, 60, 70 };

        this.Paint += new PaintEventHandler(fm_Paint);
    }
    public void fm_Paint(Object sender, PaintEventArgs e)
    {
        Graphics g = e.Graphics;

        for(int i=0; i<data.Length;i++)
        {
            SolidBrush br = new SolidBrush(Color.Blue);

            g.FillRectangle(br, i * 30, 150 - data[i], 20, data[i]);
        }
    }
}
```

2.

```
using System;
using System.Windows.Forms;
using System.Drawing;
using System.Drawing.Drawing2D;

class Sample2 : Form
{
    private Image im;
    private int i;

    public static void Main()
    {
        Application.Run(new Sample2());
    }
    public Sample2()
    {
        im = Image.FromFile("c:₩₩tea.jpg");

        this.Text = "샘플";
        this.ClientSize = new Size(400, 300);
        this.BackColor = Color.Black;
        this.DoubleBuffered = true;

        i = 0;

        Timer tm = new Timer();
        tm.Start();

        this.Paint += new PaintEventHandler(fm_Paint);
        tm.Tick += new EventHandler(tm_Tick);
    }
    public void tm_Tick(Object sender, EventArgs e)
    {
        if (i == 400)
```

```
        {
            Timer tm = (Timer)sender;
            tm.Stop();
        }
        else
        {
            i = i + 10;
        }
        this.Invalidate();
    }
    public void fm_Paint(Object sender, PaintEventArgs e)
    {
        Graphics g = e.Graphics;
        GraphicsPath gp = new GraphicsPath();

        gp.AddEllipse(new Rectangle(0,0,i,(int)i*3/4));
        Region rg = new Region(gp);
        g.Clip = rg;

        g.DrawImage(im, 0 ,0, 400, 300);
    }
}
```

Lesson 9 게임

1.

```
using System;
using System.Windows.Forms;
using System.Drawing;

class Sample1 : Form
{
    private int t;

    public static void Main()
```

```
    {
        Application.Run(new Sample1());
    }
    public Sample1()
    {
        this.Text = "샘플";
        this.ClientSize = new Size(200, 300);
        this.DoubleBuffered = true;

        t = 0;

        Timer tm = new Timer();
        tm.Interval = 100;
        tm.Start();

        this.Paint += new PaintEventHandler(fm_Paint);
        tm.Tick += new EventHandler(tm_Tick);
    }
    public void fm_Paint(Object sender, PaintEventArgs e)
    {
        Graphics g = e.Graphics;

        int w = this.ClientSize.Width;
        int h = this.ClientSize.Height;

        g.FillRectangle(new SolidBrush(Color.DarkOrchid), 0, 0, w, h);
        g.FillRectangle(new SolidBrush(Color.DeepPink), 0, 0, w, h -
(float)0.5 * t);

        string time = t / 10 + ":" + "0" + t % 10;

        Font f = new Font("Courier", 20);
        SizeF ts = g.MeasureString(time, f);

        float tx = (w - ts.Width) / 2;
```

```
        float ty = (h - ts.Height) / 2;

        g.DrawString(time, f, new SolidBrush(Color.Black), tx, ty);
    }
    public void tm_Tick(Object sender, EventArgs e)
    {
        t = t + 1;
        if (t > 600)
            t = 0;

        this.Invalidate();
    }
}
```

2.

```
using System;
using System.Windows.Forms;
using System.Drawing;

class Sample2 : Form
{
    private Ball bl;
    private Image im;
    private int dx, dy;
    private int t;

    public static void Main()
    {
        Application.Run(new Sample2());
    }
    public Sample2()
    {
        this.Text = "샘플";
        this.ClientSize = new Size(600, 300);
```

```
        this.DoubleBuffered = true;

        im = Image.FromFile("c:₩₩sky.bmp");
        bl = new Ball();

        Point p = new Point(0, 300);
        Color c = Color.White;
        dx = 0;
        dy = 0;
        t = 0;

        bl.Point = p;
        bl.Color = c;

        Timer tm = new Timer();
        tm.Interval = 100;
        tm.Start();

        this.Paint += new PaintEventHandler(fm_Paint);
        tm.Tick += new EventHandler(tm_Tick);
    }
    public void fm_Paint(Object sender, PaintEventArgs e)
    {
        Graphics g = e.Graphics;

        g.DrawImage(im, 0, 0, im.Width, im.Height);

        Point p = bl.Point;
        Color c = bl.Color;
        SolidBrush br = new SolidBrush(c);

        g.FillEllipse(br, p.X, p.Y, 10, 10);
    }
    public void tm_Tick(Object sender, EventArgs e)
    {
```

```
        Point p = bl.Point;

        t++;

        if (p.X > this.ClientSize.Width)
        {
            dx = 0;
            dy = 0;
            t = 0;
            p.X = 0;
            p.Y = 300;
        }
        dx = (int)(90 * Math.Cos(Math.PI / 4));
        dy = (int)(90 * Math.Sin(Math.PI / 4) - 9.8 * t);

        p.X = p.X + dx;
        p.Y = p.Y - dy;

        bl.Point = p;
        this.Invalidate();
    }
}
class Ball
{
    public Color Color;
    public Point Point;
}
```

Lesson 10 파일

1.

```
using System;
using System.Windows.Forms;
using System.IO;
```

```
class Sample1 : Form
{
    private Button bt;
    private ListBox lbx;

    [STAThread]
    public static void Main()
    {
        Application.Run(new Sample1());
    }
    public Sample1()
    {
        this.Text = "샘플";
        this.Width = 300; this.Height = 200;

        lbx = new ListBox();
        lbx.Dock = DockStyle.Fill;

        bt = new Button();
        bt.Text = "선택";
        bt.Dock = DockStyle.Bottom;

        lbx.Parent = this;
        bt.Parent = this;

        bt.Click += new EventHandler(bt_Click);
    }
    public void bt_Click(Object sender, EventArgs e)
    {
        FolderBrowserDialog fbd = new FolderBrowserDialog();

        if (fbd.ShowDialog() == DialogResult.OK)
        {
            lbx.Items.Clear();
            string[] fnlist = Directory.GetFiles(fbd.SelectedPath);
```

```
            foreach (string fn in fnlist)
            {
                lbx.Items.Add(fn);
            }
        }
    }
}
```

2.

```
using System.Windows.Forms;
using System.IO;

class Sample2 : Form
{
    private TreeView tv;

    public static void Main()
    {
        Application.Run(new Sample2());
    }
    public Sample2()
    {
        this.Text = "샘플";

        tv = new TreeView();
        tv.Dock = DockStyle.Fill;

        string dir = Directory.GetCurrentDirectory();

        TreeNode treeroot = new TreeNode();
        treeroot.Text = Path.GetFileName(dir);
        tv.Nodes.Add(treeroot);

        walk(dir, treeroot);
```

App A

```
        tv.Parent = this;
    }
    public static void walk(string d, TreeNode tn)
    {
        string[] dirlist = Directory.GetDirectories(d);
        foreach (string dn in dirlist)
        {
            TreeNode n = new TreeNode();
            tn.Nodes.Add(n);
            walk(dn, n);
            n.Text = Path.GetFileName(dn);
        }

        string[] fnlist = Directory.GetFiles(d);
        foreach (string fn in fnlist)
        {
            TreeNode n = new TreeNode();
            tn.Nodes.Add(n);
            n.Text = Path.GetFileName(fn);
        }
    }
}
```

Lesson 11 네트워크

1.

```
using System;
using System.Windows.Forms;
using System.Net;
using System.Net.Sockets;

class Sample1 : Form
{
    private TextBox tb;
```

```
    private Label[] lb = new Label[5];
    private Button bt;
    private TableLayoutPanel tlp;

    public static void Main()
    {
        Application.Run(new Sample1());
    }
    public Sample1()
    {
        this.Text = "샘플";
        this.Width = 300; this.Height = 200;

        tb = new TextBox();
        tb.Dock = DockStyle.Fill;

        bt = new Button();
        bt.Width = this.Width;
        bt.Text = "검색";
        bt.Dock = DockStyle.Bottom;

        tlp = new TableLayoutPanel();
        tlp.Dock = DockStyle.Fill;

        for (int i = 0; i < lb.Length; i++)
        {
            lb[i] = new Label();
            lb[i].Dock = DockStyle.Fill;
        }

        tlp.ColumnCount = 2;
        tlp.RowCount = 3;

        lb[0].Text = "입력하세요.";
        lb[1].Text = "호스트명: ";
```

App A

```
        lb[3].Text = "IP 주소: ";

        lb[0].Parent = tlp;
        tb.Parent = tlp;

        for (int i = 1; i < lb.Length; i++)
        {
            lb[i].Parent = tlp;
        }

        bt.Parent = this;
        tlp.Parent = this;

        bt.Click += new EventHandler(bt_Click);
    }
    public void bt_Click(Object sender, EventArgs e)
    {
        try
        {
            IPHostEntry ih = Dns.GetHostEntry(tb.Text);
            IPAddress ia = ih.AddressList[0];

            lb[2].Text = ih.HostName;
            lb[4].Text = ia.ToString();
        }
        catch(SocketException se)
        {
            MessageBox.Show("호스트를 찾을 수 없었습니다.");
        }
        catch
        {
            MessageBox.Show("오류가 발생했습니다.");
        }
    }
}
```

2.

```
using System;
using System.Windows.Forms;
using System.Net;

class Sample2 : Form
{
    private TextBox tb;
    private WebBrowser wb;
    private ToolStrip ts;
    private ToolStripButton[] tsb = new ToolStripButton[4];

    [STAThread]
    public static void Main()
    {
        Application.Run(new Sample2());
    }
    public Sample2()
    {
        this.Text = "샘플";
        this.Width = 600; this.Height = 400;

        tb = new TextBox();
        tb.Text = "http://";
        tb.Dock = DockStyle.Top;

        wb = new WebBrowser();
        wb.Dock = DockStyle.Fill;

        ts = new ToolStrip();
        ts.Dock = DockStyle.Top;

        for (int i = 0; i < tsb.Length; i++)
        {
            tsb[i] = new ToolStripButton();
```

```
        }

        tsb[0].Text = "Go";
        tsb[1].Text = "←";
        tsb[2].Text = "→";
        tsb[3].Text = "Home";

        tsb[0].ToolTipText = "이동";
        tsb[1].ToolTipText = "돌아간다";
        tsb[2].ToolTipText = "진행한다";
        tsb[3].ToolTipText = "Home";

        tsb[1].Enabled = false;
        tsb[2].Enabled = false;

        for (int i = 0; i < tsb.Length; i++)
        {
            ts.Items.Add(tsb[i]);
        }

        tb.Parent = this;
        wb.Parent = this;
        ts.Parent = this;

        for (int i = 0; i < tsb.Length; i++)
        {
            tsb[i].Click += new EventHandler(bt_Click);
        }

        wb.CanGoBackChanged += new EventHandler(wb_CanGoBackChanged);
        wb.CanGoForwardChanged += new EventHandler(wb_
CanGoForwardChanged);
    }
    public void bt_Click(Object sender, EventArgs e)
    {
```

```
        if (sender == tsb[0])
        {
            try
            {
                Uri uri = new Uri(tb.Text);
                wb.Url = uri;
            }
            catch
            {
                MessageBox.Show("URL을 입력하세요");
            }
        }
        else if (sender == tsb[1])
        {
            wb.GoBack();
        }
        else if (sender == tsb[2])
        {
            wb.GoForward();
        }
        else if (sender == tsb[3])
        {
            wb.GoHome();
        }
    }
    public void wb_CanGoBackChanged(Object sender, EventArgs e)
    {
        tsb[1].Enabled = wb.CanGoBack;
    }
    public void wb_CanGoForwardChanged(Object sender, EventArgs e)
    {
        tsb[2].Enabled = wb.CanGoForward;
    }
}
```

Lesson 12 데이터의 이용

1.

```
using System;
using System.Windows.Forms;
using System.Linq;
using System.Collections;

class Sample1 : Form
{
    private ListBox lbx;

    public static void Main()
    {
        Application.Run(new Sample1());
    }
    public Sample1()
    {
        this.Text = "샘플";
        this.Width = 300; this.Height = 200;

        lbx = new ListBox();
        lbx.Dock = DockStyle.Fill;

        var product = new[] {
            new{name= "연필", price = 80},
            new{name= "지우개", price = 50},
            new{name= "자", price = 200},
            new{name= "컴퍼스", price = 300},
            new{name= "볼펜", price = 100},
        };

        IEnumerable qry = from p in product
                          select new { p.name, p.price };

        foreach (var tmp in qry)
```

```
        {
            lbx.Items.Add(tmp);
        }
        lbx.Parent = this;
    }
}
```

2.

```
using System;
using System.Windows.Forms;
using System.Linq;
using System.Collections;

class Sample2 : Form
{
    private ListBox lbx;

    public static void Main()
    {
        Application.Run(new Sample2());
    }
    public Sample2()
    {
        this.Text = "샘플";
        this.Width = 300; this.Height = 200;

        lbx = new ListBox();
        lbx.Dock = DockStyle.Fill;

        var product = new[] {
            new{name= "연필", price = 80},
            new{name= "지우개", price = 50},
            new{name= "자", price = 200},
            new{name= "컴퍼스", price = 300},
```

```
            new{name= "볼펜", price = 100},
        };

        IEnumerable qry = from p in product
                          where p.price >= 200
                          select new { p.name, p.price };

        foreach (var tmp in qry)
        {
            lbx.Items.Add(tmp);
        }
        lbx.Parent = this;
    }
}
```

Appendix B

Quick Reference

리소스

- Visual Studio 다운로드

  https://www.visualstudio.com/ko/downloads/

- .NET Framework

  https://docs.microsoft.com/ko-kr/dotnet/framework/

클래스 라이브러리

컨트롤의 도킹(System.Windows.Forms.DockStyle 열거체)

종류	설명
Fill	크기 가득 도킹된다
Top	위쪽으로 도킹된다
Bottom	아래쪽으로 도킹된다
Left	왼쪽으로 도킹된다
Right	오른쪽으로 도킹된다

색(System.Drawing.Color 구조체)

종류	설명
White	흰색
Black	검정색
Gray	회색
Red	빨간색
Green	녹색
Blue	파란색
Cyan	시안
Yellow	노란색
Magenta	마젠타

폰트 스타일(System.Drawing.FontStyle 열거체)

종류	설명
Regular	기본
Bold	굵은
Italic	이탤릭
Underline	아래선
Strikeout	취소선

메시지박스의 버튼 종류(System.Windows.Forms.MessageButtons 열거체)

종류	표시
OK	확인
OKCancel	확인 취소
YesNo	예(Y) 아니요(N)
YesNoCancel	예(Y) 아니요(N) 취소

아이콘(System.Windows.Forms.MessageBoxIcon 열거체)

종류	내용	표시
Error	오류 아이콘	
Information	정보 아이콘	
Warning	경고 아이콘	
Question	질문 아이콘	

도형 그리기(System.Drawing.Graphics 클래스의 메서드)

메서드명	설명
DrawEllipse()	타원형을 그린다
DrawLine()	선을 그린다
DrawLines()	선의 모임을 그린다
DrawRectangle()	사각형을 그린다
DrawRectangles()	사각형의 모임을 그린다
DrawPie()	부채꼴을 그린다
DrawString()	문자열을 그린다
FillEllipse()	채운 타원형을 그린다
FillLine()	채운 선을 그린다
FillLines()	채운 선의 모임을 그린다
FillRectangle()	채운 사각형을 그린다
FillRectangles()	채운 사각형의 모임을 그린다
FillPie()	채운 부채꼴을 그린다

펜(System.Drawing.Pen 클래스)

메서드명	설명
Pen(Color c)	색을 지정한 펜
Pen(Brush b)	브러시를 지정한 펜
Pen(Color c, Single s)	색과 굵기를 지정한 펜
Pen(Brush b, Single s)	브러시와 굵기를 지정한 펜

브러시(System.Drawing 이름 공간)

메서드 명	설명
SolidBrush(Color c)	색을 사용한 브러시
TextureBrush(Image i)	이미지를 사용한 브러시

HatchStyleBrush(HatchStyle h, Color c)	해치 스타일을 사용한 브러시
LinearGradientBrush( )	선형 그라데이션 브러시
PathGradientBrush(GraphicsPath gp)	패스의 내부를 그라데이션하는 브러시

제네릭 콜렉션 클래스(System.Collections.Generic 이름 공간)

클래스(〈T〉는 다루는 형)	설명
List〈T〉	리스트를 관리한다
Queue〈T〉	큐(선입선출의 구조)를 관리한다
Stack〈T〉	스택(선입후출의 구조)을 관리한다
Dictionary〈Tkey, TValue〉	키와 값의 짝을 관리한다

수학 관련(System 이름 공간)

클래스	설명
Random 클래스	
Next( ) 메서드	난수값을 얻는다
Math 클래스	
Abs( ) 메서드	절댓값을 얻는다
Max( ) 메서드	최댓값을 얻는다
Min( ) 메서드	최솟값을 얻는다
Pow( ) 메서드	거듭제곱을 얻는다
Sqrt( ) 메서드	제곱근을 얻는다
Sin( ) 메서드	사인을 얻는다
Cos( ) 메서드	코사인을 얻는다
Tan( ) 메서드	탄젠트를 얻는다

일시 관련(System.DateTime 구조체)

프로퍼티	설명
(static)Now	현재의 시각
(static)Today	현재의 날짜
Year	연을 설정 · 얻는다
Month	월을 설정 · 얻는다
Day	일을 설정 · 얻는다
Hour	시를 설정 · 얻는다
Minute	분을 설정 · 얻는다
Second	초를 설정 · 얻는다

파일 모드(System.IO.FileMode 열거체)

파일 모드	설명
Append	끝에 추가
Open	기존 파일을 연다
OpenOrCreate	기존 파일을 연다, 또는 신규 작성
Create	신규 작성
CreateNew	신규 작성(파일이 존재하는 경우는 덮어쓰기)
Truncate	기존 파일을 열어서 덮어쓰기

파일 접근(System.IO.FileAccess 열거체)

파일 접근	설명
Read	읽어 들임
ReadWrite	읽고 쓰기
Write	써넣기

정규표현

메타 문자	의미
^	행 앞
$	행 끝
.	임의의 1문자
[]	문자 클래스
*	0회 이상
+	1회 이상
?	0 또는 1
{a}	a회
{a,}	a회 이상
{a,b}	a~b회

주요 클래스와 메서드

클래스	설명
System.Convert 클래스	
static string toString(int i) 메서드	정수를 문자열로 변환한다
static int ToInt32(string str) 메서드	문자열을 정수로 변환한다
System.DateTime 클래스	
Now 프로퍼티	현재 시각을 얻는다
string ToLongTimeString( ) 메서드	시각을 긴 서식으로 얻는다
System.Random 클래스	
Random( ) 컨스트럭터	난수 클래스의 오브젝트를 작성한다
int Next(int i) 메서드	지정 값보다 작은 0 이상의 난수를 얻는다
System.Math 클래스	
const double PI 필드	π 값을 나타낸다
static double Sin (double d) 메서드	지정 각도의 사인 값을 얻는다
static double Cos (double d) 메서드	지정 각도의 코사인 값을 얻는다

App B

클래스	설명
System.Windows.Forms.Control 클래스	
Dock 프로퍼티	부모 컨트롤으로의 도킹 방법을 설정한다
ForeColor 프로퍼티	전경색을 설정 · 얻는다
BackColor 프로퍼티	배경색을 설정 · 얻는다
Font 프로퍼티	폰트를 설정 · 얻는다
Enabled 프로퍼티	유효 무효를 설정 · 얻는다
void Show( ) 메서드	컨트롤을 모달리스로 표시한다
void Invalidate( ) 메서드	컨트롤을 다시 그린다
ClientSize 프로퍼티	클라이언트 영역의 크기를 설정 · 얻는다
System.Windows.Forms.FlowLayoutPanel 클래스	
FlowLayoutPanel( ) 컨스트럭터	플로 레이아웃 패널을 작성한다
System.Windows.Forms.TablePanel 클래스	
TablePanel( ) 컨스트럭터	테이블 패널을 작성한다
ColumnCount 프로퍼티	열 수를 지정 · 얻는다
RowCount 프로퍼티	행 수를 지정 · 얻는다
System.Windows.Forms.Label 클래스	
Label( ) 컨스트럭터	라벨을 작성한다
TextAlign 프로퍼티	텍스트의 위치를 설정 · 얻는다
BorderStyle 프로퍼티	경계선을 설정 · 얻는다
System.Drawing.Font 클래스	
Font(FontFamily ff, float s, FontStyle fs) 컨스트럭터	폰트 패밀리명 · 크기 · 스타일을 지정해서 폰트를 초기화한다
System.Windows.Forms.ButtonBase 클래스	
Text 프로퍼티	버튼의 텍스트를 반환한다
System.Windows.Forms.Button 클래스	
Button( ) 컨스트럭터	버튼을 작성한다
DialogResult 프로퍼티	부모 폼에 반환하는 값을 설정 · 얻는다

클래스	설명
System.Windows.Forms.CheckBox 클래스	
CheckBox() 컨스트럭터	지정한 텍스트를 가진 체크박스를 작성한다
Checked 프로퍼티	체크를 설정 · 얻는다
CheckedChanged 이벤트	체크가 변경되는 이벤트
System.Windows.Forms.RadioButton 클래스	
RadioButton() 컨스트럭터	라디오버튼을 작성한다
System.Windows.Forms.GroupBox 클래스	
GroupBox() 컨스트럭터	그룹박스를 작성한다
System.Windows.Forms.TextBox 클래스	
TextBox() 컨스트럭터	텍스트박스를 작성한다
void Cut() 메서드	선택 범위를 잘라낸다
void Copy() 메서드	선택 범위를 복사한다
void Paste() 메서드	현재 위치에 붙여넣기한다
Multiline 프로퍼티	여러 행 표시를 설정 · 얻는다
System.Windows.Forms.TextBoxBase 클래스	
Text 프로퍼티	텍스트박스 계열 컨트롤의 텍스트를 설정 · 얻는다
System.Windows.Forms.ListBox 클래스	
ListBox() 컨스트럭터	리스트박스를 작성한다
Items 프로퍼티	리스트박스의 아이템을 얻는다
SelectedIndexChanged 이벤트	리스트의 선택이 변경되는 이벤트
System.Windows.Forms.ListBox.ObjectCollection 클래스	
int Add(Object item) 메서드	아이템을 추가한다
System.Windows.Forms.RitchTextBox 클래스	
RitchTextBox() 컨스트럭터	리치 텍스트박스를 작성한다
SelectionColor 프로퍼티	선택되어 있는 부분의 색을 설정 · 얻는다
void Select(int start, int length) 메서드	시작 위치와 길이를 지정해서 선택한다
System.Windows.Forms.TabControl 클래스	
TabControl() 컨스트럭터	탭 컨트롤을 작성한다

클래스	설명
System.Windows.Forms.TabPage 클래스	
TabPage(string s) 컨스트럭터	지정한 타이틀의 탭 페이지를 작성한다
System.Windows.Forms.MenuStrip 클래스	
MenuStrip( ) 컨스트럭터	메인 메뉴를 작성한다
System.Windows.Forms.ToolStripMenuItem 클래스	
ToolStripMenuItem( ) 컨스트럭터	메뉴를 작성한다
DropDownItems 프로퍼티	드롭다운 항목을 설정한다
System.Windows.Forms.ToolStripSeparator 클래스	
ToolStripSeparator( ) 컨스트럭터	세퍼레이터를 작성한다
System.Windows.Forms.ToolStrip 클래스	
ToolStrip( ) 컨스트럭터	툴 바를 작성한다
System.Windows.Forms.ToolStripButton 클래스	
ToolStripButton( ) 컨스트럭터	툴 버튼을 작성한다
ToolTipText 프로퍼티	툴 팁 텍스트를 설정한다
System.Windows.Forms.DataGridView 클래스	
DataGridView( ) 컨스트럭터	데이터 그리드 뷰를 작성한다
DataSource 프로퍼티	데이터 소스를 설정한다
System.Windows.Forms.Form 클래스	
MainMenuStrip 프로퍼티	메인 메뉴를 설정한다
DialogResult ShowDialog( ) 메서드	폼을 모달로 표시한다
DoubleBuffered 프로퍼티	더블 버퍼를 설정한다
MdiParent 프로퍼티	부모 윈도를 설정·얻는다
System.Windows.Forms.MessageBox 클래스	
DialogResult Show(string s, string t)	메시지박스에 메시지와 타이틀을 표시한다
System.Drawing.Size 클래스	
Width 프로퍼티	폭을 설정·얻는다
Height 프로퍼티	높이를 설정·얻는다

클래스	설명
System.Drawing.Graphics 클래스	
void DrawImage(Image i, int x, int y) 메서드	지정 위치에 이미지를 그린다
void DrawImage(Image i, int x, int y, int w, int h) 메서드	지정 위치에 지정 폭·높이로 이미지를 그린다
void DrawImage(Image i, Rectangle r, int x, int y, int w, int h, GraphicsUnit u) 메서드	지정 위치에 지정 폭·높이로 지정 직사각형 범위의 이미지를 그린다
void DrawEllipse(Pen p, int x, int y, int w, int h) 메서드	지정 펜·좌표·폭·높이로 타원형을 그린다
void FillEllipse(Brush b, int x, int y, int w, int h) 메서드	지정 브러시·좌표·폭·높이로 타원형을 그린다
void FillPie(Brush b, float x, float y, float w, float h, float s, float d) 메서드	지정 브러시·좌표·폭·높이·시작 각도·그리는 각도로 그린다
SizeF MeasureString(String s, Font f) 메서드	지정한 문자열을 지정한 폰트로 그릴 때의 크기를 얻는다
System.Drawing.Image 클래스	
void RotateFlip(RotateFlipType t) 메서드	이미지를 회전·반전한다
void Save(string fn, ImageFormat if) 메서드	지정 파일을 지정한 포맷으로 저장한다
System.Drawing.Bitmap 클래스	
Bitmap( ) 컨스트럭터	비트맵 이미지를 작성한다
Color GetPixel(int x, int y) 메서드	색을 얻는다
void SetPixel(int x, int y, Color c) 메서드	색을 설정한다
System.Drawing.Imaging.ImageFormat 클래스	
Bmp 필드	비트맵 형식을 얻는다
Jpeg 필드	JPEG 형식을 얻는다
System.Drawing.Color 클래스	
int ToArgb(Color c) 메서드	Color로부터 RGB 값을 얻는다
Color FromArgb(int rgb) 메서드	RGB 값으로부터 Color를 얻는다
System.Drawing.Region 클래스	
Region( ) 컨스트럭터	리전을 작성한다
Color GetPixel(int x, int y) 메서드	색을 얻는다

클래스	설명
System.Drawing.Drawing2D.GraphicsPath 클래스	
GraphicsPath( ) 컨스트럭터	그래픽 패스를 작성한다
void AddEllipse(Rectangle r) 메서드	원의 패스를 추가한다
System.Windows.Forms.Timer 클래스	
Timer( ) 컨스트럭터	타이머를 작성한다
void Start( ) 메서드	타이머를 시작한다
void Stop( ) 메서드	타이머를 정지한다
Interval 프로퍼티	타이머 이벤트의 발생 간격을 설정한다
System.IO.OpenFileDialog 클래스	
OpenFileDialog( ) 컨스트럭터	파일을 여는 다이얼로그 박스를 작성한다
DialogResult ShowDialog( ) 메서드	다이얼로그 박스를 표시한다
FileName 프로퍼티	선택된 파일명을 얻는다
System.IO.FileInfo 클래스	
FileInfo(string str) 컨스트럭터	지정된 파일명으로부터 파일 정보를 작성한다
Length 프로퍼티	파일 크기를 얻는다
System.IO.Path 클래스	
static string GetFullPathInfo(string str) 메서드	지정된 파일명으로부터 풀 패스 정보를 얻는다
string GetFileName(string s) 메서드	지정 패스명으로부터 파일명을 얻는다
System.IO.Directory 클래스	
string[] GetFiles(string path) 메서드	지정 패스의 파일 리스트를 얻는다
string[] GetFiles(string path, string pattern) 메서드	패턴에 매치하는 파일명의 리스트를 얻는다
string GetCurrentDirectory(string s) 메서드	현재 디렉터리를 얻는다
string[] GetDirectories(string dir) 메서드	지정 디렉터리의 서브 디렉터리 정보를 얻는다
System.IO.OpenFileDialog 클래스	
Filter 프로퍼티	파일명 필터를 설정 · 얻는다
System.IO.StreamReader 클래스	
StreamReader(string str, string ec) 컨스트럭터	지정 파일 · 인코딩으로 문자 입력 스트림을 작성한다

클래스	설명
string ReadToEnd( ) 메서드	끝까지 읽어 들인다
void Close( ) 메서드	스트림을 닫는다
System.IO.StreamWriter 클래스	
StreamWriter(string str) 컨스트럭터	지정 파일로 문자 출력 스트림을 작성한다
WriteLine(string str) 메서드	지정한 문자열에 써낸다
void Close( ) 메서드	스트림을 닫는다
System.IO.SaveFileDialog 클래스	
SaveFileDialog( ) 컨스트럭터	이름을 붙여서 저장 파일 다이얼로그 박스를 작성한다
DialogResult ShowDialog( ) 메서드	이름을 붙여서 저장 다이얼로그 박스를 표시한다
FilterIndex 프로퍼티	필터에 표시되는 열을 설정 · 얻는다
System.Windows.Forms.FolderDialog 클래스	
FolderDialog( ) 컨스트럭터	폴더 선택 다이얼로그 박스를 작성한다
DialogResult ShowDialog( ) 메서드	폴더 선택 다이얼로그 박스를 표시한다
SelectedPath 프로퍼티	선택된 폴더를 얻는다
System.IO.BinaryReader 클래스	
BinaryWriter(FileStream fs) 컨스트럭터	지정 파일 스트림으로 바이너리 출력 스트림을 작성한다
string ReadToEnd( ) 메서드	끝까지 읽어 들인다
System.IO.BinaryWriter 클래스	
BinaryReader(FileStream fs) 컨스트럭터	지정 파일 스트림으로 바이너리 입력 스트림을 작성한다
void Write(int i) 메서드	지정한 버퍼에 써낸다
System.IO.FileStream 클래스	
FileStream(string str, FileMode fm, FileAccess fa) 컨스트럭터	지정 파일명 · 오픈 모드 · 접근 모드로 파일 입출력 스트림을 작성한다
System.Data.DataSet 클래스	
DataSet( ) 컨스트럭터	데이터 셋을 작성한다
XmlReadMode ReadXml(string str) 메서드	XML을 읽어 들인다

클래스	설명
System.Windows.Forms.TreeView 클래스	
TreeView( ) 컨스트럭터	트리 뷰를 작성한다
Nodes 프로퍼티	트리의 처음 자식 노드 리스트를 설정·얻는다
System.Windows.Forms.TreeNode 클래스	
TreeNode( ) 컨스트럭터	트리 노드를 작성한다
Text 프로퍼티	노드 명을 설정·얻는다
System.Xml.XmlDocument 클래스	
XmlDocument( ) 컨스트럭터	문서를 작성한다
void Load(string s) 메서드	XML 문서를 읽어 들인다
System.Xml.XmlNode 클래스	
XmlNode( ) 컨스트럭터	XML 노드를 작성한다
FirstChild 프로퍼티	처음 자식을 얻는다
NextSibling 프로퍼티	다음 자식을 얻는다
NodeType 프로퍼티	노드의 종류를 설정·얻는다
Name 프로퍼티	노드 명을 설정·얻는다
Value 프로퍼티	노드 값을 설정·얻는다
System.Text.RegularExpressions.Regex 클래스	
Regex(string pattern) 컨스트럭터	지정 패턴의 정규 표현 오브젝트를 작성한다
string Replace(string input, string str) 메서드	input을 검색해서 문자열 str로 변환하고 결과를 반환한다
Match Match(string str) 메서드	매칭을 시행한다
Match NextMatch( ) 메서드	다음 매칭을 시행한다
Success 프로퍼티	매칭의 성공 여부를 얻는다
Index 프로퍼티	매칭한 처음 위치를 얻는다
Length 프로퍼티	매칭한 길이를 얻는다
System.Diagnostics.Process 클래스	
static Process Start(string str) 메서드	지정한 문서를 연관 지어진 외부 프로그램으로 연동한다

클래스	설명
System.Net.Dns 클래스	
string GetHostName() 메서드	호스트명을 반환한다
IPHostEntry GetHostEntry() 메서드	주소 리스트를 얻는다
System.Net.IPHostEntry 클래스	
AddressList 프로퍼티	주소 리스트를 얻는다
System.Windows.Forms.WebBrowser 클래스	
WebBrowser() 컨스트럭터	Web 브라우저를 작성한다
Url 프로퍼티	URL 페이지를 연다
bool GoBack() 메서드	이전 페이지로 되돌아간다
CanGoBack 프로퍼티	「돌아간다」 이력이 있는지 얻는다
CanGoBackChanged 이벤트	「돌아간다」 이력이 변경되었다
bool GoForward() 메서드	다음 페이지로 진행한다
CanForward 프로퍼티	「다음으로」 이력이 있는지 얻는다
CanGoForwardChanged 이벤트	「다음으로」 이력이 변경되었다
void GoHome() 메서드	홈으로 이동한다
System.Net.Uri 클래스	
Uri(string s) 컨스트럭터	지정한 URI로 오브젝트를 작성한다
System.Net.Sockets.TcpListener 클래스	
TcpListener(IPAddress ad, int port) 컨스트럭터	지정한 주소 · 포트 번호 상에서 대기하는 접속을 작성한다
TcpClient AcceptTcpClient() 메서드	클라이언트로부터의 접속 요구를 받는다
System.Net.Sockets.TcpClient 클래스	
TcpClient() 컨스트럭터	지정한 주소 · 포트 번호로의 접속을 작성한다
Close() 메서드	클로즈한다
System.Threading.Thread 클래스	
Thread(ThreadStart ts) 컨스트럭터	스레드를 생성한다
void Start() 메서드	스레드를 실행한다

클래스	설명
System.Xml.Linq.XDocument 클래스	
XDocument Load(string fn) 메서드	지정한 XML 파일을 읽어 들인다
System.Xml.Linq.XContainer 클래스	
IEnumerable〈XElement〉 Descendants(XName name) 메서드	지정명의 요소를 얻는다
System.Xml.Linq.XElement 클래스	
XAttribute Attribute(XName name) 메서드	지정명의 속성을 얻는다
System.Xml.Linq.XElement 클래스	
XElement Element(XName name) 메서드	지정명의 처음 자식 요소를 얻는다
Value 프로퍼티	요소의 값을 설정 · 얻는다

그림으로 배우는

C#

1판 1쇄 발행 2022년 1월 5일
1판 2쇄 발행 2022년 11월 30일

저 자 다카하시 마나
역 자 김은철, 유세라
발 행 인 김길수
발 행 처 (주)영진닷컴
주 소 서울시 금천구 가산디지털1로 128
STX-V타워 4층 영진닷컴 기획1팀
등 록 2007. 4. 27. 제16-4189호

© 2022. (주)영진닷컴

ISBN 978-89-314-6596-9
http://www.youngjin.com

'그림으로 배우는' 시리즈

"그림으로 배우는" 시리즈는 다양한 그림과 자세한 설명으로
쉽게 배울 수 있는 IT 입문서 시리즈 입니다.

그림으로 배우는
C++ 프로그래밍
2nd Edition
Mana Takahashi 저
592쪽 | 18,000원

그림으로 배우는
자바 프로그래밍
2nd Edition
Mana Takahashi 저
600쪽 | 18,000원

그림으로 배우는
서버 구조
니시무라 야스히로 저
240쪽 | 16,000원

그림으로 배우는
데이터 과학
히사노 료헤이, 키와키 타이치 저
240쪽 | 16,000원

그림으로 배우는
HTTP&Network
우에노 센 저
320쪽 | 15,000원

그림으로 배우는
클라우드 2nd Edition
하야시 마사유키 저
192쪽 | 16,000원

그림으로 배우는
알고리즘
스기우라 켄 저
176쪽 | 15,000원

그림으로 배우는
네트워크 원리
Gene 저
224쪽 | 16,000원

그림으로 배우는
보안 구조
마스이 토시카츠 저
208쪽 | 16,000원

그림으로 배우는
SQL 입문
사카시타 유리 저
352쪽 | 18,000원

그림으로 배우는
파이썬
다카하시 마나 저
480쪽 | 18,000원

그림으로 배우는
C 프로그래밍
2nd Edition
다카하시 마나 저
504쪽 | 18,000원